INTRODUCTION

Welcome to the world of digital publishing ~ Using state of the art digital technology and equipment, **VelocePress** is able to bring titles back in print allowing you to access the information that you need, when you need it. Never has information been so accessible and it is our hope that this book serves your informational needs for years to come. While this edition is presented unchanged from the original 1967 edition, it has been reproduced using the latest print-on-demand technology.

If this is your first exposure to digital publishing, we hope that you are pleased with the results. Many more titles of interest to the classic automobile and motorcycle enthusiast are available via our website at **www.VelocePress.com** we hope that you find this title as interesting as we do.

NOTE FROM THE PUBLISHER

The information presented is unchanged from the original edition and has not been updated to reflect changes in common practice, new technology, availability of improved materials or increased awareness of chemical toxicity. As such, it is advised that the user consult with an experienced professional prior to undertaking any procedure described herein.

INFORMATION ON THE USE OF THIS PUBLICATION

This manual is an invaluable resource for the classic **BMW** motorcycle enthusiast and a must have for owners interested in performing their own maintenance. These manuals include detailed repair and service data and comprehensive step-by-step instructions and illustrations on dismantling, overhauling, and re-assembly.

Whilst every care has been taken to ensure correctness of information, it is obviously not possible to guarantee complete freedom from errors or omissions or to accept liability arising from such errors or omissions. Therefore, by using the information contained within this manual, any individual that elects to perform or participate in do-it-yourself repairs or modifications acknowledges that there is a risk factor involved and that the publishers or its associates cannot be held responsible for personal injury or property damage resulting from the outcome of such repairs.

ISBN: 1588500683 ~ Published in 2007 by

check our website ~ **www.VelocePress.com** ~ for a complete list of titles

REPARATURANLEITUNG
MANUEL DE REPARATION
REPAIR MANUAL
MANUAL DE REPARACIONES
MOTORRÄDER
R26 · R27

Announcement

This is probably one of the most complete shop manuals ever published, as it pertains to servicing and maintenance of the famous BMW Motorcycles built in Munich, Germany. The text and picture captions are printed in four languages—English, German, French and Spanish—and is a reproduction of the shop manual covering the following single cylinder models: R26 and R27.

This manual is not intended to make the BMW owner an expert mechanic, but to give him a better understanding of the fundamentals of what many experts in every country consider to be the finest motorcycle available. BMW models are unique, have a long life with seldom needed repairs and, due to few yearly changes, they have an exceptionally high resale value.

When service is needed, we urge every rider to go to the nearest BMW dealer, as most of them have the necessary special tools to do a proper job and mechanics trained in factory methods. They also have genuine BMW factory parts.

There is a network of fine BMW dealers in the United States and Canada —too many to list here. We suggest, therefore, that owners contact:

EAST: BUTLER & SMITH, INC., 160 WEST 83RD STREET, NEW YORK, N.Y. 10024
WEST: FLANDERS COMPANY, 200 WEST WALNUT STREET, PASADENA, CALIF. 91103
CANADA: NORTHWEST MOTORS LTD., 2321 KEELE STREET, TORONTO 15, ONTARIO

Published in 1967 by

FLOYD CLYMER PUBLICATIONS
World's Largest Publisher of Books Relating to Automobiles, Motorcycles, Motor Racing, and Americana
222 NO. VIRGIL AVENUE AT BEVERLY BLVD., LOS ANGELES 4, CALIFORNIA

Vorwort

Der zunehmende Wettbewerb auf dem Kraftfahrzeugmarkt fordert heute mehr denn je eine sorgfältige Betreuung des Kunden, um diesem die Freude an seinem Fahrzeug, sowie die Treue zum Händler und das Vertrauen zum Werk zu erhalten.

Der wichtigste Faktor für einen guten Kundendienst ist die einwandfreie Instandsetzung der Kundenfahrzeuge in einer sauber gehaltenen, mit den erforderlichen Spezialwerkzeugen ausgestatteten Werkstätte. In einer solchen werden sich auch gute Fachleute, die in einer BMW-Kundendienstschule ausgebildet wurden, wohlfühlen. Damit ist die beste Gewähr für eine einwandfreie und schnelle Erledigung der Arbeiten zur Zufriedenheit der Kunden, und der Betriebsleitung gegeben.

Die vorliegende Reparaturanleitung soll diesem Ziel durch Anweisung der fachgerechten Arbeitsfolgen mit Anwendung der zugehörigen Spezialwerkzeuge dienen.

Sie gehört deshalb in die Werkstätte, damit sie jedem Monteur, der an BMW-Motorrädern arbeitet, stets zugänglich ist.

BAYERISCHE MOTOREN WERKE
Aktiengesellschaft
München 13

Avant-propos

La concurrence croissante sur le marché des véhicules à moteur exige, plus que jamais, les soins les plus attentifs pour que chaque client soit totalement satisfait de son véhicule, qu'il demeure fidèle à son fournisseur et garde toute sa confiance à la marque.

Le facteur le plus important à cet effet est le maintien en parfait état du véhicule du client, par un atelier ordré et propre, équipé de tout l'outillage spécial nécessaire et disposant, bien entendu, de bons mécaniciens ayant parfait leurs connaissances à un cours de service BMW. C'est la meilleure garantie d'un travail impeccable et rapide, assurant la satisfaction du client et la sécurité de fonctionnement de son véhicule.

Le présent manuel de réparation aidera à atteindre ce but en précisant le déroulement rationnel des travaux et l'emploi des outils spéciaux correspondants.

Sa place est donc à l'atelier, où il doit être à portée de chaque mécanicien travaillant sur les motos BMW.

BAYERISCHE MOTOREN WERKE
Aktiengesellschaft
München 13

Preface

The increasing competition on the motor-cycle market requires more than ever careful attending of the customer in order to give him satisfaction with his motorcycle and to maintain his confidence in dealer and factory.

It is a most important factor for good service to repair the clients' vehicles correctly in a well organized and clean repair shop equipped with all necessary special tools. In such a workshop also qualified specialists who have been trained in the BMW service-school will feel happy. Herewith the best guarantee is given for competent and quick execution of repairwork to the satisfaction of the customers and the management.

It is the purpose of this repair manual to serve this aim by indicating the competent working order with the use of the corresponding special tools.

The repair manual therefore ought to be always within the workshop being at hand of every mechanic working on BMW motorcycles.

BAYERISCHE MOTOREN WERKE
Aktiengesellschaft
München 13

Prólogo

La creciente competencia en el mercado motociclístico exige ahora más que nunca una atención esmerada hacia el cliente para mantener en él el entusiasmo a su vehículo, lo mismo que la lealtad hacia el vendedor y la confianza a la marca.

El factor principal para un buen servicio a la clientela lo constituye en sí la correcta reparación de su vehículo con las herramientas especiales requeridas y un taller limpio y bien equipado. Naturalmente que los especialistas, que han sido entrenados en la escuela del servicio-clientela de la fábrica BMW, se encontrarán satisfechos en un lugar como éste. En estas condiciones se consigue la mejor garantía para una rápida y correcta ejecución de las reparaciones, con lo cual tanto el cliente como el jefe del taller quedarán mutuamente complacidos.

Para llenar este requisito, se ha editado el presente manual de reparaciones, el cual tiene por objeto indicar cual es la secuencia en las diferentes operaciones de trabajo, así como la utilización correcta de las herramientas especiales.

Por lo tanto el lugar correspondiente de este manual de reparaciones se encuentra en los talleres, para que a los mecánicos dedicados a la reparación de las motocicletas BMW, les sea siempre accesible.

BAYERISCHE MOTOREN WERKE
Aktiengesellschaft
München 13

Inhalt

		Seite
Einführung	. . . .	8
Technische Daten	. . . . .	10
Maße und Passungen	. . . .	18
Sonderwerkzeuge	. . . .	28
a) Matra-Werkzeuge	. . .	28
b) Selbstanfertigungswerkzeuge	. .	32

D = Demontage und Montage des Triebwerkes . . . 36

- D 1 = Hinterrad aus- und einbauen 36
- D 2 = Hinterradantrieb aus- und einbauen (Laufrad ausgebaut) 38
- D 3 = Getriebe aus- und einbauen (Hinterradantrieb ausgebaut) . . . 42
- D 4 = Motor aus- und einbauen (Getriebe ausgebaut) 44
- D 5 = Motor-Getriebeblock aus- und einbauen . . . 50

M = Motor (ohne Ausbau) 52

- M 1 = Zylinderkopf abbauen, instandsetzen und wieder anbauen . . . 52
  1. Zylinderkopf ab- und anbauen . . . 52
  2. Ventile aus- und einbauen einschließlich Prüfungen . . . 52
  3. Ventilführungen erneuern . . . 54
  4. Ventilsitze erneuern . . . 54
  5. Ventilsitze nachschleifen . . . 54
- M 2 = Zylinder und Kolben aus- und einbauen, nachmessen und instandsetzen . . . 56
  1. Zylinder und Kolben aus- und einbauen . . . 56
  2. Prüfungen und Instandsetzen . . . 58
- M 3 = Lichtmaschine sowie Fliehkraftregler ab- und anbauen (Motor R 27 ausgebaut) . 60
  Zündlichtmaschine ab- und anbauen (Motor R 26 ausgebaut) . . . 62
- M 4 = Steuerwelle mit Antrieb aus- und einbauen (Motor R 27 ausgebaut) . . . 64
  Steuerwelle mit Antrieb aus- und einbauen (Motor R 26 ausgebaut) . . . 68
- M 5 = Kupplung aus- und anbauen (Motor ausgebaut) . . . 72
- M 6 = Schwungscheibe ab- und anbauen (Motor im Montagebock) . . . 74
- M 7 = Ölwanne und Ölpumpe ab- und anbauen . . . 76
- M 8 = Kurbelwelle samt Pleuel aus- und einbauen . . . 78
- M 9 = Einstellen der Ventile . . . 80
- M 10 = Zündung einstellen (Motor R 27) . . . 82
  Zündung einstellen (Motor R 26) . . . 86
- M 11 = Vergaser und Ansaugfilter reinigen, Leerlauf einstellen . . . 88

Table des matières

		Page
Introduction	. . . . .	8
Données techniques	. . . .	10
Cotes et tolérances	. . . .	18
Outillage spécial	. . . .	28
a) outils Matra	. . . .	28
b) outils à exécuter spécialement	. .	33

D = Démontage et montage de la transmission . . 36

- D 1 = Dépose et pose de la roue arrière . . . 36
- D 2 = Dépose et pose de la transmission arrière (la roue étant déposée) . . . 38
- D 3 = Dépose et pose de la boîte de vitesses (la transmission arrière étant déposée) . . . 42
- D 4 = Dépose et pose du moteur (la boîte de vitesses étant déposée) . . . 44
- D 5 = Dépose et pose du bloc moteur-boîte . . . 50

M = Motor (sans dépose) 52

- M 1 = Démontage, remise en état et remontage de la culasse . . . 52
  1. Dépose de la culasse . . . 52
  2. Dépose et pose des soupapes, contrôles . . . 52
  3. Remplacement des guides de soupapes . 54
  4. Remplacement des sièges de soupapes . 54
  5. Rectifiage des sièges de soupapes . . . 54
- M 2 = Démontage et remontage, mesures de contrôle et mise au point du cylindre et du piston . . . 56
  1. Dépose et pose du cylindre et du piston . 56
  2. Contrôles et mise en état . . . 58
- M 3 = Dépose et pose de la dynamo, avec le régulateur d'avance (Moteur R 27 déposé) . 60
  Dépose et pose de la dynamo (Moteur R 26 déposé) . . . 62
- M 4 = Dépose et pose de l'arbre à cames, avec la distribution (Moteur R 27 déposé) . . 64
  Dépose et pose de l'arbre à cames, avec la distribution (Moteur R 26 déposé) . . 68
- M 5 = Dépose et pose de l'embrayage (Moteur déposé) . . . 72
- M 6 = Dépose et pose du volant (Moteur sur le support de montage) . . . 74
- M 7 = Dépose et pose du fond de carter et de la pompe à huile . . . 76
- M 8 = Dépose et pose de l'ensemble vilebrequin et bielle . . . 78
- M 9 = Réglage des soupapes . . . 80
- M 10 = Calage de l'allumage (Moteur R 27) . . . 82
  Calage de l'allumage (Moteur R 26) . . . 86
- M 11 = Nettoyage du carburateur et du filtre d'air, réglage du ralenti . . . 88

Contents

	Page
Introduction	9
Technical Data	11
Fits and Clearances	19
Special Tools	29
a) Matra Tools	29
b) Tools to be manufactured in the dealer's workshop = shop-made tools	33

D = Removing and refitting power plant ... 36

- D 1 = Removing and refitting rear wheel 36
- D 2 = Removing and refitting rear drive (rear wheel removed) 38
- D 3 = Removing and refitting gear box (final drive removed) 42
- D 4 = Removing and refitting engine (gear box removed) 44
- D 5 = Removal and installation of engine-transmission block 50

M = Engine (without removing) 52

- M 1 = Removing cylinder head, reconditioning and reinstalling cylinder head 52
  1. Removing cylinder head and reinstalling . 52
  2. Removing and refitting valves including examination 52
  3. Replacing valve guides 54
  4. Replacing valve seats 54
  5. Grinding valve seats 54
- M 2 = Removing and refitting cylinder and piston, checking and reconditioning 56
  1. Removing and refitting cylinder and piston 56
  2. Checking and reconditioning 58
- M 3 = Removing and refitting generator with centrifugal advance unit (engine R 27 removed) 60
  Removing and refitting generator (engine R 26 removed) 62
- M 4 = Removing and reinstalling camshaft with camshaft drive (engine R 27 removed) . . . 64
  Removing and reinstalling camshaft with camshaft drive (engine R 26 removed) . . . 68
- M 5 = Removing and refitting clutch (engine removed) 72
- M 6 = Removing and refitting flywheel (engine fitted on support stand) 74
- M 7 = Removing and refitting oil sump and oil pump 76
- M 8 = Removing and refitting crankshaft with connecting rod 78
- M 9 = Adjusting valves 80
- M 10 = Adjusting ignition timing (Engine R 27) . 82
  Adjusting ignition timing (Engine R 26) . 86
- M 11 = Cleaning of carburator and air filter, adjusting idling speed 88

Indice

	Página
Introducción	9
Datos Técnicos	11
Medidas y Tolerancias	19
Herramientas Especiales	29
a) Herramientas-Matra	29
b) Herramientas elaboradas en el taller	33

D = Desmontaje y montaje del sistema de transmisión 37

- D 1 = Desmontar y montar la rueda trasera . . . 37
- D 2 = Desmontar y montar el sistema de transmisión del cardán (rueda desmontada) . 39
- D 3 = Desmontar y montar la caja de cambio velocidades (cardán desmontado) 43
- D 4 = Desmontar y montar el motor (caja de cambio desmontada) 45
- D 5 = Desmontaje y montaje del bloque formado por el motor y el engranaje 51

M = Motor (sin ser desmontado del cuadro) . . . 53

- M 1 = Desmontar la culata del cilindro, repararla y volverla a montar 53
  1. Desmontar y montar la culata del cilindro 53
  2. Desmontar y montar las válvulas, incluyendo su comprobación 53
  3. Renovar las guias de las válvulas . . . 55
  4. Renovar los asientos de las válvulas . . 55
  5. Esmerilar los asientos de las válvulas . . 55
- M 2 = Desmontar y montar el cilindro y el pistón, medirlos y repararlos 57
  1. Desmontar y montar el cilindro y el pistón 57
  2. Comprobaciones y reparaciones 59
- M 3 = Desmontar y montar la dinamo con el regulador centrífugo (motor R 27 desmontado) 61
  Desmontar y montar la dinamo (motor R 26 desmontado) 63
- M 4 = Desmontar y montar el árbol de levas con su sistema de transmisión (motor R 27 desmontado) 65
  Desmontar y montar el árbol de levas con su sistema transmisión (motor R 26 desmontado) 69
- M 5 = Desmontar y montar el embrague (motor fuera del cuadro) 73
- M 6 = Desmontar y montar el volante (motor en el caballete de montaje) 75
- M 7 = Desmontar y montar la tapa del cárter y la bomba del aceite 77
- M 8 = Desmontar y montar el cigüeñal juntamente con la biela 79
- M 9 = Ajustar el juego de las válvulas (calibrar punterías) 81
- M 10 = Ajuste del encendido (Motor R 27) . 83
  Ajuste del encendido (Motor R 26) . 87
- M 11 = Limpiar el carburador y el filtro de aire y ajustar el carburador en vacío 89

	Seite
G = Getriebe zerlegen, instandsetzen und zusammenbauen (Getriebe ausgebaut)	90
G 1 = Mitnehmerflansch zum Kardanwellenantrieb ab- und anbauen	90
G 2 = Getriebewellen aus- und einbauen	92
G 3 = Fußschaltung aus- und einbauen	96
G 4 = Antriebswelle zerlegen und zusammenbauen	98
G 5 = Abtriebswelle zerlegen und zusammenbauen	98
G 6 = Kickstarter ab- und anbauen	100
G 7 = Tachometerantrieb ab- und anbauen	100
G 8 = Leerlaufkontakt ab- und anbauen	100
H = Hinterradantrieb zerlegen, instandsetzen und zusammenbauen (Hinterradgetriebe ausgebaut)	102
H 1 = Kardanwelle und Schwinge vom Antrieb ab- und anbauen	102
H 2 = Hinterradgetriebe zerlegen, instandsetzen und zusammenbauen	104
B = Bremsen und Laufräder (Laufräder ausgebaut)	110
B 1 = Laufradlager aus- und einbauen, neu fetten	110
B 2 = Bremsbelag erneuern	112
B 3 = Laufräder einspeichen	112
L = Lenkung (Laufrad ausgebaut)	114
L 1 = Federbeine aus- und einbauen	114
L 2 = Vorderradschwinge aus- und einbauen (Laufrad und Stoßdämpfer ausgebaut)	116
L 3 = Vorderradgabel aus- und einbauen	118
E = Elektrische Anlage	120
Beschreibung	120
Instandhaltung	124
Stromlaufplan R 27	133
Stromlaufplan R 26	135
Störungen und deren Auffindung und Beseitigung	136
Nachträgliches Anschließen des BMW-Standard-Seitenwagens	150

	Page
G = Démontage, mise en état et remontage de la boîte de vitesses (La boîte étant déposée)	90
G 1 = Dépose et pose de la joue d'entraînement de l'arbre cardan	90
G 2 = Dépose et pose des arbres de la boîte de vitesses	92
G 3 = Dépose et pose du sélecteur	96
G 4 = Démontage et remontage de l'arbre primaire	98
G 5 = Démontage et remontage de l'arbre de sortie	98
G 6 = Démontage et remontage du kick-starter	100
G 7 = Démontage et remontage du l'entraînement de compteur	100
G 8 = Dépose et pose du contact de témoin de point mort	100
H = Démontage, mise au point et remontage de la transmission AR. (La transmission étant déposée)	102
H 1 = Désaccoupler et réaccoupler l'arbre cardan et le bras oscillant du couple arrière	102
H 2 = Démontage, mise au point et remontage du couple arrière	104
B = Freins et roues (Les roues étant déposées)	110
B 1 = Dépose et pose des roulements de roues, graissage	110
B 2 = Remplacement des garnitures de freins	112
B 3 = Rayonnage des roues	112
L = Direction (Roue déposée)	114
L 1 = Dépose et pose des jambages à ressort de la fourche avant	114
L 2 = Dépose et pose du bras oscillant avant (Roue et amortisseurs déposés)	116
L 3 = Dépose et pose de la fourche avant	118
E = Équipement électrique	120
Description	120
Entretien	124
Schéma des connexions R 27	133
Schéma des connexions R 26	135
Dérangements, localisation et élimination	136
Accouplement, après coup, d'un side-car BMW «Standard»	150

		Page
G =	**Dismantling, reconditioning and reassembling transmission** (Transmission removed)	90
G 1 =	Removing and refitting drive flange on cardan shaft	90
G 2 =	Removing and refitting gear shaft	92
G 3 =	Removing and refitting gear change mechanism	96
G 4 =	Dismantling and reassembling primary shaft	98
G 5 =	Dismantling and reassembling secondary shaft	98
G 6 =	Removing and refitting kickstarter	100
G 7 =	Removing and refitting speedometer drive	100
G 8 =	Removing and refitting contact of neutral indicator	100
H =	**Dismantling, reconditioning and reassembling final drive** (final drive removed)	102
H 1 =	Detaching cardan shaft and swing fork from final drive, refitting	102
H 2 =	Dismantling, reconditioning and reassembling final drive	104
B =	**Brakes and road wheels** (road wheels removed)	110
B 1 =	Removing and refitting wheel bearings, regreasing	110
B 2 =	Replacing of brake linings	112
B 3 =	Fitting spokes	112
L =	**Steering** (road wheels removed)	114
L 1 =	Removing and refitting front suspension units	114
L 2 =	Removing and refitting front swing arms (road wheel and shockabsorbers removed)	116
L 3 =	Removing and refitting fork	118
E =	**Electrical equipment**	121
	Description	121
	Maintenance	125
	Wiring diagram R 27	133
	Wiring diagram R 26	135
	Locating and rectifying of possible troubles	137
	Subsequent Mounting of BMW "Standard" Side car	150

		Página
G =	**Desarmar la caja de cambio (velocidades), repararla y armarla**	91
G 1 =	Desmontar y montar la brida de arrastre del eje secundario	91
G 2 =	Desmontar y montar los ejes de la caja de cambio	93
G 3 =	Desmontar y montar el conjunto selector del cambio de velocidades	97
G 4 =	Desarmar y armar el eje impulsor	99
G 5 =	Desarmar y armar el eje secundario	99
G 6 =	Desmontar y montar el pedal de arranque	101
G 7 =	Desmontar y montar el conjunto impulsor del eje flexible del velocímetro	101
G 8 =	Desmontar y montar el contacto indicador del neutro	101
H =	**Desarmar el cardán, repararlo y volverlo a armar** (cardán desmontado)	103
H 1 =	Desmontar y montar el eje de transmisión del cardán y el balancín (horquilla oscilante)	103
H 2 =	Desarmar el sistema de transmisión del cardán, repararlo y volverlo a armar	105
B =	**Frenos y ruedas** (ruedas desmontadas)	111
B 1 =	Desmontar, engrasar y montar los cojinetes de la rueda	111
B 2 =	Renovar los forros	113
B 3 =	Enrayar las ruedas	113
L =	**Dirección** (rueda desmontada)	115
L 1 =	Desmontar y montar los montantes elásticos (suspensión) de la rueda delantera	115
L 2 =	Desmontar y montar el balancín (horquilla oscilante) (rueda y montantes elásticos desmontados)	117
L 3 =	Desmontar y montar la horquilla delantera	119
E =	**Sistema eléctrico**	121
	Descripción	121
	Mantenimiento	125
	Esquema de la instalación eléctrica R 27	133
	Esquema de la instalación eléctrica R 26	135
	Fallas, su localización y su eliminación	137
	Forma de acoplar posteriormente el sidecar BMW «Standard»	151

Einführung

In der Reparaturanleitung wird das Zerlegen, Instandsetzen und Zusammenbauen, soweit beschrieben und durch Abbildungen erläutert, als diese Arbeiten in einem gut eingerichteten Reparaturbetrieb für Motorräder mit im BMW-Kundendienst geschulten Monteuren und den erforderlichen Spezialwerkzeugen durchzuführen sind.

Im Interesse einer übersichtlichen Darstellung sind elementare, klar übersichtliche Arbeitsvorgänge nur kurz zusammengefaßt angegeben.

Die Reparaturen sind in Hauptgruppen z. B. M = Motor, G = Getriebe usw. aufgegliedert, die wiederum in einzelne Arbeitsvorgänge z. B. M 1, M 2 usw. unterteilt sind. Diese Kurzbezeichnungen der Arbeitsvorgänge entsprechen den gleichen Bezeichnungen in der Richtzeitenliste.

Die Reparaturen, besonders an Motoren und Triebwerken, sollen in staubfreien Räumen vorgenommen werden.

In Arbeitspausen sollen offene Triebwerke und Öffnungen, die in Triebwerke oder Ölkanäle führen, mit sauberen Lappen abgedeckt werden.

Für die Reparaturen sind die angegebenen Spezial- und Selbstanfertigungswerkzeuge zu verwenden, um eine einwandfreie Arbeit und eine kurze Arbeitszeit zu erreichen. Zum Lösen und Festziehen von Schrauben und Muttern sind möglichst Steck- oder Ringschlüssel zu verwenden, um die Sechskante zu schonen.

Beim Zerlegen von Bauteilen ist auf die Anordnung von Schrauben- und Mutternsicherungen Abstandsscheiben, Dichtungen, Gummilagerungen usw. zu achten. Gegebenenfalls sind zusammengehörige Bauteile zusammenzuzeichnen, damit sie in gleicher Lage wieder zusammengebaut werden.

Ventile, Ventilfedern, Federteller, Schwinghebel, Stoßstangen, Stößel, Kolben, Pleuel und Lager sind in geeigneten Ablagekästen mit Lagerrasten geordnet abzulegen.

Zerlegte Teile sind nach Reinigung wie folgt zu prüfen:
Gleitende und rollende Flächen auf Verschleiß und einwandfreie Oberflächen,
alle Metallteile, insbesondere Gußstücke, gehärtete Teile und Schweißstellen auf Risse und Korrosion, sowie Gummiteile auf Geschmeidigkeit für eine Wiederverwendung.

Dichtungen und Sicherungsscheiben mit Abbiegelappen sind in der Regel beim Zusammenbau zu erneuern.

Der Zusammenbau geschieht sinngemäß in der umgekehrten Reihenfolge wie beim Zerlegen, weshalb auf eine gesonderte Einbaubeschreibung verzichtet wurde. Abweichungen hiervon sowie erforderliche Messungen und besondere Maßnahmen, die beim Zusammenbau zu beachten sind, wurden bei den entsprechenden Ausbaufolgen unter dem Vermerk „Achtung" angeführt.

Introduction

Dans ce manuel, les travaux de démontage, de mise au point et d'assemblage sont décrits avec assez de précisions et le texte est accompagné d'illustrations suffisamment claires pour que tout mécanicien dont la formation a été complétée aux cours de service BMW, travaillant dans un atelier de réparations pour motos bien installé et disposant de tout l'outillage spécial nécessaire, puisse les exécuter impeccablement.

Pour ménager la clarté de l'ensemble, les travaux élémentaires, pouvant être clairement résumés, ne sont que brièvement indiqués.

Les réparations sont constituées en groupes principaux, comme p. ex. M = Moteur, G = Boîte de vitesses, etc., lesquels sont à leur tour subdivisés en travaux simples, p. ex. M 1, M 2, etc. Ces abréviations désignant les diverses opérations sont également utilisées, avec le même sens, dans des listes de temps de travail.

Les réparations, spécialement du moteur ou d'organes mobiles, doivent être effectuées dans des locaux à l'abri de la poussière.

Durant les interruptions du travail, tous les organes mobiles ouverts ou toutes les ouvertures aboutissant à des organes mobiles ou à des conduites d'huile, doivent être protégés ou fermées à l'aide de chiffons propres.

Pour tous les travaux, il est nécessaire d'employer les outils spéciaux ou à exécuter spécialement, si l'on veut que le travail soit impeccable et accompli dans un temps normal, et par conséquent qu'il soit rentable. Pour débloquer ou bloquer les écrous et les vis en ménageant les six-pans, employer autant que possible des clefs fermées ou à tube.

Lors du démontage, il faut veiller soigneusement à la disposition des vis, rondelles de sécurité ou d'écartement, joints, silentblocs, etc. Cas échéant, il faut repérer les pièces correspondantes, pour les remonter ensuite dans la même position.

Les soupapes, ressorts de soupapes, coupelles, culbuteurs, tiges de culbuteurs, poussoirs, pistons, bielles et roulements sont à déposer après démontage dans des casiers appropriés, pourvus de logements ad hoc.

Les pièces démontées doivent être d'abord nettoyées, puis contrôlées aux points de vue suivants:
Surfaces portantes ou de roulement: usure et état de la surface;
Toutes pièces de métal, spécialement en fonte, les pièces trempées ou soudées: absence de fissures ou de corrosion;
Pièces caoutchouc: souplesse de la matière.
Ces contrôles décideront de leur réutilisation.

Les joints, ainsi que les rondelles d'arrêt à languette repliable, sont, dans la règle, à remplacer au remontage.

Le remontage s'opère, bien entendu, dans l'ordre inverse des opérations de démontage, ce qui rend inutiles des prescriptions spéciales de remontage. Les exceptions à cette règle, ainsi que les mesures et les précautions spéciales nécessaires au remontage sont exposées à la suite du paragraphe expliquant le démontage correspondant, sous la remarque: «Attention».

Introduction

The purpose of this repair manual and its illustrations is to explain the operations necessary for disassembly, repair and reassembly as far as this work can be carried out in a well organized repair shop for motorcycles by mechanics trained in the BMW Service School.

In order to hold the description as clear as possible the basic and already well known working operations are summarized in only short explanations.

The repairs are classified in main groups as for instance M = Engine, G = Transmission a. s. o. which are again divided in separate repair operations as M 1, M 2, a. s. o. These abbreviated specifications of repairs correspond to the same specifications in the flat rates (schedule of times).

Repairs on the engine and transmission especially should be carried out in dustfree places.

During breaks disassembled transmissions and openings leading to the inner engine parts or lubrication holes should be protected from dust by clean rags.

In order to obtain first-rate work and to decrease at the same time the working hours, the indicated special tools and shop-made tools must be applied. For unscrewing and tightening of bolts and nuts there should be used box or ring spanners if possible.

On disassembling of parts attention has to be paid to the arrangement of securing washers on screws and nuts, distance washers, gaskets, rubber bearings a. s. o. If necessary mark matching parts in order to guarantee correct assembly.

Valves, valve springs, spring plates, rockers, pushrods, tappets, pistons, connecting rods and bearings should be put away in suitable special boxes.

Disassembled parts have to be cleaned and thoroughly checked.

Special care should be taken for examining sliding and rolling surfaces as to wear and smooth surface.

Further must be checked all metal parts and welding joints, especially castings and tempered parts on cracks and corrosion.

If rubber parts are provided to be fitted again they must still be supple.

As a rule all gaskets and tab washers are to be replaced on reassembling.

As the reassembly has to be carried out precisely in the reverse order it has not been considered necessary to separately explain the assembly. Variations herefrom as well as necessary gauging or special measures which have to be respected on assembly are mentioned under the remark "Caution" or "Important".

Introducción

El manual de reparaciones se ha descrito y provisto de ilustraciones suficientes, para que los trabajos de desarmar, reparar y armar, sean llevados a cabo por los mecánicos entrenados en el servicio-clientela BMW. Además para su buena realización es indispensable emplear las herramientas especiales y trabajar en un taller para motocicletas bién montado.

Con el fin de ofrecer una descripción visible, se han indicado de una manera clara y elemental, los ya brevemente resumidos procedimientos de trabajo.

Las reparaciones se han dividido en grupos principales, por ejem.: M = Motor, G = caja de cambio, etc., los cuales a su vez se han subdividido en los diferentes procedimientos de trabajo, por ejem.: M 1, M 2, etc. Estas designaciones de los procedimientos de trabajo, corresponden a las mismas designaciones de la lista de los tiempos de trabajo.

Las reparaciones, principalmente en los motores y los sistemas de transmisión, deberán de llevarse a cabo en cuartos libres de polvo.

Durante los descansos, es indispensable cubrir con un trapo limpio los lugares abiertos que conduzcan principalmente a las transmisiones o a los conductos de aceite. Para las reparaciones, se recomienda emplear las herramientas especiales así como las elaboradas en el taller, para garantizar un trabajo correcto en el menor tiempo posible. Y para no maltratar, durante dichas reparaciones los cantos de las tuercas y tornillos al apretar y aflojar éstos, emplear las llaves tubulares y de anilla.

Al desarmar las diferentes piezas, hay que poner mucha atención en la disposición que guardan entre si los tornillos y tuercas de seguridad, las arandelas distanciadoras, las juntas, los apoyos, etc., y marcar aquellas con la misma superficie de contacto, para que vuelvan a ser montadas en la misma posición.

Las válvulas, resortes de válvulas, platillos de los resortes, balancines, vástagos, taqués, pistón, biela y cojinetes hay que guardarlos en cajas adecuadas para su almacenamiento.

Las piezas desarmadas y una vez limpias, deberán revisarse con respecto:

al desgaste y a superficies incorrectas de todas las superficies deslizantes y de rotación;

a roturas corrosión de todas las piezas metálicas, especialmente las de fundición y las templadas, así como las soldadas;

a su flexibilidad las piezas de goma, las cuales en caso necesario renovarlas.

Las juntas y arandelas de seguridad con orejas deberán de ser sustituídas por regla general en el montaje.

El montaje se realizará lógicamente en el sentido inverso a lo descrito en el desmontaje, de manera que se ha abstenido de suministrar más detalles con respecto al primero. Con excepción de ciertas medidas y modificaciones que hay que tomar en cuenta para el montaje, las que han quedado indicados bajo la nota de «Atención» en las corespondientes operaciones de desmontaje.

Technische Daten

Motor

Bauart	Einzylinder-Viertakt-Ottomotor mit in V-Form hängenden Ventilen	
Bei Baumuster	**R 27**	**R 26**
Höchst-Dauerleistung PS	18	15
Bei Motordrehzahl U/min	7400	6400
Zylinderbohrung	68 mm	68 mm
Kolbenhub	68 mm	68 mm
Hubvolumen ccm	245	245
Verdichtungsverhältnis	8,2 : 1	7,5 : 1
Steuerwelleneinstellung bei 2 mm Ventilspiel (Toleranz ± 2,5°)		
Einlaß öffnet	4° v. o. T.	6° n. o. T.
Einlaß schließt	23° n. u. T.	34° n. u. T.
Auslaß öffnet	43° v. u. T.	34° v. u. T.
Auslaß schließt	16° v. o. T.	6° v. o. T.
Betriebsventilspiel (bei kaltem Motor)		
Einlaß	0,15 mm	
Auslaß	0,20 mm	
Schmiersystem im Motor	Drucköl-Umlaufschmierung mit Ölvorrat im Kurbelgehäuse	
Ölpumpenbauart	Zahnradpumpe	
Schmierstoff	Für Winter und die Übergangszeit: Marken-Mehrbereichs-HD-Öl für Ottomotoren SAE 10 W 30.	
	Für die Sommermonate: Marken-Einbereichs-HD-Öl für Ottomotoren SAE 30. Bei ausgesprochen sportlichem Fahrbetrieb und auch bei besonders hohen Temperaturen SAE 40.	
	Achtung! Grundsätzlich ist eine Öl-Umstellung nur bei Ölwechsel durchzuführen, da Ein- und Mehrbereichsöle nicht immer miteinander verträglich sind.	
Schmierstoff-Füllmenge	1,25 Liter	
Motoreneinbau	Motor-Getriebeblock im Rahmen gelagert durch 5 großdimensionierte Gummielemente	im Rahmen gummigelagert

Vergaser

Bauart	Schiebevergaser mit Nadeldüse		
bei Motorrad-Baumuster	**R 27**	**R 27** (ab Fg. Nr. 378 895)	**R 26**
Vergasertype Bing	1/26/68	1/26/79 *)	1/26/55
Vergaserdurchgang	26 mm	26 mm	26 mm
Hauptdüse	120	120	120

*) Bei Verwendung bis Fg. Nr. 378 894 neue Gummimanschette zwischen Vergaser und Filter mit 2 mm Abtropfbohrung verwenden.

Données techniques

Moteur

Type	Un cylindre vertical, 4 temps, soupapes en tête, disposées en V	
Pour le modèle	**R 27**	**R 26**
Puissance max. CV	18	15
à t./min.	7400	6400
Alésage mm.	68	68
Course mm.	68	68
Cylindrée cm³	245	245
Rapport de compression	8,2 : 1	7,5 : 1
Calage de distribution avec 2 mm de jeu aux culbuteurs (tolérance ± 2,5°)		
Admission ouvre	4° avant PMH	6° après PMH
Admission ferme	23° après PMB	34° après PMB
Echappement ouvre	43° avant PMB	34° avant PMB
Echappement ferme	16° avant PMH	6° avant PMH
Jeux des culbuteurs en service (moteur froid)		
Admission	0,15 mm	
Echappement	0,20 mm	
Graissage	Circuit d'huile sous pression, réserve en fond de carter.	
Pompe à huile	à engrenages	
Huile	Hiver et entre saisons: huile de marque HD SAE 10 W 30	
	Mois d'été: huile de marque HD SAE 30; ou pour conduite essentiellement sportive ou très hautes températures HD SAE 40.	
	Attention! Ne passer d'une huile à l'autre que lors d'une vidange car les huiles à viscosité multiple et les huiles simples ne peuvent pas toujours être mélangées sans danger.	
Contenance d'huile	1,25 litre	
Fixation du moteur	bloc moteur-boîte monté dans le cadre sur 5 éléments caoutchouc de grandes dimensions	bloc moteur-boîte monté dans le cadre sur caoutchouc

Carburateur

Type	à boisseau, avec gicleur à aiguille		
Pour le modèle	**R 27**	**R 27** (à partir du cadre No. 378895)	**R 26**
Modèle Bing	1/26/68	1/26/79 *)	1/26/55
Passage	26 mm	26 mm	26 mm
Gicleur principal	120	120	120

*) Pour les motos jusqu'au cadre No. 378 894 utiliser un nouveau manchon caoutchouc entre carburateur et filtre, possédant un trou égouttoir de 2 mm.

Technical Data

Engine

Type	1 cylinder 4-stroke Otto engine with overhead valves in V-arrangement	
Model	**R 27**	**R 26**
Maximum continuous output (bhp)	18	15
Developed at R. P. M.	7400	6400
Bore	68 mm. (2.677")	68 mm. (2.677")
Stroke	68 mm. (2.677")	68 mm. (2.677")
Cylinder capacity (c. c.)	245 (14.95 cu. in.)	245 (14.95 cu. in.)
Compression ratio	8.2 : 1	7.5 : 1
Valve timing with a clearance of 2 mm. (tolerance ± 2.5°)		
Intake opens	4° before TDC	6° after TDC
Intake closes	23° after BDC	34° after BDC
Exhaust opens	43° before BDC	34° before BDC
Exhaust closes	16° before TDC	6° before TDC
Valve clearances with engine cold		
Intake	.15 mm. (.006")	
Exhaust	.20 mm. (.008")	
Lubricating system	wet sump, force feed lubrication	
Oil pump	gear-type oil pump	
Lubricants	for winter and transition periods: Brand name multi-grade HD oil for gasoline engines, SAE 10 W 30; for the summer months: Brand name single-grade HD oil for gasoline engines, SAE 30. For sustained sporty driving and at very high temperatures SAE 40.	
	Caution! To replace a multi-grade oil with a single-grade type or vice versa, it is absolutely necessary to thoroughly drain the actual oil as these two types are not always compatible.	
Engine oil capacity	1.25 liters (2.2 Imp. pints or 2.6 U. S. pints)	
Engine mounting	Engine-transmission block suspended in frame by five large rubber cushions	Rubber-mounted in frame

Carburetor

Type	Needle-jet carburetor with sliding throttle		
Motorcycle model	**R 27**	**R 27** (from frame No. 378 895)	**R 26**
BING model	1/26/68	1/26/79 *)	1/26/55
Passage	26 mm.	26 mm.	26 mm.
Main jet	120	120	120

*) For motorcycles up to frame No. 378 894 use a new rubber sleeve between carburetor and filter, possessing a 2 mm. drip hole.

Nadeldüse 45-291/	1408	1408	1408
Düsennadel	46-255	46-255	46-255
Nadelposition	4	2	3
Leerlaufdüse	35	35	35
Leerlauf-Luftregulierschraube geöffnet	1-2 Umdr.	2 Umdr.	1-2 Umdr.
Gasschieber	22-540	22-540	22-540
Schwimmergewicht	7 g	11 g	7 g
Ansaugluftfilter	ölbenetztes Naßluftfilter, eingebaut		

Elektrische Anlage

Motorrad-Baumuster	**R 27**	**R 26**
Lichtmaschine	Bosch LJ/CJE 60/6/1800/R 5	
Zündlichtmaschine mit Reglerschalter, Unterbrecher, Fliehkraftversteller und Zündspule		Bosch ZLZ 60/6/1600/1 L
Antrieb der Lichtmaschine, bzw. Zündlichtmaschine	unmittelbar von der Kurbelwelle	
Reglerschalter	Bosch RS/ZBS 45-60 6/1	
Zündspule	Bosch TJ 6/1	
Zündungsart	Batteriezündung	Batteriezündung
Unterbrecher	läuft mit Steuerwellendrehzahl	läuft mit Kurbelwellendrehzahl
Unterbrecherkontaktabstand	0,4 mm	0,4 mm
Zündzeitpunktverstellung	selbsttätiger Fliehkraftversteller auf der Steuerwelle	selbsttätiger Fliehkraftversteller an Zündlichtmaschine
Zündeinstellung	7° v. o. T. (Fliehgewicht in Ruhestellung)	
Verstellbereich	35° KW	35° KW
Max. Frühzündung	42° ± 2° v. o. T. Fliehgewichte ganz ausgespreizt	
Zündkerzen	Bosch W 240 T 1, Beru 240/14 oder Champion L 85	
Elektrodenabstand	0,6 mm	0,6 mm
Signalhorn	Bosch HF 6	Noris HE 6, für Ersatz Bosch HF 6
Batterie	6 V/9 Ah	

Beleuchtung

Scheinwerfer	Bosch LE/MTA 160
Lampenbestückung	
Fern- und Abblendlicht	6 V, 35/35 W Biluxlampe
Standlicht	6 V, 2 W Kugellampe
Leerlaufkontrolleuchte	6 V, 2 W Anzeigelampe
Ladekontrolleuchte	6 V, 2 W Anzeigelampe
Tachometerbeleuchtung	6 V, 0,6 W oder 1,2 W Anzeigelampe

Gicleur d'aiguille 45-291/	1408	1408	1408
Aiguille	46-255	46-255	46-255
Position de l'aiguille	4	2	3
Gicleur de ralenti	35	35	35
Vis de réglage d'air de ralenti ouverte de	1-2 tours	2 tours	1-2 tours
Boisseau	22-540	22-540	22-540
Poids du flotteur	7 gr.	11 gr.	7 gr.
Filtre d'air	filtre humide, enduit d'huile, incorporé		

Equipement électrique

Pour le modèle	**R 27**	**R 26**
Dynamo	Bosch, LJ/CJE 60/6/1800/R 5	
Dynamo-magnéto avec régulateur, rupteur, avance automatique et bobine d'allumage		Bosch ZLZ 60/6/1600/1 L
Entrainement de la dynamo ou de la magnéto-dynamo	directement par le vilebrequin	
Régulateur	Bosch RS/ZBS 45-60 6/1	
Bobine d'allumage	Bosch TJ 6/1	
Allumage par	batterie	batterie
Rupteur	Tourne au régime de l'arbre à cames	tourne su régime du vilebrequin
Ouverture des contacts de rupteur	0,4 mm	0,4 mm
Régulateur d'avance	automatique, par force centrifuge, sur l'arbre à cames	automatique, par force centrifuge sur le vilebrequin
Calage de l'allumage	7° avant PMH (masselottes au repos)	
Marge de réglage	35°	35°
Avance max.	42° ± 2° avant PHH. Masselottes complètement vers l'extérieur.	
Bougies	Bosch W 240 T1, Beru 240/14 ou Champion L 85	
Ecartement des électrodes	0,6 mm	0,6 mm
Claxon	Bosch HF 6	Noris HE 6, comme remplacement Bosch HF 6
Batterie	6 V / 9 Ah.	

Eclairage

Phare	Bosch LE/MTA 160
Lampes:	
Phare et code	6 V, 35/35 W, Bilux
Feu de parc	6 V, 2 W, sphérique
Témoin de point-mort	6 V, 2 W, témoin
Témoin de charge	6 V, 2 W, témoin
Eclairage de compteur	6 V, 0,6 ou 1,2 W, témoin

Needle jet 45-291/	1408	1408	1408
Jet needle	46-255	46-255	46-255
Needle position	4	2	3
Idling jet	35	35	35
Idling mixture adjusting screw, proper position:	open 1 to 2 turns	open 2 turns	open 1 to 2 turns
Sliding throttle	22-540	22-540	22-540
Weight of float	7 gms. (1/4 oz.)	11 gms. (1/3 oz.)	7 gms. (1/4 oz.)
Intake air filter	oil-moistened wet air cleaner, built-in		

Electrical Equipment

Motorcycle model	**R 27**	**R 26**
Generator (dynamo)	BOSCH LJ/CJE 60/6/1800/R 5	
Generator with voltage regulator, contact breaker, automatic advance unit and ignition coil		BOSCH ZLZ 60/6/1600/1 L
Drive of generator	direct from crankshaft	
Voltage regulator	BOSCH RS/ZBS 45-60 6/1	
Ignition coil	BOSCH TJ 6/1	
Type of ignition	Battery ignition	Battery ignition
Contact breaker	runs at camshaft speed	runs at camshaft speed
Contact breaker gap	.4 mm (.016")	.4 mm (.016")
Ignition timing	Automatic centrifugal advance unit on camshaft	Automatic centrifugal advance unit on generator
Firing point	7° before TDC (with governor weights in stationary position)	
Timing range	35° of crankshaft	35° of crankshaft
Max. advance	42° ± 2° before TDC, governor weights in the outermost position.	
Spark plugs	BOSCH W 240 T1, BERU 240/14 or CHAMPION L 85	
Electrode gap	.6 mm (.024")	.6 mm (.024")
Electric horn	BOSCH HF 6	NORIS HE 6, replacement: Bosch HF 6
Battery	6 V / 9 Ah	

Lighting System

Headlights	BOSCH LE/MTA 160
Bulb data	
Country and traffic beam	Bilux lamp (twin-filament), 6 V, 35/35 watts
Parking light	round-bulb lamp, 6 V, 2 watts
Neutral indicator	pilot lamp, 6 V, 2 watts
Charging indicator	pilot lamp, 6 V, 2 watts
Speedometer illumination	pilot lamp, 6 V, .6 or 1.2 watts

Tobera de aguja 45-291/	1408	1408	1408
Aguja de la tobera	46-255	46-255	46-255
Posición de la aguja	4	2	3
Tobera de marcha en vacío	35	35	35
Tornillo de regulación de aire para marcha en vacío abierto	1-2 giros	2 giros	1-2 giros
Válvula corredera de gas	22-540	22-540	22-540
Peso del flotador	7 g	11 g	7 g
Filtro de aspiración de aire	Filtro húmedo de aire, impregnado de aceite, incorporado		

Instalación eléctrica

Motocicleta modelo	**R 27**	**R 26**
Dínamo de alumbrado	Bosch LJ/CJE 60/6/1800/R 5	
Dínamo de encendido y alumbrado, con interruptor de regulación, ruptor, regulador centrifugo y bobina de encendido		Bosch ZLZ 60/6/1600/1 L
Accionamiento de la dínamo de alumbrado, resp. de alumbrado y encendido	Accionamiento directo desde el cigüeñal	
Interruptor de regulación	Bosch RS/ZBS 45-60 6/1	
Bobina de encendido	Bosch TJ 6/1	
Modalidad de encendido	Encendido por batería	Encendido por batería
Ruptor	Gira al no. de revoluciones del árbol de levas	Gira al no. de revoluciones del cigüeñal
Distancia entre los contactos del ruptor	0,4 mm	0,4 mm
Regulación del encendido	Regulador centrifuga automático, sobre el árbol de levas	Regulador centrifugo automático en la dinamo de encendido y alumbrado
Ajuste del encendido	7° a. p. m. s. (peso centrifugo en posición de reposo)	
Gama de ajuste	35° KW	35° KW
Avance máximo del encendido	42° ± 2° a. p. m. s. (pesos centrifugos totalmente separados)	
Bujías	Bosch W 240 T1, Beru 240/14 o Champion L 85	
Distancia entre electrodos	0,6 mm	0,6 mm
Bocina (claxon)	Bosch HF 6	Noris HE 6, sustitución: Bosch HF6
Batería	6 V / 9 Ah	

Alumbrado

Faro	Bosch LE/MTA 160
Bombillas instaladas:	
Luz de cruce y de carretera	Bombilla Bilux 6 V, 35/35 W
Luz de estacionamiento	Bombilla esférica 6 V, 2 W
Luz de control de marcha en vacío	Bombilla indicadora 6 V, 2 W
Luz de control de carga	Bombilla indicadora 6 V, 2 W
Luz del velocímetro	Bombilla indicadora 6 V, 0,6 W o 1,2 W

Schluß- und Bremslicht	6 V, 5/18 W Zweifadenlampe
Kennzeichenbeleuchtung	6 V, 5 W Kugellampe
Schlußleuchte R 26	6 V, 5/20 W Zweifadenlampe
Blinkleuchte (R 27)	Hella BL 81
Blinklampe	6 V, 18 W, Soffitte

Kraftübertragung

Kupplung	Einscheiben-Trockenkupplung mit Tellerfeder

Wechselgetriebe

Bauart	Viergang-Klauengetriebe am Motor angeblockt, Stoßdämpfung durch federnde Antriebswelle
Getriebeschaltung	Ratschen — Fußschaltung
Getriebe-Übersetzungen	im Getriebe
	1. Gang 5,33 : 1
	2. Gang 3,02 : 1
	3. Gang 2,04 : 1
	4. Gang 1,54 : 1
Gesamt-Übersetzungen	Solo mit Seitenwagen
	22,17 : 1 27,72 : 1
	12,56 : 1 15,70 : 1
	8,49 : 1 10,61 : 1
	6,40 : 1 8,01 : 1
Schmierstoff	ganzjährig Marken-HD-Öl für Ottomotoren SAE 10 W 30
Füllmenge	ca. 0,65 Liter
Hinterradantrieb	Kardanwelle in der rechten Hinterradschwinge, Anschluß am Getriebe mit Gummikupplung, am Hinterradantrieb mit Zahnkupplung

Hinterradgetriebe

	Spiralverzahntes Kegelradgetriebe in Ölbad laufend
Übersetzung im Hinterradantrieb	Solo mit Seitenwagen
	4,16 : 1 5,20 : 1
Zähnezahl	(25 : 6) (26 : 5)
Schmierstoff	Marken-Motorenöl SAE 40 für Sommer und Winter
Füllmenge	125 ccm

Fahrgestell

Rahmen	geschlossener Doppel-Stahlrohr-Rahmen
Vorderradfederung	Langarmschwinge mit 2 Federbeinen und doppelt wirkenden Öldruck-Stoßdämpfern. Für Seitenwagenbetrieb: Schwingarm am vorderen Auge der Vorderradgabel lagern und obere Federbeinbefestigung in untere Bohrung der Gabel einsetzen.

Feu arrière et stop	6 V, 5/18 W, 2 filaments
Feu de police	6 V, 5 W, sphérique
Feu arrière R 26	6 V, 5/20 W, 2 filaments
Clignoteur (R 27)	Hella BL 81
Feux clignotants	6 V, 18 W, soffitte

Transmission

Embrayage	Monodisque, à sec, à diaphragme

Boîte de vitesses

Type	Boîte 4 vitesses, à clabots, formant bloc avec le moteur, amortisseur sur l'arbre primaire
Commande	par sélecteur au pied
Rapports	dans la boîte
	1ère vitesse 5,33 : 1
	2ème vitesse 3,02 : 1
	3ème vitesse 2,04 : 1
	4ème vitesse 1,54 : 1
Rapports totaux	Solo Side-car
	22,17 : 1 27,72 : 1
	12,56 : 1 15,70 : 1
	8,49 : 1 10,61 : 1
	6,40 : 1 8,01 : 1
Lubrifiant	Hiver et été: Huile de marque HD pour moteurs à essence, SAE 10 W 30
Contenance	env. 0,65 Litre
Transmission arrière	arbre cardan dans le bras oscillant droit, accouplé à la boîte de vitesses sur caoutchouc et au couple arrière par entraînement cannelé.

Couple arrière

	conique, à dentures spirale, sous bain d'huile
Rapports du couple arrière	Solo Side-car
	4,16 : 1 5,20 : 1
Nombre de dents	(25 : 6) (26 : 5)
Lubrifiant	Huile moteur de marque SAE 40, été et hiver
Contenance	125 cm³

Partie cycle

Cadre	fermé, à double berceau, en tubes d'acier
Suspension avant	Bras oscillant longitudinal, avec 2 jambages à ressort et amortisseurs hydrauliques à double effet. Pour service avec side-car: Bras oscillant aux oeillets avant de la fourche et fixation supérieure de chaque jambage à ressort dans l'oeillet inférieur de la fourche.

Taillight and stoplight	twin-filament lamp, 6 V, 5/18 watts
License plate illumination	round-bulb lamp, 6 V, 5 watts
Tail light R 26	twin-filament lamp, 6 V, 5/20 watts
Blinker light (R 27)	Hella BL 81
Blinker bulb	tubular lamp

Power Train

Clutch	single-plate dry clutch with plate spring
Transmission	four-speed, with sliding dog clutches, integral with engine, torque-dampened in all gears through resilient input shaft
Gear shift	positive-stop, sequential, foot-operated
Gear ratios	in transmission 1st 5.33 : 1 2nd 3.02 : 1 3rd 2.04 : 1 4th 1.54 : 1
Overall gear ratios	Solo with sidecar 22.17 : 1 27.72 : 1 12.56 : 1 15.70 : 1 8.49 : 1 10.61 : 1 6.40 : 1 8.01 : 1
Lubricant	Winter and summer: Brand-name HD oil for gasoline engines, SAE 10 W 30
Transmission oil capacity	approx. 1.1 Imp. pints or 1.3 U.S. pints

Rear-axle Drive

	Universal shaft enclosed in right-hand rear swinging arm, rubber coupling to transmission, final dog coupling to rear wheel hub
Final drive gearing	Spiral bevel gear set in oil bath
Bevel drive ratio	Solo with sidecar 4.16 : 1 5.20 : 1
Number of teeth	6/25 5/26
Lubricant	Brand name engine oil SAE 40 in summer and winter
Bevel drive housing oil capacity	125 c.c. (¼ U.S. pint)

Frame, Suspension, Wheels

Frame	welded duplex-tube steel frame
Front suspension	Long swinging arms with 2 telescopic legs and dual-action hydraulic shock absorbers For sidecar operation: Set the swinging arm bearing of the front fork into the forward location on the fork and set the front wheel upper suspension mounting into the lower position on the fork.

Luz trasera y de freno	Bombilla de dos filamentos 6 V, 5/18 W
Luz de la matrícula	Bombilla esférica 6 V, 5 W
Luz trasera R 26	Bombilla de dos filamentos 6 V, 5/20 W
Lámpara de luz intermitente (R 27)	Hella BL 81
Bombilla para esta lámpara	Bombilla tubular 6 V, 18 W

Transmisión de fuerza

Embrague	Acoplamiento por monodisco en seco, con resorte de disco

Engranaje de cambio de marcha

Tipo	Engranaje de garras, de cuatro marchas, formando un solo bloque con el motor, amortiguación mediante el eje impulsor elástico
Mecanismo de cambio	Cambio de carraca accionado por pedal
Relaciones de transmisión del engranaje	en el engranaje 1ª marcha 5,33 : 1 2ª marcha 3,02 : 1 3ª marcha 2,04 : 1 4ª marcha 1,54 : 1
Relaciones de transmisión totales	Motocicleta Motocicleta sola con sidecar 22,17 : 1 27,72 : 1 12,56 : 1 15,70 : 1 8,49 : 1 10,61 : 1 6,40 : 1 8,01 : 1
Lubricante	Invierno y verano: Aceite HD para motores Otto de marca acreditada, SAE 10 W 30.
Capacidad de lubricante	0,65 l aprox.
Accionamiento de la rueda trasera	Arbol articulado Cardán dispuesto en el balancín derecho de la rueda trasera; conexión al engranaje mediante un acoplamiento de goma, al mecanismo de accionamiento de la rueda trasera mediante un acoplamiento de dientes
Mecanismo de accionamiento de la rueda trasera	Engranaje de ruedas cónicas helicoidales, en baño de aceite
Relación de transmisión	Motocicleta Motocicleta sola con sidecar 4,16 : 1 5,20 : 1
No. de dientes	25 : 6 26 : 5
Lubricante	Aceite de marca para motores SAE 40 en verano e invierno
Capacidad de lubricante	125 cm³

Bastidor

Cuadro	Cuadro de acero doble, cerrado
Suspensión de la rueda delantera	Balancín de barra larga con dos brazos telescópicos y amortiguadores de aceite de doble efecto Servicio con sidecar: Sujetar el brazo oscilante en la abertura delantera de la horquilla delantera y colocar en la abertura inferior de la horquilla el elemento de sujeción superior del brazo telescópico

Vorderrad-Nachlauf für Solobetrieb	80 mm (Schwinge im hinteren Gabelanschluß gelagert und Federbeine in oberer Gabelanschlußbohrung befestigt)
für Seitenwagenbetrieb	55 mm (Schwinge im vorderen Gabelanschluß gelagert und Federbeine oben in unteren Gabelanschlußbohrungen befestigt)
Hinterradfederung	Langarmschwinge mit 2 Federbeinen und doppelt wirkenden Öldruck-Stoßdämpfern, Federvorspannung für Solo- und Soziusfahrt von Hand umstellbar
	Für Seitenwagenbetrieb: Tragfedern auswechseln
Laufradfelgen	Leichtmetall-Tiefbettfelgen 2,15 B × 18 mit 36 Speichen
Max. Laufradunwucht	9 g am inneren Felgendurchmesser
Bereifung	3,25—18
Bremsen	Leichtmetall-Vollnabenbremse mit eingegossenen Graugußringen-Simplex-Bremsen
Bremstrommel	160 mm ⌀
Bremsbelag	35 mm breit, 4 mm dick
wirksame Gesamtbremsfläche	194 qcm
Kraftstoffbehälter	mit eingebautem Werkzeugkasten und Kniekissen
Behälterinhalt	15 Liter, davon 1,5 Liter Reserve
Kraftstoff	Superkraftstoff für R 27 Normalkraftstoff für R 26

Baumaße

Solo-Motorrad	Lenkerbreite 660 mm
	größte Länge 2090 mm
	größte Höhe 975 mm
	Radstand 1390 mm
mit BMW Seitenwagen	größte Breite 1520 mm
	Lenkerbreite 690 mm
	größte Länge 2300 mm
	Radstand 1415 mm
	Spurweite 1090 mm
Sattelhöhe	770 mm
Bodenfreiheit	115 mm

Gewichte

	R 27		R 26	
	Solo	m. SW	Solo	m. SW
Leergewicht = fahrfertig betankt + Werkzeug	162 kg	240 kg	158 kg	225 kg
zulässiges Gesamtgewicht = Leergewicht + Personen- und Gepäckbelastung	325 kg solo, 480 kg mit SW			
zulässige Radlasten vorn	120 kg solo, 150 kg mit SW			
hinten	210 kg solo, 240 kg mit SW			
SW-Rad	— 120 kg			
Höchstbesetzung einschließlich Fahrer	2 Pers. solo, 3 Pers. mit SW			

Chasse avant Pour service en solo	80 mm (bras oscillant fixé aux oeillets arrière de la fourche et jambages aux oeillets supérieurs de la fourche)
Pour service avec side-car	55 mm (bras oscillant fixé aux oeillets avant de la fourche et jambages aux oeillets inférieurs de la fourche)
Suspension arrière	bras oscillants longitudinal avec 2 jambages à ressort et amortisseurs hydrauliques à double effet. Tension pour solo ou siège arrière réglable à la main.
	Pour service avec side-car: remplacer les ressorts.
Jantes	métal léger, à base creuse, 2,15 B × 18 avec 36 rayons
Balourd maximum	9 gr au diamètre intérieur de la jante
Pneus	3,25—18
Freins	Moyeux métal léger, grand diamètre, avec surface de freinage fonte grise venue de fonte, freins Simplex.
Tambours de freins	⌀ 160 mm
Garnitures de freins	largeur 35 mm, épaisseur 4 mm
Surface de freinage	194 cm²
Réservoir d'essence	Avec coffre à outils incorporé et appuie-genoux
Contenance	15 litres, dont 1,5 litre de réserve
Essence	Benzine super pour R 27 Benzine normale pour R 26

Dimensions

Moto solo	Largeur du guidon 660 mm
	Longueur hors tout 2090 mm
	Hauteur hors tout 975 mm
	Empattement 1390 mm
Moto avec side-car BMW	Largeur hors tout 1520 mm
	Largeur du guidon 690 mm
	Longueur hors tout 2300 mm
	Empattement 1415 mm
	Voie 1090 mm
Hauteur de selle	770 mm
Garde au sol	115 mm

Poids

	R 27		R 26	
	Solo	Avec side-car	Solo	Avec side-car
Poids à vide = Poids en ordre de marche avec essence et outillage	162 Kgs.	240 Kgs.	158 Kgs.	225 Kgs.
Poids total admissible = Poids à vide + occupants et bagages	325 Kgs. en solo, 480 Kgs. avec S.C.			
Charge admissible des roues: avant	120 Kgs. en solo, 150 Kgs. avec S.C.			
arrière	210 Kgs. en solo, 240 Kgs. avec S.C.			
roue side-car	— 120 Kgs.			
Occupants (inclus pilote) au max.	2 pers. en solo, 3 pers. avec S.C.			

Trail (castor) of front wheel		Convergencia de la rueda delantera	
for solo operation	3.5" (swinging arm pivot in rear location on the fork and telescopic legs mounted in the upper position on the fork)	motocicleta sola	80 mm (balancín sujetado en el orificio de conexión trasero de la horquilla y brazos telescópicos dispuestos en la abertura de conexión superior de la horquilla)
for sidecar operation	2.16" (swinging arm pivot in forward location on the fork and telescopic legs mounted in lower position on the fork)	motocicleta con sidecar	55 mm (balancín sujetado en la conexión delantera de la horquilla y brazos telescópicos dispuestos en los orificios de conexión inferiores de la horquilla)
Rear suspension	Long swinging arms with 2 telescopic legs and dual-action hydraulic shock absorbers, spring tension adjustable by hand for either solo riding or pillion work For sidecar operation: exchange suspension springs	Suspensión de la rueda trasera	Balancín de barra larga con dos brazos telescópicos y amortiguadores de aceite de doble efecto; tensión de los resortes conmutable a mano, para la marcha con o sin acompañante en la moto Servicio con sidecar: Cambiar los resortes de suspensión
Wheel rims	Light-alloy drop-center rims 2.15 B × 18 with 36 spokes	Llantas de las ruedas	Llantas de base hundida, de metal ligero, 2,15 B × 18, con 36 rayos
Max. unbalance	.32 oz., as measured at inner rim diameter	Masa centrífuga máxima de las ruedas	9 g en el diámetro interior de las llantas
Tires	3.25—18	Neumáticos	3,25—18
Brakes	Light-alloy full hub brakes with cast-in grey iron rings, simplex (one leading and one trailing shoe)	Frenos	Frenos de buje íntegro, de metal ligero, con segmentos de freno Simplex, de fundición gris
Brake drum diameter	160 mm. (6.3")	Tambor de freno	160 mm ⌀
Brake lining	1.4" wide, .16" thick	Guarnición del freno	35 mm ancho, 4 mm espesor
Braking area	30.07 sq. in.	Superficie de freno efectiva total	194 cm²
Fuel tank	with built-in tool box and knee grips (cushions)	Depósito de combustible	Depósito con caja de herramientas incorporada y con rodilleras
Fuel tank capacity	3.5 Imp. gal. or 4 U. S. gal., including a reserve of approx. ½ gal.	Capacidad del depósito	15 litros, incluyendo 1,5 l de reserva
Fuel	High-test (super) for R 27 Regular gas for R 26	Combustible	Supergasolina para R 27 Combustible normal para R 26

Dimensions

Solo motorcycle	Handlebar width	25.6"
	Overall length	82.5"
	Overall height	38.4"
	Wheelbase	54.7"
with BMW sidecar	Overall width	59.8"
	Handlebar width	27.2"
	Overall length	90.5"
	Wheelbase	55.7"
	Track width	42.9"
Saddle height	30.2"	
Ground clearance	4.5"	

Dimensiones

Motocicleta sin sidecar	Ancho del manillar	660 mm
	Longitud máxima	2090 mm
	Altura máxima	975 mm
	Distancia entre ejes	1390 mm
Motocicleta con sidecar BMW	Anchura máxima	1520 mm
	Ancho del manillar	690 mm
	Longitud máxima	2300 mm
	Distancia entre ejes	1415 mm
	Anchura de rodada	1090 mm
Altura del sillín	770 mm	
Altura libre sobre el suelo	115 mm	

Weights

	R 27		R 26	
	Solo	w. SC	Solo	w. SC
Curb weight = weight of the motorcycle with fuel, lubricants and toolkit	356 lbs.	529 lbs.	347 lbs.	496 lbs.
Permissible total weight = curb weight + passengers + baggage	716 lbs. Solo, 1058 lbs. w. SC			
Permissible axle loads front	264 lbs. Solo, 330 lbs. w. SC			
rear	463 lbs. Solo, 529 lbs. w. SC			
SC wheel	—		264 lbs.	
Maximum occupancy (including driver)	2 persons Solo, 3 persons w. SC			

Pesos

	R 27		R 26	
	sin sidecar	con sidecar	sin sidecar	con sidecar
Peso en vacío = moto lista, con combustible y herramientas	162 kg	240 kg	158 kg	225 kg
Carga total admisible = peso en vacío + peso de viajeros y de equipaje	325 kg en solo, 480 kg con S.C.			
Carga admisible de las ruedas				
adelante	120 kg en solo, 150 kg con S.C.			
atrás	210 kg en solo, 240 kg con S.C.			
rueda del sidecar	—	120 kg		
Cantidad máxima de viajeros, incluyendo el conductor	2 pers. en solo, 3 pers. con S.C.			

Höchstgeschwindigkeiten und zulässige Geschwindigkeiten für das Einfahren der Motorräder R 27 und R 26

(Höchstgeschwindigkeiten werden stark beeinflußt durch den Luftwiderstand, den der Fahrer durch Größe, Haltung und Kleidung bietet)

	km-Stand am Tachometer	Hinterradübersetzung für	km je Stunde im 1. Gg.	2. Gg.	3. Gg.	4. Gg.
Einfahren	0 bis 1000	Solobetrieb	20	40	60	80
		Seitenwagenbetrieb	15	30	45	60
	1000 bis 2000	Solobetrieb	30	50	75	100
		Seitenwagenbetrieb	20	40	60	75
	über 2000	Solobetrieb sitzend liegend	30	55	80	118 128
		Seitenwagenbetrieb	20	45	65	90

Reifendrücke atü:

	vorn	hinten	SW
Fahrer allein	1,5	1,6	
Fahrer + Sozius	1,5	2,0	
Fahrer + SW besetzt	1,7	2,0	1,7
Fahrer + Sozius + SW	1,7	2,7	1,7

Maße und Passungen

Motor

Zylinderbohrung

Nennmaß	68,00 mm
1. Nachschleifmaß	68,50 mm
2. Nachschleifmaß	69,00 mm
Schleifmaßabweichung	± 0,01 mm unrund
Konizität	maximal −0,03 mm (auf Kopfseite kleiner)

Durchmesser-Fertigungsabweichung am Zylinderfuß einschlagen

Anzahl der Schmierlöcher in der Zylinderlaufbahn	**R 27**	**R 26**
	2	1

Kolbeneinbauspiel

Normal	0,04 mm	0,06 mm
Für Behörden- oder Seitenwagenbetrieb	0,05 mm	0,07 mm
Max. Gesamtverschleiß an Zylinder und Kolben	0,12 mm über Einbauspiel	

Kolbenring-Einbauspiele

Kolbenring-Stoßspiel	0,25 − 0,40 mm

Kolbenring-Flankenspiel in den Nuten

Kolbenring 1 (auf Bodenseite)	**R 27**	**R 26**
	0,06 mm (hartverchr.)	0,06 mm
Kolbenring 2	0,05 mm	0,05 mm
Kolbenring 3 und weitere	0,03 mm	0,03 mm

Vitesse maximum et vitesses admissibles pendant le rodage des motos R 27 et R 26

La vitesse maximum est fortement influencée par la résistance de l'air, selon la stature, la position et l'habillement du pilote.

	Km au compteur	Rapport AR pour	Km/H. en 1. vit.	2. vit.	3. vit.	4. vit.
Rodage	0 à 1000	Solo	20	40	60	80
		Side-car	15	30	45	60
	1000 à 2000	Solo	30	50	75	100
		Side-car	20	40	60	75
	après 2000	Solo assis couché	30	55	80	118 128
		Side-car	20	45	65	90

Pression des pneus en atm.

	AV	AR	side-car
Pilote seul	1,5	1,6	
Pilote + passager	1,5	2,0	
Pilote + side-car occupé	1,7	2,0	1,7
Pilote + passager + side-car occupé	1,7	2,7	1,7

Cotes et tolérances

Moteur

Alésage du cylindre

Cote nominale	68,00 mm
1. réalésage	68,50 mm
2. réalésage	69,00 mm
Tolérance d'alésage	± 0,01 mm de faux-rond
Conicité	max. −0,03 mm (plus faible en haut)
Ecart en diamètre	gravé sur la base du cylindre

Trous de graissage dans la surface portante du cylindre	**R 27**	**R 26**
	2	1

Jeu de montage du piston

Normal	0,04 mm	0,06 mm
Pour usage professionnel ou avec side-car	0,05 mm	0,07 mm
Usure max. admissible entre piston et cylindre	0,12 mm en plus du jeu de montage	

Jeu de montage des segments

Jeu à la coupe des segments	0,25 − 0,40 mm

Jeu sur le flanc des segments, dans les gorges:

Segment 1 (en haut)	**R 27**	**R 26**
	0,06 mm (chromé dur)	0,06 mm
Segment 2	0,05 mm	0,05 mm
Segment 3 et suivants	0,03 mm	0,03 mm

Maximum speeds, and maximum permissible speeds in the individual gears for the running-in of R 27 and R 26 motorcycles

(The maximum speeds are largely dependent on the air resistance caused by the rider's size, position, clothing, etc.)

Miles recorded	Final drive ratio	Maximum speed in the individual gears			
		1st	2nd	3rd	4th
Running-in 0 to 600 miles	Solo	12.5	25	37.5	50
	Sidecar	9.5	19	28	37.5
600 to 1200 miles	Solo	19	31	47	62.5
	Sidecar	12.5	25	37.5	47
Over 1200 miles	Solo Sitting position crouched down	19	34	50	74 80
	Sidecar	12.5	28	40.5	56

Tire pressures (psi)

	Front	Rear	Sidecar
Driver alone	21,3	22,7	
Driver and passenger	21,3	28,4	
Driver with occupied side car	24,1	28,4	24,1
Driver with pillion rider and occupied side car	24,1	38,4	24,1

Tolerances and Fits

Engine
Cylinder bore

Standard size	68.00 mm. (2.677")
1st oversize	68.50 mm. (2.697")
2nd oversize	69.00 mm. (2.716")
Cylinder bore maximum out-of-round	± .01 mm. (.0004")
Taper, not over	.03 mm. (.0012") (top diameter smaller)

Diameter divergence from correct size marked on cylinder foot

Number of lubricating holes machined into cylinder wall surface	R 27	R 26
	2	1

Piston to bore clearance

Normal	.04 mm. (.0016")	.06 mm. (.0024")
For public authorities or sidecar operation	.05 mm. (.0020")	.07 mm. (.0028")
Max. total wear of cylinder and piston	.12 mm. (.0048") over piston skirt assembly clearance	

Clearances of piston rings

Piston ring gap width .25 — .40 mm. (.01" — .016")

Clearance between rings and sides of grooves in piston

	R 27	R 26
Piston ring 1 (top)	.06 mm. (.0024") (hard chromed)	.06 mm.
Piston ring 2	.05 mm. (.0020")	.05 mm.
Piston ring 3 and further ones	.03 mm. (.0012")	.03 mm.

Velocidades máximas y velocidades admisibles durante el período de rodaje de las motocicletas R 27 y R 26

(La resistencia del aire, debida a la estatura, a la postura y a la vestimenta del conductor, ejerce una gran influencia sobre las velocidades máximas que pueden conseguirse.)

Lectura del velocímetro	Transmisión trasera para	km. por hora en			
		1a.vel.	2a.vel.	3a.vel.	4a.vel.
Período de suavización 0 a 1000	Servicio en solo	20	40	60	80
	Servicio con sidecar	15	30	45	60
1000 a 2000	Servicio con sidecar	30	50	75	100
	Servicio en solo	20	40	60	75
arriba de 2000	Servicio sentado en solo tendido	30	55	80	118 128
	Servicio con sidecar	20	45	65	90

Presiones de los neumáticos, kg/cm²:

	delantera	trasero	sidecar
Conductor en «solo»	1,5	1,6	
Conductor con «socius»	1,5	2,0	
Conductor con sidecarista	1,7	2,0	1,7
Conductor con «socius» y sidecarista	1,7	2,7	1,7

Medidas y tolerancias

Motor
Diámetro interior del cilindro

Medida nominal	68,00 mm
1ª rectificación ulterior	68,50 mm
2ª rectificación ulterior	69,00 mm
Tolerancia del rectificado	± 0,01 mm de excentricidad
Conicidad	conicidad máxima —0,03 mm (menor en el lado de la cabeza)

En la base del cilindro se hallan grabadas las differencias de medida del diámetro, determinadas después de la fabricación

Número de orificios de engrase en el interior del cilindro	R 27	R 26
	2	1

Holgura de montaje del émbolo

Juego normal	0,04 mm	0,06 mm
Motos para organismos oficiales y para servicio con sidecar	0,05 mm	0,07 mm
Desgaste total máximo de los cilindros y émbolos	0,12 mm por encima de la holgura de montaje	

Holgura de montaje de los segmentos de émbolo

Juego de choque de los segmentos 0,25 — 0,40 mm

Juego de los flancos de los segmentos en las ranuras

	R 27	R 26
Segmento 1 (en el fondo)	0,06 mm (cromado duro)	0,06 mm
Segmento 2	0,05 mm	0,05 mm
Segmento 3 y demás	0,03 mm	0,03 mm

Kolbenbolzenpassung

im Kolben	0,000 bis + 0,006	Kolben und Kolbenbolzen sind jeweils mit gleichfarbigen Tupfen gekennzeichnet.
im Pleuelauge	0,006 bis 0,024 mm	0,006 bis 0,024 mm
Kolbenbolzenanordnung im Kolben	1,5 mm desachsiert, schmale Seite ist druckbelastet im Arbeitshub	

Pleuel

Pleuellagerung auf Hubzapfen	ohne Spiel, aber leicht drehbar
Aufmaßrollen	4,994/4,996/4,998/5,000/5,002/5,004 5,006/5,008/5,010/5,012/5,020/5,030
Durchmesserspiel der Rollen im Käfig	0,05 – 0,15 mm
Axialspiel der Rollen im Käfig	0,10 – 0,20 mm
Axialspiel der Pleuel auf dem Hubzapfen	0,07 – 0,10 mm
Pleuellänge (gemessen von Bohrungsmitte zur Mitte)	**R 27** 120 mm **R 26** 125 mm

Kurbelwellen und Lagerung

Hubzapfen-Nennmaß	32 +0,000 mm / −0,018 mm
Preßdruck des Hubzapfens in den Kurbelwellenschenkeln	4000 – 6000 kg
Max. Schlag an den Wellenzapfen außen bei Stützung an den Hauptlagerstellen	0,01 – 0,02 mm
Hauptlager-Preßsitz auf Wellenzapfen	0,015 mm
Steuerung-Antriebskettenrad auf Kurbelwelle	0,012 – 0,035 mm Preßsitz (Rad 180° C warm auf talgbestrichenen Zapfen aufziehen)
Kugellagersitze in Motorgehäuse, Lagerdeckel, Kettenkastendeckel	leichter Preßsitz, Gehäuse und Deckel zur Montage auf etwa 80° C anwärmen
Max. Seitenschlag der Schwungscheibe	0,10 mm
Max. Radialschlag am Lichtmaschinenkollektor	0,04 mm

Steuerwelle mit Antrieb

Kugellager-Preßsitz auf Steuerwelle	0,015 mm
Kugellager-Preßsitz in Motorgehäuse und Lagerbüchse	0,015 mm (Motorgehäuse zur Montage auf etwa 80° C anwärmen)
Max. Schlag am vorderen Steuerwellenende	(R 27) 0,1 mm bei Auflage an beiden Lagerstellen

Ajustage de l'axe de piston

Dans le piston	0,000 à + 0,006.	Piston et axe sont marqués d'une touche de même couleur.
Dans l'oeillet de bielle	0,006 à 0,024 mm	0,006 à 0,024 mm
Position de l'axe dans le piston	désaxé de 1,5 mm, la partie étroite est appuyée contre le cylindre dans la course motrice	

Bielle

Articulation sur le vilebrequin	libre, sans jeu
Galets surdimensionnés	4,994/4,996/4,998/5,000/5,002/5,004 5,006/5,008/5,010/5,012/5,020/5,030
Jeu en diamètre des galets dans la cage	0,05 – 0,15 mm
Jeu axial des galets la cage	0,10 – 0,20 mm
Jeu axial de la bielle sur le tourillon	0,07 – 0,10 mm
Longueur de la bielle (mesurées d'axe en axe des alésages)	**R 27** 120 mm **R 26** 125 mm

Vilebrequin et roulements

Cote nominale du tourillon	32 +0,000 mm / −0,018 mm
Pression de chassage du tourillon dans les joues	4000 – 6000 Kgs
Faux-rond max. des extrémités du vilebrequin, reposant aux endroits des roulements principaux	0,01 – 0,02 mm
Chassage du roulement principal sur le vilebrequin	0,015 mm
Pignon de chaîne de distribution sur le vilebrequin	0,012 – 0,035 mm (monter le pignon chauffé à 180° C sur l'arbre suiffé)
Siège des roulements dans le carter, le couvercle de palier, le couvercle de distribution	Chassage léger, chauffeur carter et couvercles à 80° C environ, pour le montage
Voilage max. du volant	0,10 mm
Faux-rond radial mesuré sur le collecteur de dynamo	0,04 mm

Arbre à cames et commande

Siège du roulement sur l'arbre à cames	0,015 mm
Siège du roulement dans le carter et dans la douille de palier	0,015 mm (chauffer le carter à 80° C env. pour le montage)
Faux-rond max. à l'avant de l'arbre à cames	R 27: 0,1 mm, avec appui à la position des 2 roulements.

Fit of pin

in piston	.000 to + .006 mm. (.0000 to + .00024") Mating pistons and piston pins are marked with paint dots of the same color.
in connecting rod	.006 to .024 mm. (.00024" to .00096") .006 to .024 mm. (.00024" to .00096")
Piston pin arrangement in the piston	1.5 mm. (.06") offset. Small side is pressure loaded on working stroke

Connecting Rod

Fit of connecting rod bearing on crankpin	No clearance, but must turn freely
Oversize rollers (mm.)	4.994/4.996/4.998/5.000/5.002/5.004 5.006/5.008/5.010/5.012/5.020/5.030
Diametral clearance of bearing rollers in roller cage	.05 — .15 mm. (.002" — .006")
End play of rollers in cage	.10 — .20 mm. (.004" — .008")
End play of connecting rod on crankpin	.07 — .10 mm. (.0028" — .004")
Connecting rod length (center to center)	**R 27** 120 mm. (4.72") **R 26** 125 mm. (4.92")

Crankshaft and Bearings

Crankpin standard diameter	32 + .000 mm. / − .018 mm.
Press power required for fitting crankpin into crankweb	9,000 — 13,000 lbs.
Max. allowable out-of-round on crankshaft journal outer ends, with crankshaft supported on main bearing seats	.01 — .02 mm. (.0004" — .0008")
Interference fit of main bearings on journals	.015 mm. (.0006")
Interference fit of crankshaft sprocket	.012 — .035 mm. (.00048" to .0014"). To install, heat sprocket up to 390° F. and smear journal with tallow
Ball bearing fits in engine housing, front bearing cover, chaincase (timing) cover	Slight interference fit. To install, heat housing and covers up to approx. 176° F.
Flywheel clutch face runout (max.)	.10 mm. (.004")
Max. allowable out-of-round on generator commutator	.04 mm. (.0016")

Camshaft and Drive

Interference fit of ball bearing on camshaft	.015 mm. (.0006")
Interference fit of ball bearing in engine housing and bearing bushing	.015 mm. (.0006"). To install bearings, heat engine housing up to approx. 176° F.
Max. allowable out-of-round on camshaft front end	(R 27) .1 mm. (.004"), the camshaft being supported on the two bearing seats

Tolerancia del perno del émbolo

en el émbolo	0,000 a + 0,006; los émbolos y pernos emparejados han sido caracterizados con una marca del mismo color
en el soporte de la biela	0,006 a 0,024 mm 0,006 a 0,024 mm
Colocación del perno dentro del émbolo	Desplazado en 1,5 mm con respecto al eje; en la carrera de trabajo, la parte estrecha se halla sometida a carga

Biela

Alojamiento de la biela en el pivote elevador	Alojamiento sin juego, pero ligeramente giratorio
Rodillos de compensación	4,994/4,996/4,998/5,000/5,002/5,004 5,006/5,008/5,010/5,012/5,020/5,030
Holgura diametral de los rodillos en la jaula	0,05 – 0,15 mm
Holgura axial de los rodillos en la jaula	0,10 – 0,20 mm
Holgura axial de la biela sobre el pivote elevador	0,07 – 0,10 mm
Longitud de la biela (medida desde el centro de la perforación al centro)	**R 27** 120 mm **R 26** 125 mm

Cigüeñal y soportes

Medida nominal del pivote elevador	32 +0,000 mm / −0,018 mm
Presión del pivote elevador en los muñones del cigüeñal	4000 – 6000 kg
Excentricidad máxima en la parte exterior de los gorrones del cigüeñal, apoyado en sus soportes principales	0,01 – 0,02 mm
Encaje a presión de los soportes principales sobre los gorrones del eje	0,015 mm
Rueda de cadena para el accionamiento y la maniobra sobre el cigüeñal	0,012 – 0,035 mm, encaje a presión (la rueda, calentada a 180° C, se coloca sobre el gorrón, cubierto de talco)
Asientos de los cojinetes de bolas en la carcasa del motor, tapa de cojinete y tapa guardacadenas	Encaje a presión ligero; para el montaje se calientan las tapas y la carcasa a unos 80° C
Excentricidad lateral máxima del disco volante	0,10 mm
Máxima excentricidad radial en el colector de la dínamo	0.04 mm

Arbol de levas con accionamiento

Encaje a presión de los cojinetes de bolas sobre sobre el árbol de levas	0.015 mm
Encaje a presión de los cojinetes de bolas en la carcasa del motor y el casquillo de cojinete	0,015 mm (para efectuar el montaje se calienta la carcasa a unos 80° C)
Excentricidad máxima en el extremo anterior del árbol de levas	(R 27) 0,1 mm, estando apoyado en ambos soportes

Kettenrad auf Steuerwelle	Rad auf etwa 150° C warm auf talgbestrichenen Zapfen aufsetzen			Pignon de chaîne sur l'arbre à cames	Chauffer le pignon à 150° C environ pour le monter sur l'arbre, suiffé.	
Durchhang der Steuerkette (Neumontage)	bei Fingerdruck etwa 2—3 mm			Ebat de la chaîne (neuve)	2—3 mm sous la pression du doigt	
Markierung der Kettenlängen	blau = kurz, rot = mittel, grün = lang			Marquage des longueurs de chaînes	bleu = courte; rouge = moyenne; vert = longue.	
Kettenspanner	(neuerdings serienmäßig bei R 27, kann in Reparaturfällen nachträglich auch bei R 26 eingebaut werden — nur mehr eine Kettenlänge erforderlich.)			Tendeur de chaîne	(récement monté en série sur R 27, peut sur demande être monté aussi sur R 26 à l'occasion d'une réparation — une seule longueur de chaîne est alors nécessaire.)	

Stößel und Ventile	R 27	R 26		**Poussoirs et soupapes**	R 27	R 26
Stößelboden	ballig	ballig		Portée des poussoirs	Bombée	Bombée
Laufspiel der Stößel in Büchsen	0,02—0,04 mm			Jeu des poussoirs dans leur guide	0,02—0,04 mm	
Laufspiel der Schwinghebelbüchsen auf Schwinghebelbolzen	0,01—0,045 mm			Jeu des douilles de culbuteurs sur l'axe	0,01—0,045 mm	
Laufspiel der Büchsen im Schwinghebel	0,01—0,045 mm			Jeu des douilles dans le culbuteur	0,01—0,045 mm	
Seitenspiel der Schwinghebel	0,02—0,06 mm			Jeu latéral des culbuteurs	0,02—0,06 mm	
Ventilschaft (hartverchromt)	Durchmesser (mm)	Laufspiel in der Führung (mm)		Queues de soupapes (chromées dur)	Diamètre (mm)	jeu dans le guide (mm.)
Einlaß- und Auslaßventil	7 −0,050 mm −0,065 mm	0,040—0,070		Admission et échappement	7 −0,050 mm −0,065 mm	0,040—0,070
Bohrung in der Ventilführung (eingepreßt, abgekühlt und auf Maß aufgerieben)	7 +0,005 mm −0,010 mm	(Reibahle 7 K 7)		Alésage des guides de soupapes (chassés, refroidis et alésés à la cote)	7 +0,005 mm −0,010 mm	(Alésoir 7 K 7)
max. Verschleiß	0,1 mm über Ventilschaftspiel			Usure max. admissible	0,1 mm en plus du jeu de montage	
Ventilführung im Zylinderkopf	0,03—0,05 mm Preßsitz (zum Einpressen nur der Führungen allein, Zylinderkopf auf 180—220° C anwärmen)			Diamètre des soupapes dans la culasse	0,03—0,05 mm de serrage (pour chasser en place les guides seuls, chauffer la culasse à 180—220° C env.)	
Ventilteller-Durchmesser:				Diamètre des soupapes:		
Einlaßventil	32 mm			Admission	32 mm	
Auslaßventil	34 mm			Echappement	34 mm	
max. Schlag der Ventilsitze am Ventilteller	0,03 mm			Faux-rond max. de la portée sur la soupape	0,03 mm	
Nachschleifen der Ventile (Mindest-Randbreite):				Rectifiage des soupapes (épaisseur min. du bord):		
Einlaßventil	0,7 mm			Admission	0,7 mm	
Auslaßventil	1,0 mm			Echappement	1,0 mm	
Preßsitz der Ventilsitzringe im Zylinderkopf:				Sièges de soupapes dans la culasse:		
Einlaß-Ventilsitzring	0,17—0,22 mm			Admission	0,17—0,22 mm de serrage	
Auslaß-Ventilsitzring (Dulenit)	0,125—0,170 mm zum Einpressen neuer Ringe Zylinderkopf auf 220—250° C anwärmen			Echappement (Dulenit)	0,125—0,170 mm de serrage pour chasser en place de nouveaux sièges, chauffer la culasse à 220—250° C.	

Interference fit of sprocket on camshaft	To install sprocket, heat it up to 300° F. and smear journal with tallow	
Max. chain deflection on touch (new chain)	approx. 2–3 mm. (.08" to .12")	
Marks for chain length	blue = short, red = middle, green = long	
Chain adjuster	(recently standard equipment on R 27, in repair cases, it may also be installed on R 26; thus only one chain length will be required).	

Tappets and Valves	R 27	R 26
Tappet bottom	spherical	spherical
Diameteral clearance of tappets in bushings	.02–.04 mm. (.0008"–.0016")	
Rocker arm bushing to rocker shaft clearance	.01–.045 mm. (.0004"–.0018")	
Clearance of bushings in rockers	.01–.045 mm. (.0004"–.0018")	
Side play of rocker arms	.02–.06 mm. (.0008"–.0024")	
Valve stem (hard chrome-plated)	Diameter	Diameteral clearance in guide
Intake and exhaust valves	7 −0.050 mm. −0.065 mm.	.040–.070 mm. (.0016"–.0028")
I. D. of valve guide, after shrinking-in, recooling and reaming to measure.	7 +0.005 mm. −0.010 mm.	(reamer 7 K 7)
Max. wear (worn limit)	.004" over stem play	
Interference fit of valve guide in cylinder head	.03–.05 mm. (.0012"–.002"). To only press-in the guides, heat cylinder head to 390–490° F.	
Valve head diameter:		
Intake valve	32 mm.	
Exhaust valve	34 mm.	
Maximum valve face runout (seat eccentricity)	.03 mm. (.0012")	
Regrinding of valves possible up to a minimum valve head edge thickness of:		
Intake valve	.7 mm. (.028")	
Exhaust valve	1.0 mm. (.04")	
Valve seat rings (inserts) in cylinder head:		
Intake valve seat ring	.17–.22 mm. shrink fit (.0068"–.0088")	
Exhaust valve seat ring (Dulenit)	.125–.170 mm. shrink fit (.005"–.0068") To install new rings, heat cylinder head up to 490–550° F.	

Rueda de cadena sobre el árbol de levas	La rueda se calienta a unos 150° C y se coloca sobre el gorrón del árbol, cubierto de talco	
Elasticidad de la cadena de distribución (montaje nuevo)	2–3 mm, presionando con los dedos	
Distinción de las longitudes de cadena	azul = corta, roja = mediana, verde = larga	
Tensor de cadena	(Recientemente, los modelos R 27 se equipan en serie con un tensor, gracias al cual sólo se requiere una longitud de cadena; en caso de reparaciones, este tensor también puede ser instalado posteriormente en los modelos R 26)	

Taqués y válvulas	R 27	R 26
Base de los taqués	Bombeada	Bombeada
Juego de deslizamiento de los taqués en los casquillos	0,02–0,04 mm	
Juego de deslizamiento de los casquillos de las palancas oscilantes sobre los pernos de estas palancas	0,01–0,045 mm	
Juego de deslizamiento de los casquillos en la palanca oscilante	0,01–0,045 mm	
Juego lateral de las palancas oscilantes	0,02–0,06 mm	
Vástago de la válvula (con cromado duro)	Diámetro (mm)	Juego de deslizamiento en la guía (mm)
Válvula de admisión y de escape	7 −0,050 mm −0,065 mm	0,040–0,070
Taladro en la guía de la válvula (calado a presión, refrigerado y escariado a la medida)	7 +0,005 mm −0,010 mm	(escariador 7 K 7)
Desgaste máximo	0,1 mm más que el juego del vástago de la válvula	
Guía de la válvula en la culata	Encaje a presión de 0,03–0,05 mm (para encajar a presión la guía sola, se calienta la culata del cilindro de 180–220° C)	
Diámetro del plato de la válvula:		
Válvula de admisión	32 mm	
Válvula de escape	34 mm	
Excentricidad máxima del asiento de la válvula respecto al plato de la misma	0,03 mm	
Rectificación ulterior de las válvulas (anchura mínima del borde):		
Válvula de admisión	0,7 mm	
Válvula de escape	1,0 mm	
Anillos del asiento de las válvulas en la culata:		
Anillo del asiento de la válvula de admisión	0,17–0,22 mm	
Anillo del asiento de la válvula de escape (Dulenit)	0,125–0,170 mm (para el encaje a presión de anillos nuevos se calienta la culata a 220–250° C)	

Ventilsitzwinkel	45°	
Korrekturwinkel außen	15°	
Korrekturwinkel innen	75° (nur bei Bedarf)	
Ventilsitzbreite		
Einlaß	ca. 2 mm	
Auslaß	ca. 2,5 mm	
Ventilfedern	innere	äußere
Drahtdicke	2,8 mm	3,8 mm
Außendurchmesser der Feder	23,8 mm	33,3 mm
Länge entspannt	37,5 mm	42,3 mm
Länge eingebaut	30,5 mm	34,0 mm
Federspannung bei Einbaulänge	7,5 kg	18,5 kg

Schraubenanzugsmomente

Anzugsmomente der Zylinderkopf-Befestigungsschrauben	3,5 mkg
Anzugsmoment der Schwungscheiben-Befestigungsmutter	17 mkg
Anzugsmoment der Lichtmaschinen- bzw. Zündlichtmaschinen-Anker-Befestigungsschraube	2 mkg
Kupplungstellerfederdruck	90 kg bei 8,5 mm Federungsweg
Ventilzeiten und Zündeinstellung	siehe Techn. Daten Seite 10 u. 12

Wechselgetriebe

Kugellagersitze auf den Wellen	Preßsitz 0,015 mm
Kugellagersitze im Gehäuse	leichter Preßsitz (Gehäuse zur Montage auf etwa 80° C erwärmen)
Laufspiel der Gangräder auf Büchsen	0,02 – 0,06 mm
Laufspiel der Büchsen auf Welle	0,01 – 0,05 mm
Längsspiel der An- und Abtriebswelle im Gehäuse	0,2 mm durch Paßscheiben einstellen
Längsspiel der Nebenwelle	0,2 – 0,4 mm
Stoßdämpferfeder:	
Länge ungespannt	44,5 mm
Federdruck bei Länge 39 mm	107 kg
Feder-Außen-⌀	34,5 mm
Feder-Innen-⌀	24,5 mm
Federquerschnitt	5×7 mm rechteckig

Hinterradgetriebe

Abstand von Mitnehmerflansch Getriebe zu Mitnehmerflansch Kardanwelle	30 ÷ 1,5 mm

---

Angle du siège	45°	
Angle de correction, extérieur	15°	
Angle de correction, intérieur	75° (seulement en cas de besoin)	
Largeur de la portée		
Admission	env. 2 mm	
Echappement	env. 2,5 mm	
Ressorts de soupapes	intérieur	extérieur
Diamètre du fil	2,8 mm	3,8 mm
Diamètre extérieur du ressort	23,8 mm	33,3 mm
Longueur, détendu	37,5 mm	42,3 mm
Longueur, monté	30,5 mm	34,0 mm
Pression à la longueur de montage	7,5 Kg.	18,5 Kg.

Moments de serrage

Vis de fixation de la culasse	3,5 mKg
Ecrou de fixation du volant	17 mKg
Vis de fixation du rotor de dynamo ou de magnéto-dynamo	2 mKg
Pression du diaphragme d'embrayage	90 Kg pour une course de 8,5 mm
Calage de la distribution et de l'allumage	Voir données techniques, page 10 et 12

Boîte de vitesses

Siège des roulements sur les arbres	serrage 0,015 mm
Siège des roulements dans le carter	Chassage léger (pour le montage, chauffer le carter à 80° C env.)
Jeu des pignons sur leur douille	0,02 – 0,06 mm
Jeu des douilles sur l'arbre	0,01 – 0,05 mm
Jeu longitudinal dans le carter de l'axe primaire et de l'axe de sortie	0,2 mm (à régler par des rondelles d'ajustage)
Jeu longitudinal dans le carter de l'arbre intermediaire	0,2 – 0,4 mm
Ressort d'amortisseur:	
Longueur, détendu	44,5 mm
Pression, comprimé à 39 mm	107 Kgs.
⌀ extérieur du ressort	34,5 mm
⌀ intérieur du ressort	24,5 mm
Section du fil	5×7 mm, rectangulaire.

Transmission arrière:

Distance de la joue d'entrainement côté à la joue de l'arbre cardan	30 ÷ 1,5 mm

Valve seat angle	45°
Correction angle, outer	15°
Correction angle, inner	75° (only if required)
Valve seat width in head	
Intake	approx. 2 mm. (.08")
Exhaust	approx. 2.5 mm. (.1")

Valve Springs	Inner	Outer
Wire diameter	2.8 mm. (.11")	3.8 mm. (.15")
Coil outer diameter	23.8 mm. (.94")	33.3 mm. (1.31")
Valve spring free length	37.5 mm. (1.48")	42.3 mm. (1.67")
Length, installed	30.5 mm. (1.2")	34.0 mm. (1.34")
Valve spring load, installed (lbs.)	16.5	41

Torque limits

Cylinder head bolts	25 ft-lbs
Flywheel retaining screws	123 ft-lbs
Generator armature (rotor) on crankshaft	14.5 ft-lbs
Plate spring pressure of clutch	198 lbs. at .34" spring movement
Valve timing and ignition timing data	See Technical Data, page 11 and 13

Transmission

Ball bearing seats on shafts	pinch fit .0006"
Ball bearing seats in case	Slight pinch fit (heat case to about 180° F for assembling)
Clearance of gears on bushings	.0008" — .0024"
Clearance of bushings on shaft	.0004" — .0020"
Axial play of primary and secondary shafts in housing	.008" to be adjusted by washers
Axial play of counter shaft	.008" — .016"
Shock absorber springs:	
Length, relaxed	1.75"
Spring pressure with length of 1.53"	235 lbs.
Spring diameter, outer	1.36"
Spring diameter, inner	.96"
Spring section	.2" × .28" rectangular

Rear Drive:

Distance from drive flange Gearbox to drive flange Cardan shaft	1.18" + .06"

Angulo del asiento de la válvula	45°
Angulo de corrección externo	15°
Angulo de corrección interno	75° (sólo en caso de ser necesario)
Ancho del asiento de la válvula	
admisión	2 mm aprox.
escape	2,5 mm aprox.

Resortes de las válvulas	interiores	exteriores
Grosor del alambre	2,8 mm	3,8 mm
Diámetro exterior del resorte	23,8 mm	33,3 mm
Longitud sin carga	37,5 mm	42,3 mm
Longitud del resorte montado	30,5 mm	34,0 mm
Tensión del resorte montado	7,5 kg	18,5 kg

Momentos de torsión de los tornillos

Momentos de torsión de los tornillos de sujeción de la culata del cilindro	3,5 mkg
Momento de torsión de la tuerca de sujeción del disco volante	17 mkg
Momento de torsión del tornillo de sujeción del rotor en la dínamo de encendido o de encendido y alumbrado	2 mkg
Presión del resorte del platillo de embrague	90 kg, a 8,5 mm de recorrido de flexión
Ajuste de las válvulas y del encendido	véase "Características técnicas", pág. 11 y 13

Caja de cambio:

Ajustes de los cojinetes en los ejes	Ajuste prensado 0,015 mm 2,5 mm aprox.
Ajuste a presión de los cojinetes en la caja	Ajuste a presión ligero (para su montaje, calentar la caja a 80° C. aprox.)
Juego entre los engranes y los casquillos	0,02 – 0,06 mm
Juego entre los casquillos y el eje	0,01 – 0,05 mm
Juego axial entre los ejes impulsor y secundario y la caja	0,2 mm, ajustable mediante arandelas distanciadoras
Juego axial del eje intermedio	0,2 – 0,4 mm
Resorte del amortiguador:	
Longitud sin carga	44,5 mm
Fuerza de compresión con una long. de 39 mm	107 kgs.
Diámetro exterior	34,5 mm
Diámetro interior	24,5 mm
Sección del resorte	5 × 7 mm rectangular

Transmisión de la rueda trasera:

Distancia entre la brida de arrastre de la caja de cambio y la brida de acoplamiento del eje de transmisión del cardán	30 + 1,5 mm

Wälzlagersitz auf Ritzel	0,015 mm
Wälzlagersitz im Gehäuse	leichter Preßsitz (Gehäuse zur Montage auf etwa 80° C anwärmen)
Kugellagersitz auf Tellerradnabe	0,02 mm Preßsitz
Kugellagersitz im Gehäuse bzw. Deckel	leichter Preßsitz (Gehäuse und Deckel zur Montage auf 80° C anwärmen)
Zahnflankenspiel (Klingelnberg)	0,15 – 0,20 mm
Grundeinstellmaß	61 mm
Fertigungsabweichung des Grundmaßes an Kegelradpaaren	± 0,3 mm

Hinterradtragfeder:	Solo	für Seitenwagenbetrieb
Drahtstärke	6,5 mm ⌀	7,4 mm ⌀
Feder-Außen-⌀	50,0 mm	51,9 mm
Länge entspannt	284 ± 2 mm	272,5 ± 2 mm
Federdruck	150,0 kg	200,0 kg
bei Federungsweg	110,0 mm	97,0 mm

Vorderradtragfeder:	
Drahtstärke	5,8 mm ⌀
Feder-Außen-⌀	47,6 mm
Länge entspannt	286 ± 2 mm
Federdruck	61,0 kg
bei Federungsweg	90,0 mm

Stoßdämpfer

Die Stoßdämpfer müssen in Einbaulage mehrmals über dem ganzen Hub betätigt werden, damit sich die Luft im oberen Teil sammeln kann. Stoßdämpfer stehend lagern.
Bei Prüfung der Stoßdämpfer soll sowohl bei der größeren Zugkraft wie auch bei der geringeren Druckkraft jeweils auf die ganze Hublänge die Kraft bzw. die Bewegung gleichmäßig sein. Bei ruckartigen Bewegungen ist ein Verschleiß vorhanden, der eine Auswechslung des Stoßdämpfers erfordert.
In zusammengedrückter Stellung des Stoßdämpfers darf kein höherer Druck als 500 g ausgeübt werden, da sonst innere Schäden auftreten könnten.

Prüfdaten für Prüfmaschine

Stoßdämpfer	vorn		hinten	
Prüfhub (mm)	25	75	25	75
Drehzahl (U/min)	100	100	100	100
Zugstufe (kg)	10-15	24-36	14-20	34-46
Druckstufe (kg)	2	1-9	3-7	6-14
Einbaulänge (mm)		291		303
max.		337		343
min.		222		243

Roulement à galets sur pignon	serrage 0,02 mm
Roulement à galets dans carter	Chassage léger (pour le montage, chauffer le carter à 80° C env.)
Roulement à billes sur le moyeu de couronne	serrage 0,015 mm
Roulement dans le carter et le couvercle	Chassage léger (Pour le montage, chauffer carter et couvercle à 80° C env.)
Jeu entre les flancs des dents (Klingelnberg)	0,15 – 0,20 mm
Cote nominal de réglage	61 mm
Ecarts d'exécution sur la cote nominale du réglage du couple	± 0,3 mm

Ressorts de suspension arrière	Solo	Side-car
⌀ du fil	6,5 mm	7,4 mm
⌀ extérieur du ressort	50,0 mm	51,9 mm
Longueur, détendu	284 ± 2 mm	272,5 ± 2 mm
Pression	150 Kgs.	200,0 Kg.
pour une course de	110,0 mm	97,0 mm

Ressorts de suspension avant:	
⌀ du fil	5,8 mm
⌀ extérieur du ressort	47,6 mm
Longueur, détendu	286 ± 2 mm
Pression	61,0 Kg.
pour une course de	90,0 mm

Amortisseurs

Il faut faire fonctionner plusieurs fois, sur toute leur course les amortisseurs tenus dans leur position normale de fonctionnement, pour que l'air puisse se rassembler à la partie supérieure. Emmagasiner les amortisseurs debout.
Lorsqu'on essaye les amortisseurs, ils doivent, aussi bien sous le plus grand effort de traction que sous le plus petit effort de compression, se dévelloper ou se comprimer, sur toute leur course, de façon absolument régulière. Si le mouvement présente des heurts, c'est que l'amortisseur est usé et doit être remplacé. Dans sa position totalement comprimée, l'amortisseur ne doit être soumis à aucun effort de compression dépassant 500 gr., qui pourrait l'endommager.

Données pour machine d'essais

Amortisseur	avant		arrière	
Course d'essai (mm)	25	75	25	75
Régime (t/min)	100	100	100	100
Effort de traction (kg)	10-15	24-36	14-20	34-46
Effort de compression (kg)	2	1-9	3-7	6-14
Longueur monté (mm)		291		303
max.		337		343
min.		222		243

Roller bearing fit on pinion	.0006"
Roller bearing fit in housing	slight pinch fit (for assembling heat housing to 180° F)
Ball bearing fit on crownwheel hub	.0008" pinch fit
Ball bearing fit in housing i. e. cover	slight pinch fit (for assembling heat housing and cover to 180° F)
Gear backlash (Klingelnberg)	.006" – .008"
Basic setting measurement	2.402"
Manufacturing tolerances on basic measurement of bevel gear	±.012"

Rear wheel suspension spring:	Solo	with sidecar
Wire diameter	.256"	.292"
Spring diameter outer	1.97"	2.043"
Length relaxed	11.18" ±.08"	10.73" ± 0.8"
Spring pressure	330 lbs.	440 lbs.
with a spring way of	4.33"	3.82"

Frontwheel Suspension Spring:

Wire diameter	.23"
Spring diameter, outer	1.874"
Length relaxed	11.25" ± .08"
Spring pressure	134 lbs.
with a spring way of	3.55"

Shockabsorbers

Placed in mounting position the shock absorbers must be operated several times over the whole lift so that the air may collect itself in the upper part. Shock absorbers should be stocked in an upright position.

On examination of the shock-absorbers the higher tensile force as well as the lower pressure force should prove to be constant i. e. motion speed should be invariable over the whole lift. If there are jerking motions there exists a defect requiring replacement. In compressed position no pressure over 1 lbs. should be exercised on the shock absorber otherwise interior defects might be caused.

Test data for test machine

Shockabsorber	Front		Rear	
Test stroke (mm.)	25 (.98")	75 (2.95")	25 (.98")	75 (2.95")
Rev. rate (r. p. m.)	100	100	100	100
Tensile force (lbs.)	22-33	53-79	31-44	75-101
Pressure force (lbs.)	4.4	2-20	7-15	13-30
Length, installed (mm.)	291 (11.5")		303 (11.9")	
max.	337 (13.2")		343 (13.5")	
min.	222 (8.7")		243 (8")	

Ajuste a presión del cojinete de rodillos sobre el piñón	0,015 mm
Ajuste a presión del cojinete de rodillos en la caja	ajuste a presión ligero (calentar la caja a 80° C. aprox. para su montaje)
Ajuste del cojinete de bolas en el cubo de la corona	0,02 mm Ajuste a presión
Ajuste del cojinete de bolas y la caja o sea la tapa	ajuste a presión ligero (calentar caja y tapa a 80° C. aprox. para su montaje)
Juego entre los flancos de los dientes (Klingelnberg)	0,15 – 0,20 mm
Posición básica	61 mm
Diferencia final de la posición básica para juegos de engranes	± 0,3 mm

Resorte principal de la rueda trasera:	solo	servicio de side-car
Diámetro del alambre	6,5 mm	7,4 mm
Diámetro exterior del resorte	50,0 mm	51,9 mm
Longitud sin carga	284 ± 2 mm	272,5 ± 2 mm
Fuerza de compresión con	150,0 kgs.	200,0 kgs.
Recorrido de	110,0 mm	97,0 mm

Resorte principal de la rueda delantera:

Diámetro del alambre	5,8 mm
Diámetro exterior	47,6 mm
Longitud sin carga	286 ± 2 mm
Fuerza de compresión	61,0 kgs.
Con un recorrido de	90,0 mm

Amortiguadores

Los amortiguadores montados, deberán de accionarse varias veces en todo el recorrido del émbolo, para que el aire contenido en él pueda acumularse en la parte superior. Se recomienda almacenar los amortiguadores en posición vertical.

Durante la verificación del buen funcionamiento de los amortiguadores, los movimientos de sacar y meter el émbolo deberán ser uniformes, tanto en la fuerza mayor de tracción como en la fuerza menor de presión. Cuando al accionar el amortiguador, éste se atore a intervalos, es de sospechar un posible desgaste, lo que hace necesario una sustitución. En la posición comprimida del amortiguador no deberá ejercerse una presión mayor a 500 gramos ya que de otro modo podrían producirse daños interiores.

Datos de la máquina de ensayo

Amortiguador	adelante		atrás	
Carrera de ensayo (mm.)	25	75	25	75
Número de revoluciones	100	100	100	100
Grado de tracción (Kg.)	10-15	24-36	14-20	34-46
Grado de compresión (Kg.)	2	1-9	3-7	6-14
Longitud de montaje (mm.)	291		303	
máxima	337		343	
mínima	222		243	

Sonderwerkzeuge

A. Spezialwerkzeuge, die von der Firma MATRA-WERKE GmbH, Frankfurt, Dieselstraße 30, zu beziehen sind.

Die jeweils neueste Zusammenstellung sowie ein Überblick über die Anwendungsmöglichkeiten der genannten Werkzeuge bei den verschiedenen BMW-Baumustern sind in dem bebilderten BMW-Katalog: „**Spezialwerkzeuge**" nebst zugehöriger Preisliste enthalten.

Matra Bestell-Nummer	Benennung	D	M	G	H	B	L
286	Zapfenschlüssel 45 mm ⌀ für Verschlußkappe auf hinterem Federbein	x					
290	Montagebüchse zum Schutz des Simerrings am Hinterradantrieb				x		
296a	Ratschen Kerbzahnschlüssel für Mutter an Antriebsritzel				x		
297	2 Montagebüchsen für Simmerring der Antriebswelle 297/1 Einführbüchse für Welle, 297/2 Einschlagbüchse für Ring			x			
299a	Abziehvorrichtung mit Steckscheibe für Kettenrad und Kugellager		x				
311	Abzieher für Schwungscheibe (Schrauben 24 mm lang verwenden)		x				
319	3 Montagebüchsen für Antriebswelle 319/1, 319/2, 319/3				x		
338/1	Zapfenschlüssel 49 mm ⌀ für Auspuffmutter	x					
355a	Abziehvorrichtung für Steuerwelle (ohne Teile 8 und 9). Nur für R 26		x				
357a	3 Spannschrauben für Kupplungsmontage		x				
368	Halter zum Ventileinschleifen (7 mm Schaftdurchmesser)		x				
422a	Abziehvorrichtung für Mitnehmerflansch (dazu Parallelhaltestück V 5070, Selbstanfertigung verwenden)			x			
467a	Abziehvorrichtung für Kurbelwellen-Lagerdeckel		x				

Outillage spécial

A. Outils spéciaux à commander à MATRA-WERKE GmbH, Frankfurt, Dieselstrasse 30.

La liste d'ensemble de ces outils et l'indication de leurs possibilités d'emploi pour les divers modèles BMW figurent dans le catalogue illustré BMW: «**Spezialwerkzeuge**», avec les prix correspondants.

No. Matra	Désignation	D	M	G	H	B	L
286	Clef à ergot ⌀ 45 mm pour chapeau de jambage arrière	x					
290	Douille de montage pour protéger le simmerring du couple arrière				x		
296a	Racagnac polygonal pour écrou du pignon de couple arrière				x		
297	2 douilles de montage pour simmerring de l'arbre primaire 297/1 douille de guidage sur arbre 297/2 douille pour chasser le simmerring			x			
299a	Extracteur avec collet pour pignon de chaîne et roulement à billes		x				
311	Extracteur pour volant (employer des vis de 24 mm de long.)		x				
319	3 douilles de montage pour arbre primaire 319/1, 319/2, 319/3				x		
338/1	Clef à ergot ⌀ 49 mm pour écrou d'échappement	x					
355a	Extracteur pour arbre à cames (sans pièces 8 ni 9) seulement pour R 26		x				
357a	3 vis de pression pour montage de l'embrayage		x				
368	Clef pour rodage des soupapes (queue 7 mm ⌀)		x				
422a	Extracteur pour joue de sortie de boîte (utiliser avec dispositif d'arrêt V 5070, à exécuter spécialement)			x			
467a	Extracteur de palier avant de vilebrequin		x				

Special Tools

A. Special Tools obtainable from Messrs. MATRA-WERKE GmbH, Dieselstrasse 30, Frankfurt/Main, West Germany.

The most up-to-date enumeration of the mentioned tools and the specification of their applicability to the various BMW models are contained in the illustrated BMW catalogue & price list **"Special Tools"**.

Matra Tool number	Nomenclature	D	M	G	H	B	L
286	Pin wrench 45 mm. in dia. for top cap of rear spring leg	x					
290	Assembling bush for oil seal protection in final drive					x	
296a	Ratchet wrench for nut on drive pinion					x	
297	2 Assembling bushings for Oil Seal on drive shaft 297/1 leading-in bushing for shaft 297/2 drive bushing for seal ring				x		
299a	Puller with disc for chain sprocket and ball bearing		x				
311	Puller for fly wheel (use bolts of 0,944" length)		x				
319	3 Assembling bushings for drive shaft 319/1, 319/2, 319/3					x	
338/1	Pin spanner 1,94 ⌀ for exhaust nut	x					
355a	Puller for camshaft (with clamping sleeve 355/8 and tension ring 355/9 for Isetta)		x				
357a	3 Fixing screw for clutch assembling		x				
368	Handle for valve adjusting (7 mm valve stem)		x				
422a	Puller for drive flange (to be used with parallel support V 5070, shopmade)					x	
467a	Puller for crankshaft bearing cover		x				

Herramientas especiales

A. Herramientas especiales suministradas a petición por la casa MATRA-WERKE GmbH, Frankfurt, Dieselstrasse 30.

El catálogo ilustrado BMW **"Herramientas especiales"** contiene las listas más recientes de las herramientas citadas, con los precios correspondientes, así como una información general sobre sus posibilidades de aplicación en los distintos modelos BMW.

(Matra) Pedido No.	Denominación	D	M	G	H	B	L
286	Llave de vástago de 45 mm ⌀ para el casquete de cierre del brazo telescópico posterior	x					
290	Casquillo de montaje para protección retén de aceite en la transmisión del cardán					x	
296a	Llave estriada de trinquete para la tuerca para el piñón del cardán					x	
297	2 Casquillos de montaje para el retén de aceite de eje impulsor 297/1 Casquillo guía 297/2 Punzón, para introducir retén de aceite				x		
299a	Extractor con disco adicional para la rueda dentada de la cadena y el cojinete		x				
311	Extractor del volante (utilizar tornillos largos de 24 mm)		x				
319	3 Casquillos de montaje para el eje impulsor 319/1, 319/2, 319/3					x	
338/1	Llave de garras de 49 mm ⌀ p. la tuerca del tubo de escape	x					
355a	Extractor para el árbol de levas (con casquillo 355/8 y con anillo 355/9 para Isetta)		x				
357a	3 Tornillos de presión para el montaje del embrague		x				
368	Esmerilador de válvulas con vástaga de 7 mm		x				
422a	Extractor para la brida de arrastre (además sujetador V 5070 elaborado en el taller)					x	
467a	Extractor para la tapa de los cojinetes del cigüeñal		x				

Matra Bestell-Nummer	Benennung	zu verwenden bei Gruppe					
		D	M	G	H	B	L
494/1	Haltevorrichtung für Mitnehmerflansch und Hinterradantrieb			x	x		
494/3	Schlüsseleinsatz zur Haltevorrichtung 494/1 zum Lösen und Festziehen der Antriebsflanschmutter				x		
498a	Haltevorrichtung für Schwungscheibe		x				
504	Einstellvorrichtung für Getriebe (Führung der Antriebswelle für Schaltgabeleinstellung)			x			
506a	Doppelnutschlüssel für Gewindering und Gewindedeckel (Überwurfmutter)				x		
513	Zapfenschlüssel zur hinteren Schwingarmlagerung	x					
518	Zapfenschlüssel für Radnabenverschlußdeckel					x	
519	Führungsdorn für Vorderrad-Schwingbolzen						x
529	Zentrierdorn für Kupplungsmontage		x				
530	Nachsetzdorn für Stoßstangenschutzrohre in Zylinder		x				
533	Haltevorrichtung für Kardankupplungsnabe					x	
535	Vorrichtung zum Aufpressen des Zahnrades auf Kurbelwelle		x				
348747-6	Drehmomentschlüssel 0—10 mkg		x				
SK 949	Verlängerungs-Vierkant		x				
19 D 14 mm	Steckschlüsseleinsatz für Zylinderkopfschraube		x				

No. Matra	Désignation	Emploi: groupes					
		D	M	G	H	B	L
494/1	Dispositif de blocage pour joue de sortie de boîte et la transmission arrière			x	x		
494/3	Clef s'adaptant sur le dispositif d'arrêt 494/1 pour débloquer et bloquer l'écrou de joue d'entraînement				x		
498a	Dispositif d'arrêt pour volant		x				
504	Appareil de réglage pour boîte (guidage de l'arbre de sortie pour réglage des fourchettes)				x		
506a	Clef double pour bague filetée et couvercle fileté				x		
513	Clef à ergot pour articulation des suspension arrière	x					
518	Clef à ergots pour cache-poussière de moyeux					x	
519	Broche de guidage pour axe de bras oscillant avant						x
529	Broche de centrage pour monter l'embrayage		x				
530	Mandrin pour assurer les tubes de protection des tiges de culbuteurs dans le cylindre		x				
533	Dispositif d'arrêt pour accouplement denté du cardan					x	
535	Dispositif pour chasser le pignon sur le vilebrequin		x				
348747-6	Clef dynamomètrique 0—10 mKg		x				
SK 949	Tête à 4 pans		x				
19 D 14 mm	Tête pour vis de culasse		x				

Matra Tool number	Nomenclature	to be used for group					
		D	M	G	H	B	L
494/1	Holding device for drive flange and rear wheel drive			x	x		
494/3	Wrench, used with fixture 494/1 for loosening and tightening of output shaft flange nut			x			
498a	Holding device for fly wheel		x				
504	Adjusting device for transmission (secondary shaft guide for shift fork adjusting)			x			
506a	Slotted spanner for screw socket and screw cover (screwed union)					x	
513	Pin spanner for rear swing arm bearing	x					
518	Pin spanner for wheel hub cover					x	
519	Guide arbour for front wheel swing arm pivot						x
529	Centering arbour for clutch assembling		x				
530	Adjusting arbour for push rod tubes in cylinder		x				
533	Holding device for cardan coupling hub				x		
535	Crankshaft sprocket installer		x				
348747-6	Torque wrench 0–10 mkg (0–72 ft-lbs)		x				
SK 949	Extension square end socket		x				
19 D 14 mm.	Socket wrench supplement for cylinder head screw		x				

(Matra) Pedido No.	Denominación	a emplear para el grupo					
		D	M	G	H	B	L
494/1	Sujetador para la brida de arrastre y la transmisión de la rueda trasera			x	x		
494/3	Suplemento para el dispositivo de sujeción 494/1, previsto para aflojar y tensar la tuerca de la brida de accionamiento			x			
498a	Sujetador del volante		x				
504	Guía para la caja de cambio para sujetar el eje secundario y ajustar las horquillas de mando			x			
506a	Llave con doble ranura para aro roscado y tapa roscada (racor)					x	
513	Llave de garras para el perno del balancín de la rueda trasera	x					
518	Llave de pernos para la tapa de cubo de las ruedas					x	
519	Punzón guía par el perno del balancín de la rueda delantera						x
529	Punzón guía para el embrague		x				
530	Punzón especial para apretar los tubos de protección de las varillas empujadoras contra las gomas		x				
533	Sujetador para el cubo de la brida de acoplamiento del cardán				x		
535	Dispositivo para encajar a presión la rueda dentada sobre el cigüeñal		x				
348747-6	Llave dinamométrica 0–10 kg		x				
SK 949	Llave de prolongación cuadrada		x				
19 D 14 mm	Suplemento de llave tubular para el tornillo de la culata		x				

B. Werkzeuge, die nach gelieferten Zeichnungen selbst anzufertigen oder von uns zu beziehen sind.

Die jeweils neueste Zusammenstellung sowie ein Überblick über die Anwendungsmöglichkeiten der genannten Werkzeuge bei den verschiedenen BMW-Baumustern sind in dem bebilderten BMW-Katalog: **„Werkzeuge für Selbstanfertigung"** nebst zugehöriger Preisliste enthalten.

Zeichen-Nummer	Benennung	D	M	G	H	B	L
5003	Kolbenringmanschette		x				
5014	Wende-Montagebock für Motor- und Getriebemontage (nicht abgebildet)		x	x			
	wahlweise						
5017	Aufnahme für Getriebe und Motor (für Schraubstockeinspannung)		x	x			
5016	Schlagdorn für Simmerring im Hinterradantriebsgehäuse (in Verbindung mit Griff 5120)					x	
5021	Sprengeisen zum Auswinkeln der Pleuel		x				
5022	Winkelschraubenzieher für Verschlußschraube zum Ölpumpenantrieb		x				
5030	Abdrückschraube für Lichtmaschinenanker		x				
5034	Ventilfederhebevorrichtung mit Montageholz		x				
5035	Montage-Pleuelschutzholz		x				
5036	Prismen zum Auswinkeln der Pleuel		x				
5038/1	Druckbüchse zum Aufpressen des Lagerdeckels		x				
5039	Druckbüchse zum Aufpressen von Steuerrad und Kugellager 6203 auf Kurbelwelle		x				
5042	Vorrichtung zum Messen des Zahnspiels im Hinterradgetriebe					x	
5043	Montagetisch für Motorräder	x					x
5047	Halteplatte zur Montage von Kugellagern		x	x			

B. Outils à exécuter selon dessins à disposition ou à commander à notre adresse.

La liste d'ensemble de ces outils et l'indication de leurs possibilités d'emploi pour les divers modèles BMW figurent dans le catalogue illustré BMW **«Werkzeuge für Selbstanfertigung»**, avec la liste des prix correspondants.

No. du dessin	Désignation	D	M	G	H	B	L
5003	Manchon pour segments		x				
5014	Banc basculant pour montage moteur et boîte (non illustré)		x	x			
	ou						
5017	Montage pour boîte et moteur, à fixer à l'étau		x	x			
5016	Chassoir pour simmerring dans le carter de couple arrière (avec poignée 5120)					x	
5021	Levier pour équerrage de la bielle		x				
5022	Tournevis coudé pour bouchon d'arbre de pompe à huile		x				
5030	Vis d'extraction pour induit de dynamo		x				
5034	Levier de montage pour ressorts de soupapes		x				
5035	Protection bois pour la bielle		x				
5036	Prismes pour équerrage de la bielle		x				
5038/1	Douille pour chassage du couvercle de palier avant		x				
5039	Douille pour chassage du pignon de distribution et roulement 6203 sur le vilebrequin		x				
5042	Dispositif pour mesurer le jeu entre les dents du couple arrière					x	
5043	Banc de montage pour motos	x					x
5047	Plaque pour montage des roulements		x	x			

B. Special Tools which may be made by the dealer with the aid of supplied drawings or purchased through BMW.

The most up-to-date enumeration of the mentioned tools and the specification of their applicability to the various BMW models are contained in the illustrated BMW catalogue **"Tools to be made in the dealers' own workshops"**.

Toll Number	Nomenclature	D	M	G	H	B	L
		to be used for group					
5003	Piston ring collar		x				
5014	Reversible support for engine and transmission assembling (without illustration) or		x	x			
5017	Device for chucking transmission and engine in bench vice		x	x			
5016	Rear drive housing oil seal installer (used with handle 5120)					x	
5021	Straightening tools for connecting rods		x				
5022	Angle screw driver for plugscrew of oilpump drive		x				
5030	Puller screw for dynamo armature		x				
5034	Valve spring lifter with wooden assembling block		x				
5035	Wooden device for connecting rod installation and protection		x				
5036	Prisms for straightening of connecting rods		x				
5038/1	Pressure bush to press on front bearing cover plate		x				
5039	Pressure bush to press on timing gear and ball bearing 6203 on crank shaft		x				
5042	Device to measure tooth play in rear wheel drive					x	
5043	Mounting table for motorcycles	x				x	
5047	Support plate for installation of ball bearings		x	x			

B. Herramientas que pueden sernos solicitadas directamente o que el mismo interesado puede construir según los planos facilitados.

El catálogo ilustrado BMW **"Herramientas para la construcción propia"** contiene las listas más recientes de las herramientas citadas, con la correspondiente relación de precios, así como una información general sobre sus posibilidades de aplicación en los distintos modelos BMW.

no. de la herramienta	Denominación	D	M	G	H	B	L
		a emplear para el grupo					
5003	Abrazadera para montar los anillos del pistón		x				
5014	Caballete giratorio para sujetar motor y caja de cambio (no ilustrado) o		x	x			
5017	Soporte para caja de cambio y motor (para sujetarse en el tornillo de banco)		x	x			
5016	Punzón de percusión para el retén de aceite en la caja del mecanismo de accionamiento de la rueda trasera (combinado con el mango 5120)					x	
5021	Palanca para enderezar las bielas		x				
5022	Desatornillador angular para el tapón del eje de mando de la bomba de aceite		x				
5030	Tornillo extractor para el enducido de la dinamo		x				
5034	Dispositivo para montar el resorte de las válvulas		x				
5035	Tabla de protección para la biela		x				
5036	Prismas para enderezar las bielas		x				
5038/1	Casquillo de presión para montar la tapa anterior soporta cojinetes		x				
5039	Casquillo de presión para montar la rueda dentada y el cojinete 6203 en el cigüeñal		x				
5042	Dispositivo para medir el juego entre dientes del cardán					x	
5043	Banco de trabajo para motocicletas	x				x	
5047	Placa de sujeción para el montaje de los cojinetes		x	x			

Zeichen-Nummer	Benennung	zu verwenden bei Gruppe					
		D	M	G	H	B	L
5061	Meßbüchse zum Messen des Axialspiels an der Antriebswelle			x			
5065	Sprenggabel zum Einstellen der Schaltgabeln			x			
5070	Parallelhaltestück für Mitnehmerflansch			x			
5074	Schlagdorn zur Demontage der Laufradlagerung					x	
5079	Montagebüchse für Laufradlagerung					x	
5094	Spannvorrichtung für Federbeine	x					x
5095	Schlagbüchse zum Einsetzen der Antriebswelle			x			
5096	Lehre zum Einstellen der Leerlaufkontaktfeder			x			
5098/4	Lehre zum Einspeichen der Laufräder					x	
5104	Meßvorrichtung für Motor und Getriebe		x	x			
5108	Schlagbuchse für Simmerring (Schwungscheibenseite)		x				
5127	Treibdorn für Ventilführung 7 mm ⌀		x				
5129	Treibdorn für Kolbenbolzen		x				
5144	Hülse zum Montieren des Kettenkastendeckels (R 27)		x				

No. du dessin	Désignation	à employer pour les groupes					
		D	M	G	H	B	L
5061	Douille de mesure pour le jeu axial de l'arbre primaire			x			
5065	Fourche pour ajustage des fourchettes dans la boîte			x			
5070	Renfort de parallélisme pour joue de sortie de boîte			x			
5074	Chassoir pour démontage des roulements de roues					x	
5079	Douille de montage pour roulements de roues					x	
5094	Dispositif pour montage des jambages à ressort	x					x
5095	Chassoir tubulaire pour montage de l'arbre primaire			x			
5096	Jauge pour réglage du contact de témoin de point-mort			x			
5098/4	Calibre pour rayonnage des roues					x	
5104	Dispositif de mesure		x	x			
5108	Chassoir pour simmerring côté volant		x				
5127	Chassoir pour guide de soupape ⌀ 7 mm		x				
5129	Chassoir pour axe de piston		x				
5144	Douille pour montage du couvercle de distribution (R 27)		x				

Tool Number	Nomenclature	D	M	G	H	B	L
5061	Measuring bush to control axial play of drive shaft			x			
5065	Adjusting tool for shifting forks			x			
5070	Parallel support to hold drive flange			x			
5074	Drift to remove roadwheel bearings					x	
5079	Installing bush for roadwheel bearings					x	
5094	Compressing tool for telescopic suspension units (sprin legs)	x					x
5095	Drift bush to place drive shaft		x	x			
5096	Gauge to adjust neutral indicator contact spring			x			
5098/4	Gauge for mounting wheel spokes					x	
5104	Measuring tool for engine and transmission	x	x				
5108	Installing bushing for oil seal (flywheel side)	x					
5127	Drift for valve guides 7 mm. in diameter	x					
5129	Drift for piston pin	x					
5144	Installing sleeve for chain case cover (timing cover R 27)	x					

no. de la herramienta	Denominación	D	M	G	H	B	L
5061	Casquillo para medir el juego axial del eje impulsor			x			
5065	Palanca para el ajuste de las horquillas de empuje			x			
5070	Sujetador para la brida de arrastre			x			
5074	Punzón para desmontar los cojinetes de las ruedas					x	
5079	Casquillo de montaje para el cojinete de la rueda					x	
5094	Dispositivo tensor para los brazos telescópicos	x					x
5095	Casquillo de impacto para montar el eje impulsor		x	x			
5096	Calibrador para ajustar el contacto de muelle del indicador del punto muerto			x			
5098/4	Calibrador para enrayar las ruedas					x	
5104	Dispositivo de medición para el motor y el engranaje	x	x				
5108	Casquillo de percusión para el retén de aceite (para el lado del disco volante)	x					
5127	Punzón de empuje para la guía de la válvula, 7 mm ⌀	x					
5129	Punzón de empuje para el bulón del pistón	x					
5144	Casquillo para el montaje de la tapa de la caja de cadena (R 27)	x					

D = Demontage und Montage des Triebwerkes

Werkzeuge

Zapfenschlüssel Matra 286, 338/1 und 513, evtl. dafür Schlüssel aus Bordwerkzeug, Innensechskantschlüssel SW 5, gegebenenfalls Spannvorrichtung 5094, außerdem handelsübliche Werkzeuge.

Bild 1

Vor der Demontage des Triebwerkes ist es zweckmäßig, zur Beurteilung etwa später festgestellter Schäden, folgende Prüfungen vorzunehmen:

1. Ventilspiel nachmessen (siehe Seite 80).
2. Unterbrecher-Kontaktabstand nachmessen und Zündungseinstellung prüfen (siehe Seite 82).
3. Vergasereinstellung prüfen (siehe Seite 88).

Bei einem instandgesetzten Motor sind nach etwa 500 km Fahrt die gleichen Prüfungen durchzuführen.

D 1 = Hinterrad aus- und einbauen

1. Motorrad auf den Montagetisch 5043 auf Mittelständer stellen.

   Bild 2

2. Halteschrauben (1) SW 14 der Schutzblechstreben am Rahmen, sowie Verbindungsschrauben (2) SW 14 zum Schutzblechhinterteil lösen und Hinterteil hochklappen.

   Bild 3

3. Steckachsmutter SW 22 auf Antriebsseite mit Steckschlüssel lösen und mit Scheibe abnehmen.

   Bild 4

4. Steckachs-Klemmschraubenmutter (3) SW 17 am linken Schwingarm lösen. Steckachse mit Dorn (aus Bordwerkzeug) herausziehen und samt linkem Naben-Staubdeckel abnehmen. Laufrad herausnehmen.

Achtung! Bei Montage Achse gut reinigen, leicht einfetten und drehend einschieben. Nach dem Festziehen der Achsmutter Motorrad durchfedern, dann erst Klemmschraube (3) festziehen.

Bild 4 und 5

D = Démontage et montage de la transmission

Outillage

Clef à ergot Matra 286, 338/1 et 513, éventuellement de l'outillage de bord, clef 6-pans intérieur OC 5, au besoin dispositif 5094, en plus, outillage courant.

Fig. 1

Avant le démontage de la transmission, il est utile, pour pouvoir juger des causes des dommages éventuellement constatés ensuite, d'effectuer les contrôles suivants:

1. Mesurer le jeu des soupapes (voir page 80).
2. Mesurer l'ouverture du rupteur et vérifier le réglage de l'avance (voir page 82).
3. Contrôler le réglage du carburateur (voir page 88).

Un moteur remis en état doit être soumis aux mêmes contrôles après 500 km env.

D 1 = Dépose et pose de la roue arrière

1. Placer la moto sur sa béquille centrale, sur le banc 5043.

   Fig. 2

2. Dévisser les vis (1) SW 14 de la tringle de garde-boue au cadre et les vis (2) SW 14 de fixation de la partie arrière du garde-boue et relever cette partie arrière.

   Fig. 3

3. Dévisser l'écrou de broche SW 22, côté transmission, avec la clef à tube, et le retirer avec sa rondelle.

   Fig. 4

4. Dévisser l'écrou (3) SW 17, de l'arrêt de broche, sur le bras oscillant gauche. Retirer la broche à l'aide de la tige prise dans la trousse et enlever en même temps le cache-poussière gauche du moyeu. Retirer la roue.

Attention! Au montage, bien nettoyer la broche, la graisser légèrement et l'introduire en tournant. Après blocage de l'écrou de broche, faire jouer la suspension et seulement ensuite, bloquer l'écrou de collier d'arrêt de broche (3).

Fig. 4 et 5

D = Removing and refitting power plant

Special Tools

Pin wrenches Matra 286, 338/1 and 513 or toolkit wrench, hex. allen plug wrench SW 5, eventually compressing tool 5094, and commercial tools.

Fig. 1

Before the engine is removed it will be useful to execute the following examinations for judging the defect.

1. Measure valve clearance (see page 80).
2. Check contact breaker gap and ignition timing (see page 82).
3. Check carburetor adjustment (see page 88).

On a reconditioned engine the same checks have to be executed after 300 miles.

D 1 = Removing and refitting rear wheel

1. Place motorcycle on mounting table 5043 on central stand.

   Fig. 2

2. Loosen bolts (1) SW 14 of mudguard struts on frame. Loosen connecting bolts (2) SW 14 on rear part of mudguard and raise rear half of mudguard.

   Fig. 3

3. Unscrew spindle nut SW 22 on final drive side by means of box spanner and remove it with washer.

   Fig. 4

4. Loosen clamping bolt nut (3) SW 17 of wheel spindle on nearside swing arm. Withdraw wheel spindle and nearside hubcap with rod (tool kit). Remove wheel

Attention! Before replacing, clean wheel spindle properly and provide it with a slight coat of grease. Refit it in a rotating way. After tightening of spindle nut actuate suspension. Only then tighten clamping bolt (3).

Fig. 4 and 5

D = Desmontaje y montaje del sistema impulsor

Herramientas:

Llave de vástago Matra 286, 338/1 y 513, eventualmente llave del equipo de herramientas de la moto, llave de vaso hexagonal SW 5, de ser preciso también el dispositivo tensor 5094, así como las demás herramientas habituales.

Fig. 1

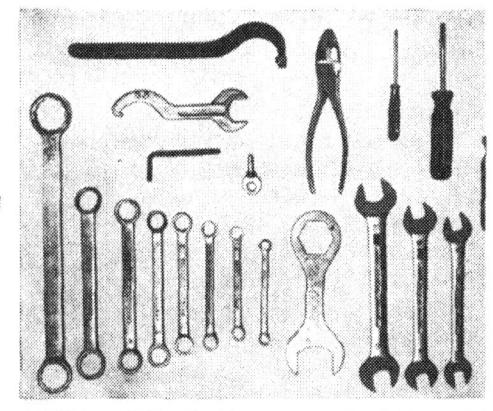

Antes de desmontar del sistema impulsor y para poder juzgar defectos que puedan constatarse posteriormente, conviene realizar las comprobaciones siguientes:

1. Comprobar el juego de las válvulas (véase página 81).
2. Comprobar la separación de los platinos del interruptor (ruptor) y el ajuste del encendido (véase página 83).
3. Comprobar el ajuste del carburador (véase página 89).

Las mismas comprobaciones deberán ser repetidas en el motor reparado, después de un recorrido de 500 km. aproximadamente.

D 1 = Desmontar y montar la rueda trasera

1. Apóyese la motocicleta sobre el caballete central, en el banco de montaje 5043.

Fig. 2

2. Aflójense los tornillos de sujeción (1) de 14 mm de los tirantes del guardabarros, así como los tornillos (2) de 13 mm y voltéese hacia arriba la parte posterior de este último.

Fig. 3

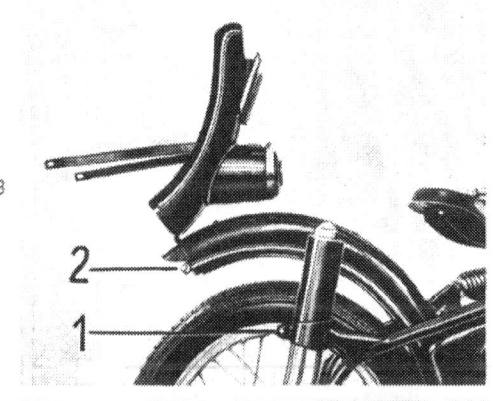

3. Aflójese con la llave tubular la tuerca de 22 mm del eje de la rueda del lado del cardán.

Fig. 4

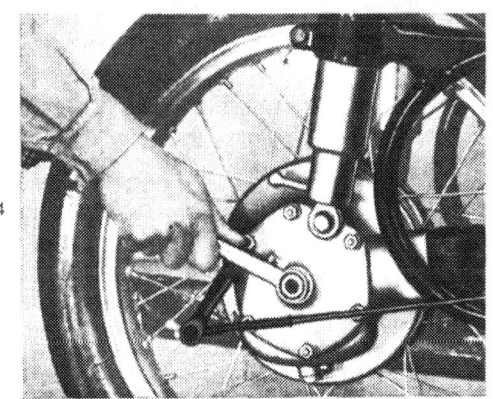

4. Aflójese en el brazo izquierdo del balancín el tornillo prisionero (3) de 17 mm. Con ayuda de la barra (de la dotación de herramientas) extráigase el eje de la rueda juntamente con la tapa guardapolvos del lado izquierdo.
Sacar la rueda trasera.

> **¡Atención!** Al montar el eje hay que limpiarlo perfectamente y engrasarlo ligeramente. Para que no se atore es menester hacerlo girar mientras se va insertando. Después de haber apretado la tuerca del eje de la rueda hágase flexionar repetidamente con energía la motocicleta, a fin de evitar cualquier agarrotamiento en la suspensión trasera. Luego apriétese el tornillo (3).

Fig. 4 y 5

D 2 = Hinterradantrieb aus- und einbauen (Laufrad ausgebaut)

1. Hinterradschutzblech abbauen: Batteriekastendeckel nach Ausdrehen der Innenvierkantschraube mit Vierkantschlüssel aus Bordwerkzeug abnehmen. Gummispannband der Batterie aushängen, Deckel der Batterie abnehmen. —Kabel rechts und +Kabel links von Batterieklemmschrauben abklemmen und Batterie herausnehmen. **Bild 6**

   Dann an fünfpoliger Klemmleiste linksseitig die Kabel für Heckleuchte von oben nach unten abklemmen: Klemme (5) ein schwarzes und ein schwarz-weißgestreiftes Kabel bei R 27, zwei schwarze Kabel bei R 26. Klemme (4) ein weißes und ein braunes Kabel und an Klemme (3) ein rotes Kabel. **Bild 7**

   Untere Schutzblechbefestigungsschraube SW 14, oben links und rechts je zwei Sechskantschrauben SW 10, sowie zwei Befestigungsschrauben SW 10 an oberer Rahmenbefestigung herausschrauben und Schutzblech mit abgeklemmten Kabeln abnehmen.

2. Flügelmutter von Bremsgestänge abschrauben, Bremsstange von Hebelbolzen abziehen, Bolzen aus Hebel nehmen, auf Bremsstange stecken und mit Flügelmutter haltern. **Bild 8**

3. Bremsbacken zeichnen, dann erst den unteren Backen über abgeflachte Bremsschlüssel-Bundscheibe wegkippen und oberen Backen abheben. **Bild 9**

4. Schwingenlager hinten links und rechts ausbauen:
   Hutmuttern SW 36 abschrauben. Lagerzapfen-Gegenmuttern SW 27 lockern. und Lagerzapfen mit Zapfenschlüssel Matra 513 ausdrehen.

   Achtung! Beim Zusammenbau (Kegelrollenlager gereinigt und gut eingefettet) Lagerzapfen so einschrauben, daß links und rechts gleicher Abstand (a) zwischen Schwingennabe und Rahmen besteht. Dann auf einer Seite den auf Anschlag eingeschraubten Lagerzapfen zur erforderlichen Lagerspannung $^1/_8$ Umdrehung nachziehen (Kegelrollenlager dürfen keinesfalls Spiel haben), beiderseits Lagerzapfenmutter kontern und Hutmuttern festziehen. **Bild 10**

D 2 = Démontage et montage de la transmission arrière (roue déposée)

1. Dépose du garde-boue arrière: Enlever le couvercle du coffre de batterie, après avoir dévissé la vis 4 pans intérieure à l'aide de la clef 4 pans de la trousse. Retirer la sangle caoutchouc et le couvercle de la batterie. Déconnecter les câbles —, à droite, et +, à gauche et sortir la batterie. **Fig. 6**

   Découpler à la réglette de connections 5 pôles, de haut en bas, à gauche les câbles pour les feux arrière: borne (5) un câble noir et un câble noir ligné blanc pour R 27, deux câbles noirs pour R 26; borne (4) un câble blanc et un câble brun; borne (3), un câble rouge. **Fig. 7**

   Dévisser les fixations inférieures du garde-boue (vis OC 14), en haut à gauche et à droite deux vis 6-pans OC 10 ainsi que les deux vis OC 10 de fixation supérieure au cadre et enlever le garde-boue avec les câbles déconnectés.

2. Dévisser l'écrou à ailettes de la tringle de frein, dégager celle-ci du barillet, retirer le barillet du levier, le remettre sur la tringle et l'assurer par l'écrou à ailettes. **Fig. 8**

3. Marquer les mâchoires de frein, puis ensuite retirer la mâchoire inférieure en la faisant glisser du plat de la clef de frein par-dessus le collet d'arrêt et enlever la mâchoire supérieure. **Fig. 9**

4. Démonter les articulations gauche et droite du bras oscillant:
   Dévisser les chapeaux SW 36, débloquer les contre-écrous SW 27 des tourillons, puis dévisser les tourillons avec la clef à ergots Matra 513.

   Attention! Au montage (roulements coniques nettoyés et bien graissés), visser les tourillons de telle sorte qu'un espace égal (a) subsiste à gauche et à droite entre le moyeu de l'articulation et le cadre. Puis visser un tourillon jusqu'à la butée et le resserrer d'un huitième de tour (aux roulements coniques il ne doit subsister aucun jeu). Bloquer des deux côtés les contre-écrous de tourillons, visser et bloquer les deux chapeaux. **Fig. 10**

D 2 = Dismantling Rear Wheel Drive (Wheel removed)

1. Remove rear mudguard: Remove battery case cover upon unscrewing square screws with square spanner (Tool kit). Loosen rubber strap of battery, take off battery cover. Disconnect — cable at right hand and + cable at left hand side from battery clamp screws. Remove battery. **Fig. 6**

   On the five-pole terminal block at the left disconnect the cables to tail light top downward as follows: From terminal (5) one black cable and one black and white striped cable on R 27, two black cables on R 26. From terminal (4) one white and one brown cable and from terminal (3) one red cable. **Fig. 7**

   Unscrew lower fender fastening screw SW 14, the two upper hex.-head screws SW 10 at left and right, and the two securing screws SW 10 on upper frame mounting and remove the fender with the disconnected cables.

2. Unscrew wingnut on brake linkage, withdraw brake rod from lever pin, take out pin of lever, fix it on brake rod and clamp with wingnut. **Fig. 8**

3. Mark brake shoes, only then tilt lower brake shoe over flattened brake cam disc and lift upper brake shoe. **Fig. 9**

4. Remove rear swing bearing bushes: Slacken Nut SW 36, loosen bearing pin counternut SW 27 and unscrew bearing pins with pin spanner Matra 513.

   Caution! When assembling (Taper roller bearing properly cleaned and greased) refit bearing pins in a way that on both sides the same distance (a) is guaranteed between swing hub and frame. Then retighten by $^1/_8$ turn one bearing pin screwed into stop position in order to obtain the necessary bearing tension. (Taper roller bearings must on no account have a play).
   Lock bearing pin nut on either side by counterscrewing and tighten cap nuts. **Fig. 10**

D 2 = Desmontar y montar el sistema de transmisión del cardán (rueda desmontada)

1. Quitar el guardabarros trasero:
   Quitar la tapa de la caja de la batería después de haber desatornillado el tornillo con cuadro interior mediante la llave cuadrada de la dotación de herramientas. Desenganchar la cinta elástica de la batería y quitar su tapa. Desconectar de los bornes de la batería el cable negativo derecho (—) y el cable positivo izquierdo (+) y sacar la batería.

   Fig. 6

Separar seguidamente en la parte izquierda de la regleta de bornes de cinco polos los cables de la luz trasera, empezando arriba: al borne (5) se hallan conectados, en el modelo R 27, un cable negro y un cable blanquinegro, en el modelo R 26 dos cables negros. El borne (4) sujeta un cable marrón y otro blanco, el borne (3) un cable rojo.

   Fig. 7

Desatornillar el tornillo de sujeción inferior SW 14 del guardabarros, dos tornillos hexagonales SW 10 en la parte superior izquierda y otros dos en la derecha, así como dos tornillos de sujeción SW 10 en el lado de fijación superior del marco. Retirar el guardabarros con los cables desconectados.

2. Quitar la tuerca de mariposa de la varilla del freno, sacar la varilla del buje de la palanca, retirar el buje de la palanca y meterlo nuevamente en la varilla y asegurarlo mediante la tuerca de mariposa.

   Fig. 8

3. Marcar las zapatas del freno, luego voltear hacia arriba la zapata inferior sobre la arandela recortada del excéntrico y sacar las zapatas hacia afuera.

   Fig. 9

4. Desarmar los cojinetes izquierdo y derecho del balancín trasero:

   Quitar las tuercas de caperuza de 36 mm, aflojar las contratuercas de 27 mm y desatornillar los pernos roscados mediante la llave de 2 pernos Matra 513.

   ¡Atención! Al armar los cojinetes de rodillos cónicos debidamente limpios y engrasados hay que atornillar los pernos roscados de manera que la distancia (a) entre el balancín y el cuadro sea igual en ambos lados. Después de apretados los pernos roscados a tope, vuélvase a apretar uno de ellos 1/8 de vuelta con el fin de obtener la debida tensión de los cojinetes. (Los cojinetes de rodillos cónicos no deben tener ningún juego.) Luego apretar las contratuercas así como las tuercas de caperuza.

   Fig. 10

5. Abdeckschale am Getriebe seitlich nach Lösen der beiden Innensechskantschrauben SW 5 mm abnehmen.
Bild 11

6. Federbein-Befestigungsschraube unten links nach Lösen der Mutter SW 17 mit Unterlegscheibe abnehmen.

7. Federbein-Befestigungsschraube unten rechts nach Lösen der Mutter SW 14 auf Bremsseite ausklopfen. Schraube, Mutter, Federscheibe und Abstandscheibe ablegen.
Bild 12

8. Schwinge mit Hinterradantrieb nach rückwärts vom Getriebemitnehmerflansch abziehen.
Bild 13

Vulcolan-Mitnehmer mit Schutzring und Anlageringen abnehmen.
Bild 14

Achtung! Sind an einem Hinterradantrieb wesentliche Teile, wie Kardanwelle, Stoßdämpferflansch oder die Schwinge erneuert worden, so ist nach Wiedereinsetzen der Schwinge in die Lagerung zu prüfen, ob der Abstand von Mitnehmerflansch Getriebe zu Stoßdämpferflansch Kardanwelle 30 + 1,5 mm beträgt.
Zum Messen Schwinge hinten soweit anheben, daß die Flansche parallel zueinander stehen.
Bild 15

Ist eine Berichtigung des Abstandes erforderlich, entsprechende Ausgleichscheibe hinter dem Stoßdämpferflansch der Kardanwelle einsetzen (siehe H 1/1).

9. Beiderseits Gummidichtung mit Büchse, Kegelrollenlagerinnenring und Rollenkäfig aus Schwinge herausnehmen. Kegelrollenlagerlaufringe und Rollen nicht vertauschen.
Beim Einbau Kegelrollenlager gut reinigen und einfetten.

---

5. Détacher la coquille de protection de la boîte de vitesses, en dévissant les vis de fixation à six-pans intérieur SW 5.
Fig. 11

6. Retirer la vis de fixation du bas de jambage à ressort gauche, après avoir enlevé l'écrou SW 17 et la rondelle.

7. Dévisser l'écrou SW 14 et déchasser la vis de fixation inférieure du jambage à ressort droit. Retirer la vis, l'écrou, la rondelle à ressort et la rondelle d'espacement.
Fig. 12

8. Dégager de l'entraîneur, à la sortie de la boîte, la transmission arrière, en la tirant en arrière, avec la fourche oscillante.
Fig. 13

Retirer l'entraîneur en Vulcolan, avec sa douille de protection et les rondelles d'écartement.
Fig. 14

Attention! Si des pièces importantes de la transmission arrière, comme l'arbre cardan, la joue d'entraînement ou le bras oscillant, ont été remplacées, il faut contrôler, après remontage du bras oscillant sur son articulation, que la distance entre la joue d'entraînement sur la boîte et celle de l'arbre cardan est bien de 30 + 1,5 mm.
Pour mesurer, soulever l'arrière du bras oscillant de telle manière que les deux joues soient bien parallèles.
Fig. 15

Si une correction de cette distance est nécessaire, intercaler une rondelle d'épaisseur voulue derrière la joue d'entraînement sur l'arbre cardan (voir H 1/1).

9. Enlever des deux côtés de la fourche oscillante, les rondelles caoutchouc d'étanchéité, les douilles, les bagues intérieures de roulements coniques, avec les cages de roulements. Ne pas intervertir les galets ni les bagues de roulement.
Avant remontage, les roulements coniques doivent être soigneusement nettoyés et graissés.

---

5. Remove lateral covering shell upon loosening of 2 socket head cap screws SW 5.
Fig. 11

6. Take off fastening bolt with washer of telescopic leg on bottom left hand side upon having loosened nut SW 17.

7. Beat out fastening bolt of telescopic leg on bottom right hand side upon having loosened nut SW 14 on brake side.
Take off bolt, nut, spring and distance washer.
Fig. 12

8. Withdraw swing with rear drive backward from transmission drive flange.
Fig. 13

Remove Vulcolan coupling with guard ring and spacing washers.
Fig. 14

Caution! If on a rear wheel drive some major parts, such as universal shaft, coupling flange or swinging arm have been renewed, it is necessary that after the reinstallation of the swinging arm into its bearings the distance between output shaft coupling flange and that of the universal shaft be checked, which must be 30 + 1.5 mm (1.18" + .06").
To measure this distance, raise the swinging arm at rear so far, that the flanges are parallel each to other.
Fig. 15

If the distance must be corrected, insert a shim of appropriate thickness behind the coupling flange of the universal shaft (see H 1/1).

9. Take out of swing rubber seal rings with bush, taper roller bearing inner ring and roller cage on both sides. Do not interchange taper roller bearing race rings and rolls.
When assembling clean and grease properly taper roller bearings.

5. Quitar la protección del acoplamiento elástico en la parte trasera de la caja de cambio después de haber aflojado los tornillos hexagonales «Allen» de 5 mm.

Fig. 11

6. Quitar el tornillo de sujeción del montante elástico (suspensión), abajo y a la izquierda, después de aflojar la tuerca de 17 mm provista de arandela.

7. Sacar a golpe el tornillo de sujeción del montante elástico (suspensión), abajo y a la derecha, habiendo aflojado la tuerca de 14 mm en el lado del freno. Alejar el tornillo, la tuerca, la arandela ondulada y la arandela distanciadora perteneciente al montante elástico.

Fig. 12

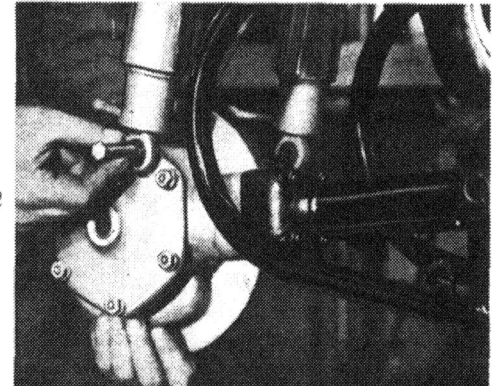

8. Retirar el balancín (horquilla oscilante) juntamente con el cardán de la brida de arrastre de la caja de cambio.

Fig. 13

Quitar el disco flexible «Vulcolan» juntamente con su anillo de protección y las arandelas distanciadoras.

Fig. 14

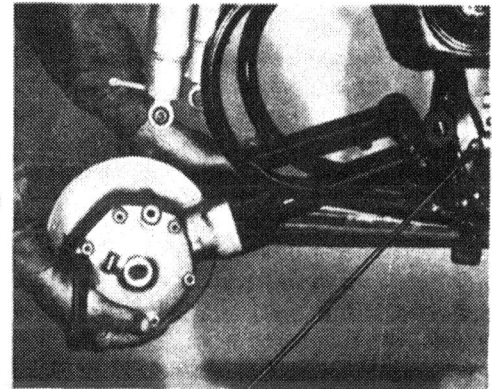

¡Atención! Si se han sustituido elementos importantes del mecanismo de accionamiento de la rueda trasera, como el eje cardán, la brida del amortiguador o el balancín, es preciso verificar, después de haber vuelto a montar el balancín en su soporte, que la distancia de la brida de arrastre en el engranaje a la brida del amortiguador en el eje cardán sea de 30 + 1,5 mm.

Para efectuar la medición, se alza el extremo posterior del balancín, hasta que las bridas queden en posición paralela entre sí.

Fig. 15

En caso de que resulte necesario corregir esta distancia, se colocan detrás de la brida del amortiguador del eje cardán las correspondientes arandelas de compensación. Véase H 1/1.

9. En cada lado de la horquilla oscilante sáquense el anillo de goma con buje, el cono interior del cojinete de rodillos cónicos y la jaula de rodillos. Tener cuidado de no revolver los conos ni los rodillos de los cojinetes.

Al instalar los cojinetes de rodillos cónicos deberán limpiarse y engrasarse perfectamente.

D 3 = Getriebe aus- und einbauen (Hinterradantrieb abgebaut)

Bei Baumuster R 27 ist der Arbeitsvorgang D 3 nur möglich ab Fahrgestellnummer 375 893. (Längsbegrenzungsanschläge für Motor-Getriebeblock sind entfallen.) Bis Fahrgestellnummer 375 892 siehe D 5.

1. Mutter SW 10 für Massekabel am Getriebe hinten unten abschrauben, Massekabelende abnehmen.
   Bild 16

2. Kabel für Leerlaufanzeige nach Abnahme des Gummiverschlußstopfens und lösen des Gewindestiftes mittels Schraubenzieher herausnehmen.
   Bild 17

3. Bei R 27 elastisches Gummilager links und rechts ganz abschrauben (je 2 Muttern SW 14 mit Federscheiben und am Rahmen je eine Sechskantschraube SW 17 mit Federscheibe siehe Bild 36). Linke Fußraste lockern und nach unten schwenken.

   Bei R 26 Klemmschraube SW 10 für Auspuff-Halteschelle ausdrehen, Muttern für linke Fußraste SW 19 und Anschlag für Kickstarterhebel SW 9 lockern. Fußraste und Anschlag nach unten schwenken.

4. Am Getriebe Seilzugendstück aus Kupplungshebel aushängen und Rückzugfeder abnehmen. Splint aus Kupplungshebellager entfernen, Hebelbolzen ausziehen und Kupplungshebel abnehmen.
   Bild 18

5. An Kupplungsseilzug die Hülle (a) mit Auflagebüchse (b) aus Abstützung am Getriebe herausziehen und Seilzug herausnehmen.
   Bild 19

6. Tachometerwellenantrieb nach Lösen der Halteschraube SW 9 herausziehen (siehe auch G 7).

7. Vier Muttern SW 14 von Getriebe-Befestigungsschrauben zum Motor abschrauben und mit Unterlegscheiben sowie bei R 26 unteren Schellenträger ablegen.

8. Getriebe nach hinten von Motor abziehen und auf linke Seite herausnehmen.
   Bild 20

D 3 = Dépose et pose de la boîte de vitesses (La transmission arrière étant démontée)

Pour le modèle R 27, le travail D 3 n'est possible que depuis le No. 375 893. (Les butées en longueur du bloc sont supprimées.) Jusqu'au No. 375 892, voir D 5.

1. Dévisser l'écrou SW 10, du câble de masse, derrière et en bas la boîte. Enlever le câble de masse.
   Fig. 16

2. Retirer le câble de témoin de point-mort, après avoir enlevé le bouchon caoutchouc et la vis au moyen d'un tourne-vis.
   Fig. 17

3. Pour R 27, dévisser les portées caoutchouc gauche et droite totalement (pour chacune 2 écrous OC 14 avec rondelle à ressort et au cadre une vis 6-pans OC 17 avec rondelle à ressort (voir Fig. 36). Débloquer le repose-pied gauche et le tourner en bas.

   Pour R 26, dévisser la vis SW 10 de fixation du tube d'échappement, débloquer l'écrou SW 19 du repose-pied gauche et la vis SW 9 du collier de la butée pour kick-starter. Tourner cette dernière et le repose-pied vers le bas.

4. Découpler la commande du débrayage et le levier de débrayage sur la boîte, puis retirer le ressort de rappel. Enlever la goupille, puis l'axe d'articulation du levier de débrayage et retirer ce dernier.
   Fig. 18

5. Retirer du bossage sur la boîte, l'enveloppe (a) et la butée (b) de la commande de débrayage et enlever la transmission.
   Fig. 19

6. Dégager la commande de compteur, après avoir dévissé la vis SW 9 (voir aussi G 7).

7. Dévisser les 4 écrous SW 14, fixant la boîte au moteur et les retirer, ainsi que leurs rondelles et, sur la R 26, le support inférieur d'échappement.

8. Dégager la boîte du moteur en la tirant vers l'arrière, puis la sortir du côté gauche.
   Fig. 20

D 3 = Removing and Refitting Transmission (Rear Drive removed)

On the R 27 model the item D 3 is only possible as from frame number 375 893 onwards. (The stops to limit eventual longitudinal movements of the engine-transmission block are superseded). Up to frame number 375 892 see D 5.

1. Unscrew ground strap nut SW 10 at bottom rear side. Remove ground (earth) strap end.
   Fig. 16

2. Upon lifting rubber plug and loosening threaded pin, take out neutral indicator cable by means of a screw driver.
   Fig. 17

3. On R 27, remove resilient rubber mounts, left and right, completely (each side 2 nuts SW 14 with lock washers and one hex.-head SW 17 screw with lock washer on frame (see figure 36). Loosen left-hand footrest and turn it downward.

   On R 26, unscrew fastening screw SW 10 on exhaust support clip, slacken nuts of left hand foot rest SW 19 and kickstarter lever stop nut SW 9 and turn footrest and stop downwards.

4. Detach bowden cable from clutch lever and remove return spring. Remove split pin from clutch lever bearing, extract lever pin and withdraw lever.
   Fig. 18

5. Take out of support on transmission cover (a) with supporting bush (b) and remove bowden cable.
   Fig. 19

6. Upon loosening fixing screw SW 9 withdraw speedometer drive (also see G 7).

7. Unscrew 4 stud nuts SW 14 fastening transmission to engine and remove them together with their washers and on R 26 together with the lower clip support.

8. Pull off transmission from engine to the rear and take it out on the left hand side.
   Fig. 20

D 3 = Desmontar y montar la caja de cambio (velocidades) (cardán desmontado)

En los modelos R 27, la operación D 3 sólo puede ser llevada a cabo a partir del bastidor no. 375 893 (los topes de limitación lateral para el bloque del motor y del engranaje han sido suprimidos). Para los modelos con no. de bastidor inferior a 375 893, véase D 5.

1. Desatornillar la tuerca de 10 mm de la caja de cambio, atrás y abajo, destinada al cable de tierra. Quitar la terminal del cable.

Fig. 16

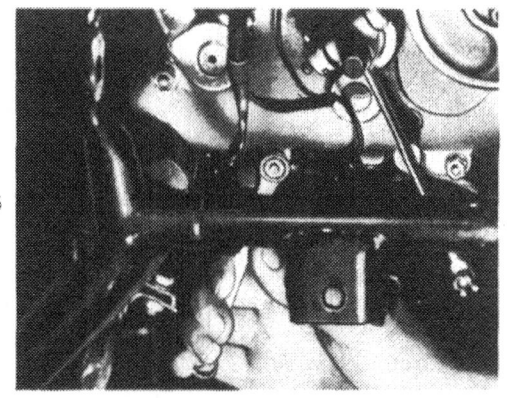

2. Desconectar y sacar el cable, indicador del punto neutro, despues de haber quitado el tapón de hule y aflojado el tornillo.

Fig. 17

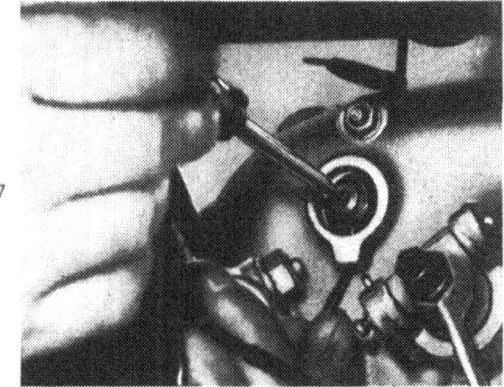

3. En los modelos R 27 se desmonta totalmente el soporte de goma elástico a la izquierda y a la derecha (a cada lado 2 tuercas SW 14 con arandelas elásticas y a cada lado del cuadro un tornillo hexagonal SW 17 con arandela elástica (véase fig. 36). Aflojar el reposapiés izquierdo y empujarle hacia abajo.

En los modelos R 26 quitar el prisionero de 10 mm de la abrazadera del tubo de escape y aflojar las tuercas tanto del descansapié izq. de 19 mm como del tope del pedal de arranque de 9 mm. Voltear hacia abajo el descansapié y el tope.

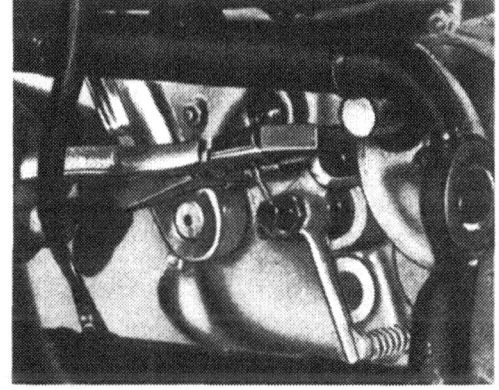

4. Descolgar de la palanca del embrague la pieza final del cable y quitar el resorte de retorno de la misma palanca.
Sacar el pasador del soporte para la palanca del embrague y extraer el perno. Luego quitar la palanca.

Fig. 18

5. Sacar el forro (a) y el buje de apoyo (b), pertenecientes al cable de embrague, del orificio lateral de la caja de cambio y retirar el cable.

Fig. 19

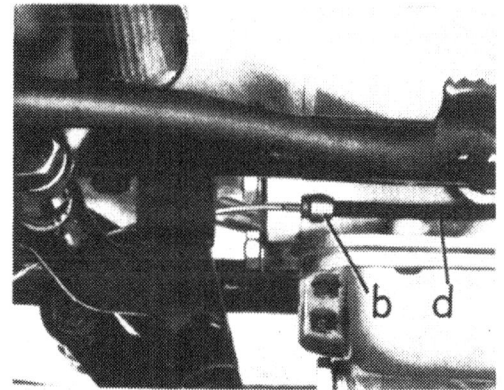

6. Sacar el sistema impulsor del eje flexible del velocímetro después de haber aflojado el tornillo prisionero de 9 mm (véase también G 7).

7. Desatornillar las cuatro tuercas de 14 mm de los espárragos que sujetan la caja de cambio al motor y quitarlas juntamente con sus arandelas y, en la R 26, con el portaabrazadera inferior.

8. Retirar la caja de cambio del motor y sacarla por el lado izquierda.

Fig. 20

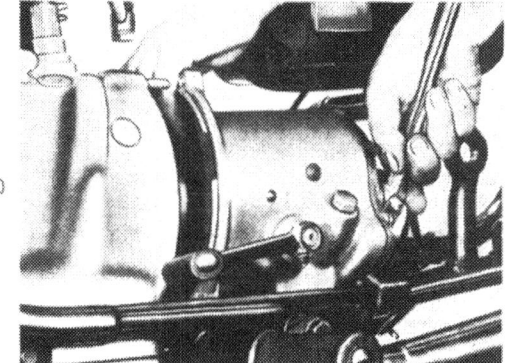

D 4 = Motor aus- und einbauen (Getriebe ausgebaut)

1. Kraftstofftank ausbauen, dazu Kraftstoff ablassen, dann Kraftstoffhahn schließen bzw. bei angebauter Sitzbank abschrauben, Verbindungsschlauch (d) unten ganz abtrennen und Zuflußleitung am Vergaser mit Schlauchschwenkanschluß (c) abschrauben. Eine vordere (a) sowie 2 untere (b) drahtgesicherte Befestigungsschrauben ausdrehen und mit Gummiunterlagen abnehmen. Kraftstofftank vorsichtig erst hinten anheben und abnehmen.

Bild 21 und 22

2. Vergaser-Deckelmutter abschrauben und Bowdenzug samt Vergaserschieber abziehen.

Bild 23

Vergaser-Befestigungsschrauben SW 13 ausdrehen, Schlauchschelle zum Filter lösen.

Bild 24

Vergaser zur Gummimuffe gedrückt nach unten herunterschwenken und dabei vorsichtig auf Dichtung am Motor achten.

Bild 25

3. Auspuff-Überwurfmutter am Motor mittels Zapfenschlüssel Matra 338/1 abschrauben.

Bei R 27 Auspuffrohrbefestigung am Motorblock lösen (2 Schrauben SW 14 mit Federringen). Auspufftopfbefestigung am Rahmen lösen und vollständigen Auspuff abnehmen.

D 4 = Dépose et pose du moteur (Boîte déposée)

1. Déposer le réservoir: pour cela, le vidanger, puis refermer le robinet, ou l'enlever s'il y a un double siège. Déposer le tuyau de jonction (d) et la canalisation du carburateur avec le tube souple (c). Dévisser 1 boulon de fixation avant (a) et 2 boulons inférieurs (b) assurés par un fil de fer et les retirer, avec leurs rondelles caoutchouc. Soulever d'abord l'arrière du réservoir et le retirer prudemment.

Fig. 21 et 22

2. Dévisser le chapeau de corps du carburateur et le retirer avec la commande Bowden et le boisseau.

Fig. 23

Dévisser les vis de fixation SW 13 du carburateur, libérer la pipe caoutchouc du filtre d'air.

Fig. 24

Retirer le carburateur en l'inclinant vers le bas, en comprimant la pipe caoutchouc. Attention au joint du moteur.

Fig. 25

3. Dévisser l'écrou de raccord du tube d'échappement au moteur, à l'aide de la clef à ergot Matra 338/1.

Sur la R 27, desserrer l'attache du tube d'échappement au bloc moteur (2 vis SW 14 avec rondelles à ressort). Libérer l'attache du pot d'échappement au cadre et enlever tout l'échappement.

D 4 = Removing and Refitting Engine (Transmission removed)

1. Dismount petrol tank upon having drained fuel and close petrol tap or remove it if dual seats are fitted. Completely loosen flexible tube connection (d) below and unscrew feed pipe with swing connection (c) on carburetor.
Unscrew one front (a) and two lower (b) wire-locked fastening bolts and take them off together with rubber pads.
Withdraw petrol tank by lifting first on the rear end.

Fig. 21 and 22

2. Unscrew carburetor cover nut and remove gas cable with carburetor slide.

Fig. 23

Screw off carburetor fixture bolts SW 13, loosen hose clip of filter.

Fig. 24

Turn carburetor to the bottom by pressing it against rubber sleeve. Pay attention to gasket on engine.

Fig. 25

3. Screw of exhaust union nut by means of pin spanner Matra 338/1.

On R 27, loosen exhaust tube mounting on engine block (2 SW 14 screws with lockwashers). Slacken exhaust silencer fixture on frame and remove complete exhaust.

D 4 = Desmontar y montar el motor
(caja de cambio desmontada)

1. Desmontar el depósito de la gasolina: para ello vaciar el mismo y cerrar la llave de paso de la gasolina y con el asiento doble puesta desarmar ésta última, quitar completamente la monguera de conexión (d) y el conducto de alimentación con su pieza de conexión giratoria (c). Desatornillar adelante en (a) un tornillo y abajo en (b) dos tornillos asegurados con alambre, de los cuales éstos últimos salen con sus hules de apoyo. Levantar con cuidado la parte posterior del depósito de la gasolina y entonces retirarlo.

Fig. 21 y 22

21

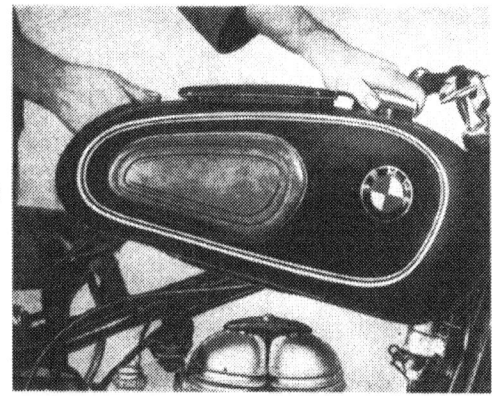

22

2. Desatornillar la tuerca ranurada de la tapa del carburador y extraer el cable (Bowden) juntamente con la corredera de gases.

Fig. 23

Quitar los tornillos de sujeción de 13 mm del carburador y aflojar la abrazadera de la manguera de conexión al filtro de aire.

Fig. 24

23

Empujar el carburador contra la manguera del filtro de aire y voltear el primero hacia abajo, teniendo cuidado de no perder la junta del motor.

Fig. 25

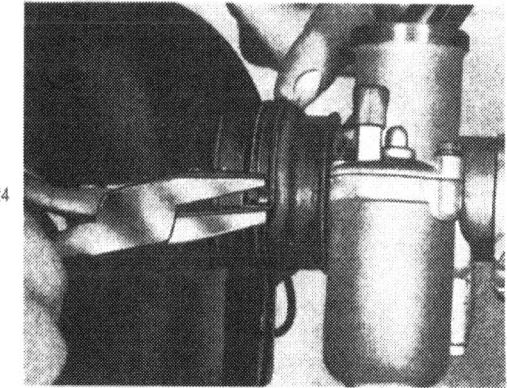

24

3. Mediante la llave de garras, Matra 338/1, desatornillar la tuerca que sirve para acoplar el tubo de escape y el motor.

En la R 27, aflojar la fijación del tubo de escape en el bloque del motor (2 tornillos SW 14 con anillos de muelle). Quitar el tornillo de sujeción del silenciador y retirar el conjunto de escape.

25

4. An der Lichtmaschine R 27 Schutzdeckel mit Dichtung abbauen (3 Linsensenkschrauben) und folgende Kabel abklemmen: blau von Klemme D+, schwarz von Klemme 1 und rotschwarz von Klemme DF. Falls vorhanden, braunes Massekabel von Klemme 31. **Bild 26**	4. Pour R 27: enlever le couvercle de dynamo avec son joint (3 vis) et déconnecter les câbles suivantes: bleu de la borne D+, noir de la borne 1 et rouge-noir de la borne DF, de même, s'il existe, le câble de masse brun de la borne 31. **Fig. 26**	4. On generator R 27, remove protective cover with gasket (3 fillister head screws) and disconnect the following cables: blue from terminal D+, black from terminal 1 and red-black from terminal DF. If installed, brown ground (earth) cable from terminal 31. **Fig. 26**
An Zündlichtmaschine R 26 Deckel nach Lösen der zwei Linsenkopfschrauben abnehmen und folgende Kabel abklemmen: blau von Klemme 61, rot von Klemme 51, schwarz von Klemme 30, rotschwarz von Klemme 15, braun von Masseklemme, **Bild 27**	Sur la dynamo R 26, dévisser les 2 vis tête bombée du couvercle, retirer ce dernier et déconnecter les câbles suivants: bleu, de la borne 61, rouge, de la borne 51, noir, de la borne 30, rouge-noir, de la borne 15, brun, de la borne de masse, **Fig. 27**	On generator R 26, remove cover upon unscrewing of 2 fillister head screws, and disconnect the following cables: blue of terminal 61, red of terminal 51, black of terminal 30, red-black of terminal 15, brown of earth terminal, **Fig. 27**
dann Kabelbaum aus Lichtmaschine ziehen.	puis retirer le faisceau des câbles de la dynamo.	then draw out cable bunch of dynamo.
Zum Ausbauschutz Deckel wieder aufsetzen. Zündkerzenkabel von Kerze abheben und bei R 26 Kabelschelle am Rahmen lösen.	A titre de protection, remettre le couvercle. Détacher le câble d'allumage de la bougie et, sur la R 26, de sa fixation au cadre.	Refit cover for better protection. Lift ingnition cable from sparking plug and on R 26 loosen cable clip on frame.
5. Bei Baumuster R 27 Tankträger mit oberem elastischen Lager abbauen: Erst Motor unter der Ölwanne abstützen, dann Winkelträger vom Zylinderkopf lösen (2 Muttern SW 14 mit Federscheiben) hierauf Tankträger vom Rahmen abschrauben (2 Sechskantschrauben SW 10 mit Muttern und Zahnscheiben). **Bild 28**	5. Pour R 27, déposer le support de réservoir, avec la suspension élastique supérieure: D'abord, caler le moteur sous le fond de carter, puis libérer l'équerre de support de la culasse (2 écrous OC 14 avec rondelle à ressort), enfin déposer du cadre le support de réservoir (2 vis 6-pans OC 10 avec écrous et rondelles dentées). **Fig. 28**	5. On model R 27, remove fuel tank carrier together with upper resilient rubber mount: First support engine under oil pan, then detach angular bracket from cylinder head (2 SW 14 nuts with lock washers), and remove tank carrier from frame (2 SW 10 hex.-head screws with nuts and star washers). **Fig. 28**
Vordere elastische Aufhängung am Motor unten abschrauben. Dazu links und rechts je eine Sechskantschraube SW 17 mit Federring herausschrauben, dann Brücke mit evtl. Längsbegrenzungsanschlag abnehmen. **Bild 29**	Dévisser la supension élastique avant du moteur, en bas. Pour cela, dévisser de chaque côté une vis 6-pans OC 17 avec rondelle à ressort et enlever le pont avec, éventuellement, la butée longitudinale. **Fig. 29**	Remove front resilient mount on engine below. For this, on each side unscrew one SW 17 hex.-head screw with lock washer, then remove bracket with eventual stop for longitudinal movement. **Fig. 29**
Mittels gebogenem schmalen Maulschlüssel die Gummilager vom Kettenkastendeckel entfernen. **Bild 30**	Au moyen d'une clef coudée étroite, enlever les blocs caoutchouc du carter de distribution. **Fig. 30**	Using a small cranked open-ended wrench remove ruber mounts from chaincase cover. **Fig. 30**

4. Desmontar en la dínamo de alumbrado del modelo R 27 la tapa protectora con su junta (3 tornillos lenticulares) y desconectar los cables siguientes:

un cable azul del borne D+, otro rojo del borne 1, otro rojinegro del borne DF y, de existir, el cable de puesta a tierra marrón del borne 31.

Fig. 26

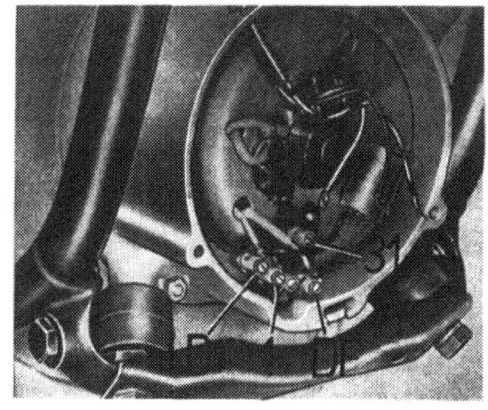

En la dínamo R 26, quitar la tapa después de haber aflojado los dos tornillos de cabeza lenticular, y desconectar los cables siguientes: azul de la conexión 61, rojo de la conexión 51, negro de la conexión 30, rojo-negro de la conexión 15, café de la conexión de tierra.

Fig. 27

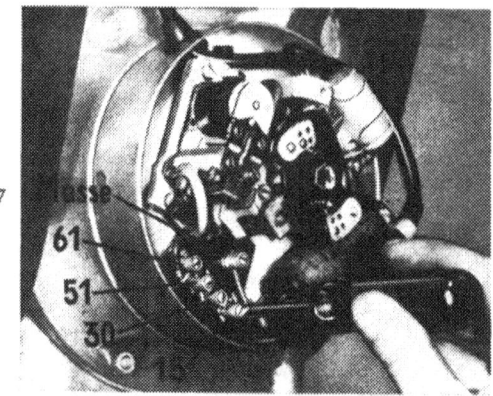

Sacar el conjunto de cables de la dínamo (generador).

Como medida de protección durante el desmontaje, colocar nuevamente la tapa. Quitar el cable de la bujía y, en la R 26, aflojar la abrazadera de éste último del cuadro.

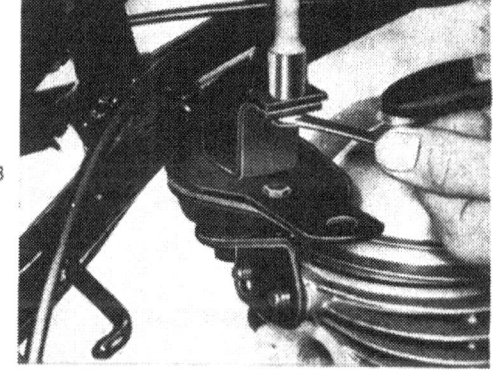

5. En el modelo R 27 se desmonta el soporte del depósito con su apoyo superior elástico:

Colocar el motor, por la parte de la bandeja de aceite, sobre una base de apoyo. Retirar seguidamente de la culata del cilindro los soportes angulares (2 tuercas SW 14 con arandelas elásticas). Desmontar a continuación el soporte del depósito, desatornillando los 2 tornillos hexagonales SW 10, con tuercas y discos dentados, que le sujetan al cuadro.

Fig. 28

Desatornillar la suspensión elástica delantera del motor. Para ello se desatornillan los dos tornillos hexagonales SW 17 con anillo elástico, a la izquierda y a la derecha, retirando seguidamente el puente con el tope de limitación longitudinal, de existir.

Fig. 29

Con ayuda de una llave estrecha, curvada, se separan de la tapa de la caja de cadenas los soportes de goma.
Fig. 30

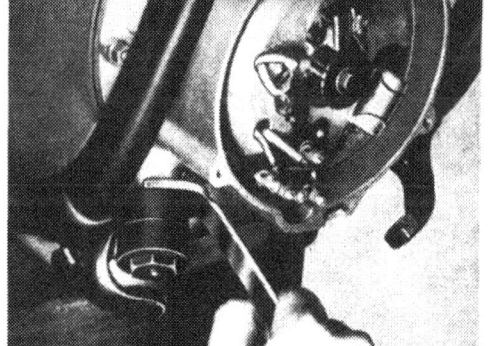

Motor oben nach rechts geschwenkt aus dem Rahmen herausheben. **Bild 31**	Sortir le moteur du cadre en inclinant le haut vers la droite. **Fig. 31**	Lift the engine, top turned to right, out of the frame. **Fig. 31**
Bei R 26 Muttern von Motorbefestigungsbolzen zuerst oben SW 17 und dann unter SW 19 abschrauben und Bolzen ausklopfen. Auf Anlagescheiben vorn links und rechts achten, gute Gummilager und Abstandsrohr unten verbleiben im Motor. Motor anheben, oben leicht nach vorn schwenken und dann nach links aus dem Rahmen nehmen. **Bild 32**	Sur la R 26, enlever les écrous des fixations du moteur, d'abord en haut SW 17, puis en bas SW 19 et déchasser les broches de fixation. Prendre soin des rondelles d'appui avants gauche et droite. Les silentblocs (en bon état) et le tube de distance inférieur restent dans le moteur. Soulever le moteur en inclinant légèrement le haut vers l'avant et le sortir par la gauche. **Fig. 32**	On R 26, unscrew nuts of engine mounting pins, first upper SW 17 then lower SW 19 and drive out pins. Pay attention to washers in the front, left and right hand. Undamaged rubber mountings and distance tube at the bottom remain in the engine. Tilt upper part slightly forward and lift engine out of frame towards the left. **Fig. 32**
Achtung! Beim Motoreinbau R 26 erst unteren dann oberen Befestigungsbolzen mit Anlagescheiben (a) einsetzen, dann erst die Bolzen festziehen. **Bild 33**	**Attention!** En reposant le moteur, monter d'abord la broche de fixation inférieure, puis la supérieure, avec les rondelles d'appui (a), ensuite seulement visser et bloquer les écrous. **Fig. 33**	**Caution!** When refitting engine place first lower, then upper mounting pin with washers (a), only then tighten pins. **Fig. 33**
Nach dem Einbau des Motors ist erforderlich: 1. Vergaser-Deckelschraube nur gut von Hand anziehen. Vergaser-Bowdenzug bei geschlossenem Vergaserschieber auf 0,5 mm Seilzugspiel einstellen und Leerlauf prüfen eventuell nachstellen. **Bild 34**	Après repose du moteur, il faut: 1. Bien revisser, seulement à la main, le chapeau de corps du carburateur. Régler le jeu du câble, boisseau fermé, à 0,5 mm et contrôler, éventuellement régler, le ralenti. **Fig. 34**	Upon refitting the engine the following is necessary: 1. Tighten the carburetor cover only by hand. Adjust carburetor cable with closed carburetor slide to .02" cable play and check idling, if necessary adjust. **Fig. 34**
2. Kupplungs-Bowdenzug auf 4 bis 5 mm Spiel am Seilzug mittels Rändelmutter einstellen. **Bild 35**	2. Régler, au moyen de l'écrou moleté, le jeu de la commande Bowden de débrayage à 4–5 mm de course du câble. **Fig. 35**	2. Adjust clutch bowden cable to .16–.20" play on cable by means of the knurl nut. **Fig. 35**
3. Probefahrt und wenn Motor zerlegt wurde anschließend Ventilspiel prüfen.	3. Faire un essai sur route et, si le moteur a été démonté, contrôler et régler au besoin le jeu des soupapes.	3. Have a trial ride and thereafter check the valve clearance if engine has been dismantled.

Extraer el motor del cuadro, haciéndole girar hacia la parte superior derecha.

Fig. 31

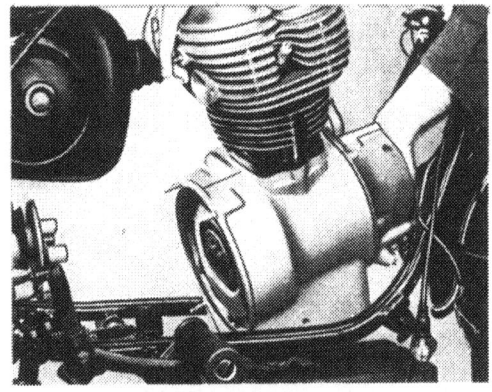

En la R 26, quitar las tuercas de las varillas de sujeción del motor, primero las de 17 mm arriba y despues las de 19 mm abajo, extrayendo éstas varillas a golpe. Tener cuidado de las arandelas distanciadoras a izq. y der. y adelante, los apoyos de goma aun en buenas condiciones y el tubo distanciador inferior quedarán en el motor. Levantar e inclinar ligeramente hacia adelante el motor, para después sacarlo por el lado isq. del cuadro.

Fig. 32

¡Atención! Al montar el motor introducir primero las varillas de sujeción inferiores y despues las superiores con las arandelas distanciadoras (a), para después apretar dichas varillas.

Fig. 33

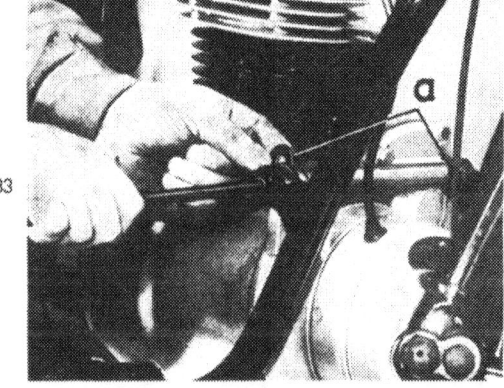

Después de haber montado el motor es necesario:

1. Apretar bien a mano la tuerca ranurada de la tapa del carburador. Luego ajustar el cable (Bowden) del carburador, con la corredera de gases bien cerrada, de tal manera que tenga un juego de 0,5 mm. En esta posición probar la marcha en vacío del motor, en caso necesario reajustar dicho juego.

Fig. 34

2. Ajustar el cable (Bowden) del embrague, mediante una tuerca moleteada situada en el cable de manera que tenga un juego de 4 y 5 mm.

Fig. 35

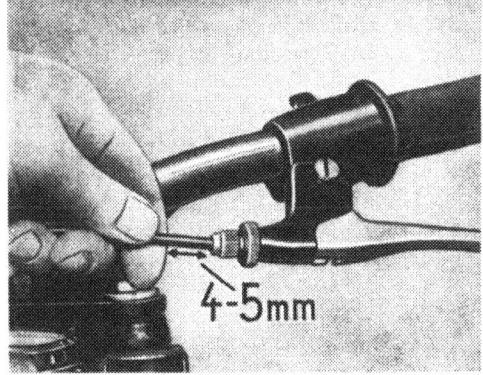

3. Efectuar una vuelta de prueba y reajustar el juego de las válvulas si el motor ha sido desarmado.

D 5 = Motor-Getriebeblock aus- und einbauen	D 5 = Dépose et pose du bloc moteur-boîte	D 5 = Removal and Installation of Engine-Transmission Block
(Bei eingebautem Hinterrad mit Antrieb und Schwinge nur möglich bei Baumuster R 27)	(Avec la roue arrière, la transmission arrière et le bras oscillant montés, cette opération n'est possible que pour R 27)	(With rear wheel, drive and swinging arm installed only possible on model R 27)

1. Folgende Teile abbauen bzw. abklemmen:

    Kraftstofftank, Vergaser, Auspuffanlage und Lichtmaschinenkabel (wie D 4/1, 2, 3, 4), Massekabel, Kabel für Leerlaufanzeige, Kupplungsseilzug sowie Kupplungshebel mit Lagerung, Tachometerwellenantrieb (wie D 3/1, 2, 4, 5, 6). Abdeckschale vom Mitnehmer entfernen (wie D 2/5). Linke Fußraste lockern (Sechskantschraube SW 19) und nach unten schwenken.

    Bild 36

2. Hierauf oberes und untere elastische Motorlager abbauen (wie D 4/5).

3. Vier Muttern SW 14 mit Scheiben der Motor-Getriebeverschraubung entfernen.

    Bild 37

4. Motor vom Getriebe trennen:

    dazu Motor nach vorn ziehen und nach rechts vorsichtig aus dem Rahmen heben.

    Bild 38

5. Linkes und rechtes Getriebegummilager vom Rahmen lösen (je 1 Sechskantschraube a SW 17 mit Zahnscheibe und Scheibe), linken Haltelappen des Gummilagers auch vom Getriebe abschrauben (2 Muttern b SW 14 mit Federringen) und Haltelappen mit Gummilager abnehmen.

    Bild 39

6. Getriebe vom Stoßdämpferflansch abziehen und nach links herausheben.

    Bild 40

---

1. Déposer ou, selon les cas, déconnecter les pièces suivantes:

    Réservoir, carburateur, échappement complet, câbles de la dynamo (comme D 4/1, 2, 3, 4), câble de masse, câble de témoin de point-mort, câble de débrayage avec levier et articulation, commande de compteur (comme D 3/1, 2, 4, 5, 6). Enlever la protection du flector (comme D 2/5). Désserrer le repose-pied gauche (vis OC 19) et le tourner en bas.

    Fig. 36

2. Déposer les suspensions supérieure et inférieures du moteur (comme D 4/5).

3. Enlever 4 vis OC 14, avec rondelle, de fixation de la boîte au moteur.

    Fig. 37

4. Séparer le moteur de la boîte:

    pour celà tirer le moteur vers l'avant et le sortir du cadre prudemment, vers la droite.

    Fig. 38

5. Déposer du cadre les butées caoutchouc gauche et droite de la boîte (chacune 1 vis 6-pans a OC 17 avec rondelle et rondelle dentée), déposer aussi de la boîte l'attache gauche de l'appui caoutchouc (2 écrous b OC 14 avec rondelle à ressort), et enlever l'attache avec le caoutchouc.

    Fig. 39

6. Dégager la boîte de l'entraînement et la sortir vers la gauche.

    Fig. 40

---

1. Remove or disconnect the following parts:

    Fuel tank, carburetor, exhaust system and generator cable (as D 4/1, 2, 3, 4), ground cable, neutral indicator cable, clutch cable and clutch lever with support, speedometer drive take-off (as D 3/1, 2, 4, 5, 6). Remove coupling flange covering shell (as D 2/5). Loosen left-hand footrest (SW 19 hex.-head screw) and turn it downward.

    Fig. 36

2. Thereupon remove upper and lower resilient engine mounts (as D 4/5).

3. Remove the four SW 14 nuts with washers that secure transmission to engine.

    Fig. 37

4. Separate engine from transmission:

    for this, pull engine forward and lift it carefully toward the right out of the frame.

    Fig. 38

5. Detach left and right transmission rubber mounts from the frame (each side one hex.-head SW 17 screw (a) with star washer and flat washer), unscrew left-hand holding lug of rubber mount also from transmission (2 nuts (b) SW 14 with lock washers) and remove holding lug with rubber mount.

    Fig. 39

6. Pull transmission of coupling flange and lift it out toward the left.

    Fig. 40

D 5 = Desmontaje y montaje del bloque formado por el motor y el engranaje

(Hallándose la rueda trasera con su accionamiento y el balancín montados, las operaciones descritas sólo pueden efectuarse en el modelo R 27)

1. Desmontar y desconectar los elementos siguientes:

   Depósito de combustible, carburador, instalación de escape, cable de la dínamo de alumbrado (véase D 4/1, 2, 3, 4); cable de puesta a tierra, cable indicador de marcha en vacío, cable tractor y palanca del embrague con sus soportes, accionamiento del eje del velocímetro (véase D 3/1, 2, 4, 5, 6). Retirar la cubierta del perno de arrastre (véase D 2/5). Aflojar el reposapiés izquierdo (tornillo hexagonal SW 19) y apretarle hacia abajo.

   Fig. 36

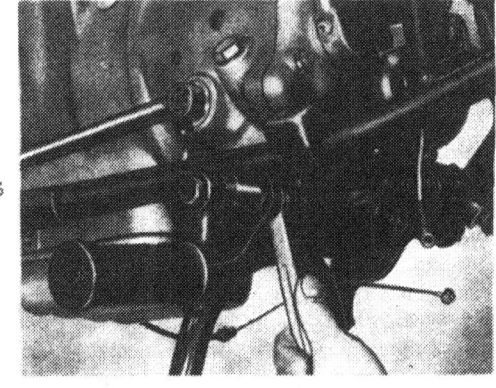
36

37

2. Desmontar a continuación los apoyos elásticos superior e inferiores del motor (véase D 4/5).

3. Desatornillar las cuatro tuercas SW 14, provistas de arandelas, que un en el motor al engranaje.

   Fig. 37

38

4. Separar el motor del engranaje:

   tirar del motor hacia adelante y sacarle con cuidado del cuadro, hacia el lado derecho.

   Fig. 38

39

5. Retirar del cuadro el apoyo elástico izquierdo y derecho del engranaje (cada uno posee un tornillo hexagonal a SW 17 con arandela y disco dentado), desatornillar también la solapa de sujeción izquierda del apoyo en el engranaje (2 tuercas hexagonales b SW 14, con arandelas elásticas) y retirar la solapa de sujeción con el apoyo de goma.

   Fig. 39

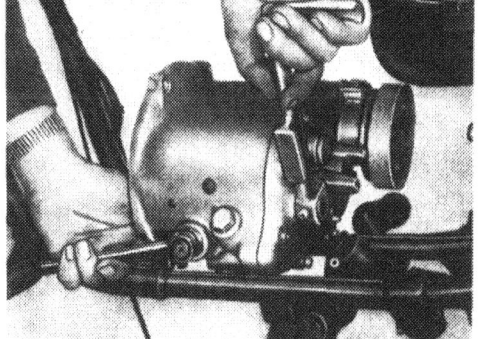
40

6. Separar el engranaje de la brida del amortiguador y sacarle hacia el lado izquierdo.

   Fig. 40

M = Motor

Werkzeuge:

Zylinder-Meßuhr, Ventilfederhebewerkzeug 5034, Winkelschraubenzieher 5022, Abzieher Matra 311, Spannschrauben 357a, Zentrierdorn Matra 529, Abziehvorrichtung Matra 355a (ohne Teile 8 und 9), Reibahle 7 K 7, Dorn Matra 530a, Treibdorn 5127 und 5129, Haltevorrichtung Matra 498a, Abdrückschraube 5030, Abziehvorrichtung Matra 467a, Abziehvorrichtung Matra 299a, Drehmomentschlüssel Matra 348747−6, Steckschlüsseleinsätze, Druckbüchse 5038/1 und 5039, Aufnahme 5017, Pleuelschutzholz 5035, Kolbenringmanschette 5003, Schlagdorn 5016 mit Griff 5120, Sprengeisen 5021, Prismen 5036, Meßvorrichtung 5104, Schlagbüchse 5108, Auflageplatte 5117, Hülse 5144, Halter 368, Fühlerlehre, Zündungsprüfgerät, Haarlineal, außerdem handelsübliche Werkzeuge.

Bild 41

M 1 = Zylinderkopf abbauen, instandsetzen und wieder anbauen (Motor ausgebaut)

1. **Zylinderkopf ab- und anbauen.**
   Motor in Montagebock 5014 einsetzen und festschrauben. **Bild 42**

Befestigungsmutter SW 14 der Spannbrücke abschrauben. Spannbrücke mit Mutter, sowie die Zylinderkopfdeckel und die Dichtung abnehmen.
4 Zylinderkopf-Befestigungsschrauben SW 14 an Schwinghebel-Lagerböcken herausschrauben, Schwinghebelböcke mit Schwinghebeln, Stößelstangen und Zylinderkopf anheben.

Achtung! Beim Wiedereinbau Befestigungsschrauben mittels Drehmomentschlüssel auf 3 bis 3,5 mkg anziehen. **Bild 43**

Beim Aufsetzen der Ventilschutzkappen achten, daß die Paßstifte vom Zylinderkopf in die Paßbohrungen der Schutzkappen zu liegen kommen. Dichtung trocken aufsetzen.

2. **Ventile aus- und einbauen einschließlich Prüfungen**
   Zylinderkopf auf Montagevorrichtung 5034 aufsetzen und festspannen. Mit Ventilheber der Vorrichtung Ventilfedern niederdrücken und geteilte Keilkegel mit Magnet- oder Reißnadel aus Federteller herausnehmen. Federteller, Ventilfedern und nach Abheben von Montagevorrichtung Ventile ausziehen. **Bild 44**

M = Moteur

Outillage:

Micromètre pour cylindre, dispositif 5034 pour dégager les soupapes, tournevis coudé 5022, extracteur Matra 311, dispositif 357a, broche de centrage Matra 529, extracteur Matra 355a (sans les pièces 8 et 9), alésoir 7 K 7, broche Matra 530a, chassoirs 5127 et 5129, dispositif Matra 498a, vis d'extraction 5030, extracteur Matra 467a, extracteur Matra 299a, clef dynamométrique Matra 348747−6, têtes pr. do., douilles 5038/1 et 5039, montage 5017, bois de protection pour bielle 5035, manchette pour segments 5003, chassoir 5016 avec poignée 5120, leviers 5021, primes 5036, dispositif de mesure 5104, chassoir 5108, plaque 5117, douille 5144, support 368, jauges, appareil de contrôle du point d'allumage, réglette, outillage courant.

Fig 41

M 1 = Dépose, mise en état et repose de la culasse (moteur déposé)

1. **Dépose et repose de la culasse.**
   Fixer le moteur sur le banc 5014. **Fig. 42**

Dévisser l'écrou SW 14 du pont de serrage des couvercles. Retirer le pont, avec l'écrou, les couvercles et le joint.
Dévisser les 4 vis de culasse SW 14, sur les supports d'axes de culbuteurs, retirer ces derniers, avec les culbuteurs et les tiges de poussoirs et lever la culasse.

Attention! Au remontage, serrer les vis de culasse à l'aide de la clef dynamométrique, jusqu'à 3 à 3,5 mkg. **Fig. 43**

En replaçant les couvercles de culbuteurs, veiller à ce que l'ergot de repérage sur la culasse, entre bien dans son logement dans le couvercle. Monter le joint à sec.

2. **Dépose et repose des soupapes, contrôles inclus.**
   Fixer la culasse sur le montage 5034. A l'aide du lève-soupapes du montage, comprimer les ressorts, puis retirer au moyen d'un aimant ou d'une pointe les demi-cônes d'arrêt des cuvettes de ressorts. Enlever les cuvettes, les ressorts, puis, après avoir détaché la culasse du montage, les soupapes. **Fig. 44**

M = Engine

Tools:

Cylinder dial gauge, valve spring compressing tool 5034, cranked screw driver 5022, puller Matra 311, pressure screws 357a, centering arbour Matra 529, puller Matra 355a (without parts 8 and 9), reamer 7 K 7, arbour Matra 530a, drifts 5127 and 5129, fixture Matra 498a, puller screw 5030, puller Matra 467a, puller Matra 299a, torque wrench Matra 348747−6, socket wrench supplements, pressure bushings 5038/1 and 5039, support 5017, wooden tool 5035 for protection of connecting rod, piston ring collar 5003, drift 5016 with handle 5120, straightening tools 5021, prisms 5036, measuring tool 5104, drive bushing 5108, support plate 5117, sleeve 5144, holder 368, feeler gauge, ignition tester, precision rule, and tools from local jobbers.

Fig. 41

M 1 = Removing Cylinder Head, Overhauling and Reassembling (Engine removed)

1. **Removing and reassembling cylinder head**
   Place engine upon support stand 5014 and fasten by screws **Fig. 42**

Unscrew fastening nut SW 14 of cover bracket. Take off cover bracket with nut and cylinder head cover together with gasket.
Unscrew 4 cylinder head bolts SW 14 on rocker bearers, lift rocker bearers with rockers, push rods and cylinder head.

Caution! When assembling tighten fastening bolts by means of a torque spanner to 21−25 ft. lbs. **Fig. 43**

When placing the valve protection cover pay attention that the set pins of the cylinder head fit to the fitting holes of the protection cover. Place gasket completely dry.

2. **Dismantling and refitting valves including controls.**
   Fasten cylinder head on wooden plate 5034. Press down valve springs with pressing device and take valve retainers out of spring cups by means of a magnet or scriber. Draw out spring cups, valve springs and upon removing pressing device also valves.

Fig. 44

M = Motor

Herramientas:

Reloj de medición para el cilindro, herramienta de palanca 5034 para los resortes de las válvulas, des tornillador angular 5022, extractor Matra 311, tornillos tensores 357a, punzón para centrar Matra 529, dispositivo de extracción Matra 355a (sin las piezas 8 y 9), escariador 7 K 7, punzón Matra 530a, mandril expulsor 5127 y 5129, dispositivo de sujeción Matra 498a, tornillo de apriete 5030, dispositivo de extracción Matra 467a, dispositivo de extracción Matra 299a, llave dinamométrica Matra 348747−6, suplementos para llaves, casquillo compresor 5038/1 y 5039, elemento de admisión 5017, madera protectora 5035 para las bielas, guarnición 5003 para los aros de los émbolos, mandril de percusión 5016 con mango 5120, palanca 5021, prismas 5036, dispositivo de medición 5104, casquillo de percusión 5108, placa de apoyo 5117, cápsula 5144, sujetador 368, calibre de espesores, aparato de control del encendido, regla de canto agudo, así como las demás herramientas normales.

Fig. 41

M 1 = Desmontar la culata del cilindro, repararla y volverla a montar (motor desmontado)

1. **Desmontar y montar la culata del cilindro.**

Colocar el motor en el caballete 5014 y sujetarlo.

Fig. 42

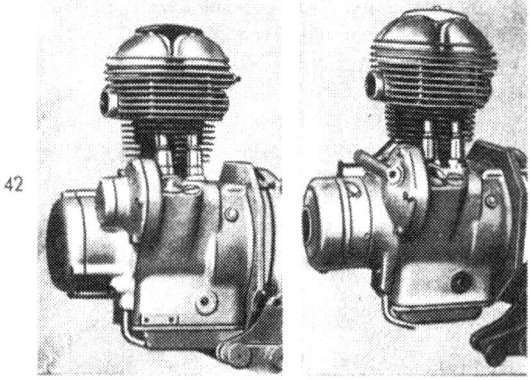

Desatornillar la tuerca de 14 mm del puente y la tuerca, y así mismo las tapas y la junta de la culata. Desatornillar los 4 tornillos largos de 14 mm que sostienen simultaneamente los balancines, luego quitar éstos últimos juntamente con sus apoyos, las varillas de empuje (vástagos) y la culata.

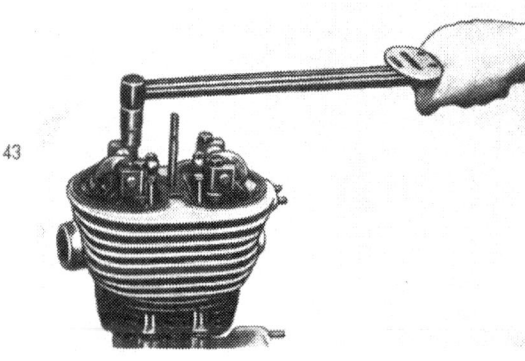

¡Atención! Al efectuar el montaje apretar los tornillos largos de sujeción de 3 a 3,5 kgm mediante una llave torsímetro.

Fig. 43

Al montar las tapas de la culata tener cuidado de que los pequeños machos de la culata coincidan con los correspondientes agujeros de la junta y tapaderas. La junta debe estar seca al montarla.

2. **Desmontar y montar las válvulas, incluyendo su comprobación.**

Colocar la culata sobre la tabla de montaje 5034 y asegurarla.
Con ayuda del levantaresorte, apretar éstos y sacar las cuñas cónicas de los platillos de resortes mediante un imán o una lezna. Sacar primeramente los platillos y los resortes y luego las válvulas después de haber quitado la tabla de montaje.

Fig. 44

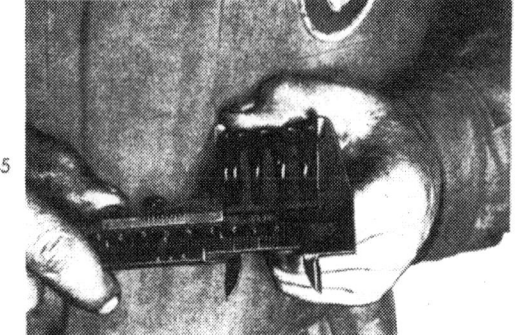

Prüfungen: Zylinderkopf auf Risse und einwandfreie Dichtflächen, Festsitz von Ventilführungen und Ventilsitzen, Ventilverschleiß in Ventilführungen, Schwinghebellaufflächen und Rißbildung, sowie Ventilfederlängen bzw. Federkraft (siehe Passungen und Maße Seite 22 und 24). **Bild 45**

Achtung! Beim Zusammenbau Ventilfedern mit engerem Windungsabstand auf Zylinderkopfseite einsetzen.

3. **Ventilführungen erneuern:**
Alte Führungen oben absenken bis zum Sicherungsring, dann Sicherungsring abnehmen, Zylinderkopf auf 180–200° C erwärmen und Ventilführungen mittels Treibdorn 5127 nach innen herausdrücken. **Bild 46**

Neue Ventilführungen (Preßsitz 0,03 bis 0,05 mm evtl. Führungen mit 0,1 mm Aufmaß verwenden und nacharbeiten) mit Sicherungsring in warmen Zylinderkopf einpressen. Erkaltete Führungen mit Ventilführungs-Reibahle 7K7 ausreiben. **Bild 47**

4. **Ventilsitze erneuern:**
Müssen nach mehrmaligem Bearbeiten der Ventilsitze die Ventilsitzringe ausgewechselt werden, so ist bei nicht entsprechender Einrichtung und Erfahrung der Werkstätte zu empfehlen, Austauschzylinderköpfe zu verwenden. Im Falle einer eigenen Überholung Ventilsitzring mit Hunger-Ventilsitzdrehwerkzeug ausdrehen, ohne die Ausdrehung im Zylinderkopf zu beschädigen. Zylinderkopf auf etwa 250° C erwärmen und neuen Ventilsitzring einsetzen. Siehe Maße und Passungen. **Bild 48**

5. **Ventilsitze nachschleifen:**
Nachdrehen der Ventilsitzringe im Zylinderkopf mit Hunger-Ventilsitzbearbeitungsgerät. Sitzauflagebreite für Einlaßventil ca. 2 mm und für Auslaßventil ca. 2,5 mm in 45° Neigung gemessen. Abfasung nach außen unter 15° Schräge.

Sitz am Ventil auf Schleifmaschine 45° Neigung schleifen. Zulässige Nacharbeit bis 1 mm (Auslaß) und 0,7 mm (Einlaß) Ventilteller-Randdicke. Geschliffene Ventilkegel und mit Hungergerät gedrehte Ventilsitze erfordern nach Einbau kein Zusammenschleifen mit Paste, jedoch ist eine Dichtprobe durch Eingießen von Benzin in die Ventilkammer vorzunehmen. **Bild 49**

Contrôles: culasse sans fissure, état des surfaces des joints, fixation parfaite des guides et sièges de soupapes, usure dans les guides, culbuteurs sans fissures, état de leurs surfaces portantes, longueurs des ressorts resp. force des ressorts (voir cotes et tolérances page 22 et 24). **Fig. 45**

Attention! Au montage, placer les ressorts avec le côté où le pas est le plus faible contre la culasse.

3. **Remplacement des guides de soupapes:**
Dégager les anciens guides jusqu'à la bague d'arrêt, retirer celle-ci, chauffer la culasse à 180–200° C et déchasser les guides vers l'intérieur au moyen de la broche 5127. **Fig. 46**

Les nouveaux guides (serrage 0,03 à 0,05 mm – évent. guides avec 0,1 mm de surdimension, retouchés) avec leur bague d'arrêt, sont chassés dans la culasse chaude. Après refoidissement rectifier les guides avec l'alésoir. 7K7. **Fig. 47**

4. **Remplacement des sièges de soupapes:**
Si, après plusieurs retouches des portées, les sièges de soupapes sont à remplacer, il est recommandé d'avoir recours à une culasse échange standard, si l'atelier ne possède pas l'installation et l'expérience nécessaires à cette opération. Pour l'effectuer, enlever les sièges de soupapes en les usinant avec l'appareil Hunger pour sièges, sans endommager leur logement dans la culasse. Chauffer la culasse à 250° C environ et placer les nouveaux sièges. Voir cotes et tolérances. **Fig. 48**

5. **Retouche des sièges de soupapes:**
Usiner les sièges, dans la culasse, avec l'appareil Hunger pour l'usinage des sièges des soupapes. Surface de portée à 45° d'inclinaison, largeur env. 2 mm pour l'admission et env. 2,5 mm pour l'échappement. Correction inclinée à 15°.

Le siège sur la soupape doit être usiné à la rectifieuse, à 45° d'inclinaison. On ne peut rectifier que jusqu'à ce qu'il subsiste une épaisseur de 1 mm (échappement), et 0,7 mm (admission), au bord de la soupape. Les soupapes rectifiées et les sièges usinés avec l'appareil Hunger ne nécessitent aucun rodage à la pâte à roder. Un essai d'étanchéité au moyen de benzine versée dans la culasse est cependant nécessaire. **Fig. 49**

Controls: Check cylinder head for cracks, good contact surfaces, exact fit of valve guides and valve seats, valve wear in guides, rocker running surfaces, length of valve springs and spring pressure respectively (see tolerances and fits page 23 and 25). **Fig. 45**

Caution! When assembling install valve springs with narrower winding distance on cylinder head side.

3. **Replacing Valve Guides:**
Grind off old guides top down to locking, take off lock ring, heat up cylinder head to 356–392° F and press valve guide inwards out by means of drift 5127. **Fig. 46**

Press in new valve guides (pinch fit .0012–.002" if necessary fit guides with oversize .004" and refinish) with lock ring in heat cylinder head. Ream cooled down valve guides with reamer 7K7. **Fig. 47**

4. **Replacing Valve Seats:**
Valve seat rings which are to small owing to repeated re-milling operations must be replaced. In case the necessary tools and the experience are not available it is recommendable to use overhauled cylinder heads from the factory. If the overhauling is done cut-out valve seat ring with the Hunger valve seat machining tool without damaging the bore in cylinder head. Heat cylinder head to approx. 480° F. and install new valve seat ring. See Tolerances and Fits. **Fig. 48**

5. **Re-milling of Valve Seats:**
Recutting of valve seat rings in cylinder head by means of Hunger valve reseating cutter. Seat bearing width appr. .08" for intake and appr. .10" for exhaust valve measured under 45° inclination. Facet 15° (upper edge).

Regrind face of valve on valve face grinding machine under 45° inclination, permissible regrinding up to .0393" (exhaust), and .0275" (intake), valve edge width. Regrinded valve heads and valve seats cut with Hunger valve reseating cutter do not need any further grinding with fine grinding compound after assembling. It is however advisable to test tightness by filling gasoline into the valve chamber. **Fig. 49**

Combrobaciones siguientes: Grietas posibles en la culata y superficies de contacto correctas, ajuste forzado de las guías de las válvulas y de los asientos embutidos, desgaste del vástago de la válvula, superficies de frotamiento de los balancines y posibles grietas, así como la longitud o sea la presión de los resortes de las válvulas (véase medidas y tolerancias 23 y 25).

Fig. 45

¡Atención! En el armado de los resortes de las válvulas colocar éstos de manera que la distancia menor entre vueltas quede viendo hacia la culata.

3. **Renovar las guías de las válvulas:**
   Avellanar las guías viejas en la parte superior hasta los anillos de seguridad, después quitar éstos últimos. Calentar la culata a 180–200° C y extraer bajo presión las guías hacia adentro con mandril 5127.

Fig. 46

Montar a presión las nuevas guías, provistas de sus anillos de seguridad, en la culata calentada (ajuste a presión de las guías de 0,03–0,05 mm, eventualmente utilizar guías con 0,1 mm de sobremedida y rebajarlas). Escariar (rimar) las guías en frío mediante el correspondiente escariador 7K7.

Fig. 47

4. **Renovar los asientos de las válvulas:**
   Si después de repetidas rectificaciones de los asientos de las válvulas éstos tuvieran que reemplazarse, es aconsejable de no tener el equipo adecuado y la debida experiencia, poner culatas nuevas. En caso de llevarlo mandrilar el anillo del asiento de la válvula con un mandril para asientos de válvulas Hunger, sin dañar el correspondiente perfil en la culata. Calentar seguidamente la culata a unos 250° C y encajar un anillo nuevo. Ver el capítulo dedicado a medidas y tolerancias.

Fig. 48

Schema zur Ventilsitzbearbeitung

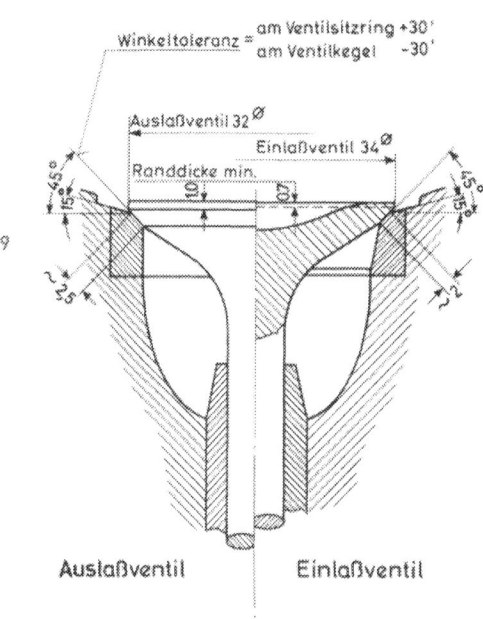

5. **Esmerilar los asientos de las válvulas:**
   Tornear los asientos de las válvulas en la culata con el aparato «Hunger». Ancho del asiento para la válvula de admisión cerca de 2 mm y para la válvula de escape cerca de 2,5 mm inclinados a 45°. Extremo superior biselado a 15°.

Rectificar el asiento de la válvula a 45° con un aparato rectificador. Esmerilar hasta un ancho admisible de 1 mm (escape), y 0,7 mm (admisión), en el platillo de la válvula. Al repasar las válvulas con el aparato «Hunger» y con la esmeriladora de válvulas se evita el tratamiento con la pasta esmeril, pero se recomienda para mayor seguridad comprobar el cierre hermético de las válvulas vertiendo gasolina en los conductos de escape y admisión.

Fig. 49

M 2 = Zylinder und Kolben aus- und einbauen, nachmessen und instandsetzen

Wenn nicht vor Demontage geschehen, dann vor Abbau des Zylinders oder der Zündlichtmaschine zweckmäßig die Zündzeitpunkteinstellung nachprüfen, um etwa vorher bestandene Mängel zu erkennen und sie bei der weiteren Prüfung zu berücksichtigen.

Hierzu mit unverändertem Unterbrecher-Kontaktabstand Zündzeitpunkt (wie unter M 10 beschrieben) prüfen.

1. Zylinder und Kolben aus- und einbauen

Vier Befestigungsmuttern SW 14 lösen, Zylinder mit oberer und unterer Dichtung abziehen und Pleuelschutzholz 5035 sobald als möglich zwischen Motorgehäuse und Kolben schieben.

Bild 50

Aus Kolben Bolzensicherungsring mit Zange herausnehmen.

Bild 51

Kolbenbolzen mit handelsüblicher Ausdrückvorrichtung herausdrücken.

Bild 52

Gegebenenfalls Kolben auf ca. 80 bis 100° C erwärmen und Bolzen mit Treibdorn 5129 von Hand aus dem Kolben drücken.

Bild 53

Achtung! Kolben zum Einbau auf etwa 80—100° C erwärmen und auf Kolbenbodenmarkierung „vorn" achten. Pfeil zeigt in Fahrtrichtung. Nach Einsetzen der Kolbenbolzensicherungen prüfen, ob die Enden nicht angebrochen sind, sonst Zerstörung des Kolbens. Zum Aufsetzen des Zylinders, Kolben und Kolbenringe einölen, die Stöße der Kolbenringe gleichmäßig am Umfang versetzen und Kolben mittels Manschette 5003 in Zylinder einführen.

Bild 54

M 2 = Dépose et repose du cylindre et du piston, mesures et mise en état

Si le contrôle du réglage de l'allumage n'a pas été effectué avant le démontage, il est indiqué de l'effectuer avant la dépose du cylindre ou de la dynamo, pour connaître son défaut éventuel et en tenir compte dans les examens ultérieurs.

Pour celà, vérifier le calage de l'allumage en procédant comme sous M 10, sans modifier l'ouverture du rupteur.

1. Dépose et pose du cylindre et du piston

Dévisser les 4 écrous SW 14 de fixation, retirer le cylindre, ses joints supérieur et inférieur, et introduire la protection de bielle 5035 aussi tôt que possible entre carter et piston.

Fig. 50

Retirer avec une pince les bagues d'arrêt de l'axe de piston.

Fig. 51

Chasser l'axe hors du piston avec une presse appropriée.

Fig. 52

Cas échéant, chauffer le piston à 80—100° C environ et sortir l'axe à l'aide du chassoir 5129, à la main.

Fig. 53

Attention! Pour le montage, chauffer le piston à 80—100° C et veiller à la position de repère „vorn" sur le sommet du piston. La flèche est dirigée dans le sens de la marche. Après remontage des bagues d'arrêt de l'axe, vérifier que leurs extrémités ne sont pas cassées, ce qui endommagerait le piston.
Pour remonter le cylindre, graisser piston et segments, répartir également sur la circonférence les coupes des segments et introduire le piston, à l'aide du manchon 5003, dans le cylindre.

Fig. 54

M 2 = Dismantling and Reassembling Cylinder and piston, control and overhaul

It is recommendable to control the ignition timing before removing cylinder or dynamo if the control has not been executed already at the beginning.

This way existing deficiencies may be perceived and considered on further tests.

Check ignition timing adjustment (as described under M 10) without altering breaker gap.

1. Dismantling and Reassembling Cylinder and Piston

Slacken fastening nuts SW 14, remove cylinder with upper and lower gasket and install wooden device 5035 as soon as possible between engine housing and piston.

Fig. 50

Take off piston pin circlip with pointed pliers.

Fig. 51

Press out piston pin with normal piston pin remover device.

Fig. 52

If necessary heat piston to approx. 176—212° F. and press out piston pin with drift punch 5129, by hand.

Fig. 53

Caution! To install the piston, heat it to approx. from 175 to 210° F. and make sure the piston top mark „vorn" is ahead. The arrow points into the driving direction. Upon placing circlips check that the ends do not begin to break, otherwise breakdown of piston will be possible. When placing the cylinder head oil piston and rings, place piston ring gaps regularly around the piston and enter piston in cylinder by means of piston ring collar 5003.

Fig. 54

M 2 = Desmontar y montar el cilindro y el pistón medirlos y repararlos

En caso de no haber comprobado el encendido durante el desmontaje de la culata, hacerlo antes de quitar el cilindro o la dínamo (generador), para poder reconocer de esta manera posibles fallas existentes y tenerlas en consideración para las demás comprobaciones.

Para eso comprobar el encendido sin alterar la posición de los platinos (como está descrito bajo M 10).

50

1. **Desmontar y montar el cilindro y el pistón.**

   Aflojar las cuatro tuercas sujetadoras de 14 mm, sacar el cilindro con sus juntas superior e inferior e introducir la tabla de protección para la biela 5035 tan pronto como posible entre la caja del motor y el pistón.
   Fig. 50

51

Con ayuda de la pinza sacár el anillo de seguridad del perno del pistón.
Fig. 51

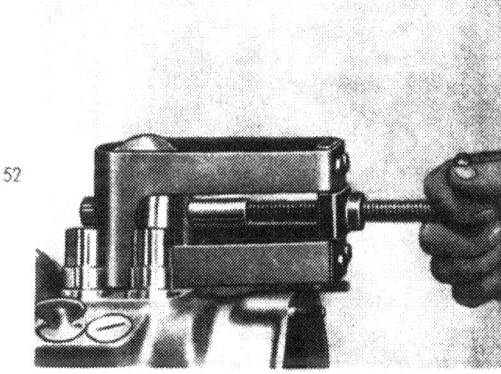

52

Sacar el perno del pistón utilizando un extractor de tipo comercial.
Fig. 52

De no poderse llevar a cabo con el extractor, calentar el pistón a cerca de 80 a 100° C. y sacar el perno con el punzón 5129 y con presión de la mano.
Fig. 53

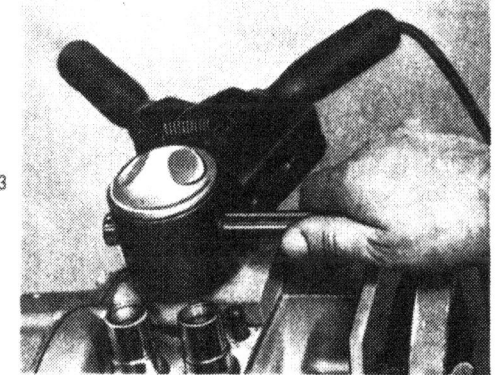

53

¡Atención! Para efectuar el montaje, se calienta el émbolo a unos 80—100° C, poniendo atención en la marca „vorn" (adelante) grabada en la base del émbolo. La flecha indica la dirección de marcha. Después de haber colocado los seguros de perno, cerciorarse de que los extremos se encuentren sin roturas ya que de otra manera éstas destruirían el pistón.

Para montar el cilindro, lubricar primeramente el pistón y sus anillos y (colocar las aberturas de éstos últimos a distancias iguales) apretar los anillos con la abrazadera 5003 e introducir el pistón en el cilindro.
Fig. 54

54

2. Prüfungen und Instandsetzen

Zylinderbohrung 10 mm von oben, in der Mitte und unten in Kolbenbolzenrichtung und 90° dazu quer mittels Zylindermeßuhr bei 20° C ausmessen.

Bild 55

Kolbendurchmesser am Kolbenhemd unten quer zur Kolbenbolzenrichtung messen.

Bild 56

Das unten gemessene Fertigungsmaß für die Zylinderbohrung ist bei +Toleranzen z. B. 03 und bei −Toleranzen z. B. −03 in hundertstel mm eingeschlagen. Das Kolbennennmaß ist auf dem Kolbenboden z. B. 67, 97 eingeschlagen. Das Einbauspiel zwischen Zylinder und Kolben soll neu an der engsten Stelle bei R 27 0,04 bzw. 0,05 mm, bei R 26 0,06 bzw. 0,07 mm betragen. Höchstzulässiger Verschleiß über Einbauspiel 0,12 mm.

Kolbenringstoß- und Flankenspiel sowie Kolbenbolzenpassungen siehe Maße und Passungen Seite 18.

Bild 57 und 58

Die Zylinder können in zwei Stufen nachgeschliffen werden auf 68,50 mm und 69,00 mm. Nachschleifmaße in Zylinderfuß an Stelle der alten Fertigungsabmaße einschlagen.

Der Flanschring der Stoßstangen-Schutzrohre soll bei aufgeschraubtem Zylinder die Gummi-Abdichtringe um etwa 1 mm zusammendrücken. Gegebenenfalls können die Schutzrohre mittels Nachsatzdornes Matra 530a tiefer eingeschlagen werden.

Bild 59

2. Contrôles et mise en état.

Mesurer l'alésage à 10 mm du haut de cylindre, au milieu de la hauteur et en bas du cylindre, dans le plan de l'axe de piston. Répéter ces 3 mesures dans un plan perpendiculaire à l'axe de piston. Utiliser le micromètre pour cylindres. Procéder à une température du cylindre de 20° C environ.

Fig. 55

Mesurer le diamètre du piston au bas de la jupe, dans le plan perpendiculaire à l'axe de piston.

Fig. 56

L'alésage mesuré après fabrication du cylindre est gravé sur la base selon tolérance + (p. ex. 03) ou tolérance − (p. ex. −03) en centièmes de mm. Le diamètre du piston est gravé sur son sommet, en mm (p. ex. 67, 97). Le jeu de montage entre cylindre et piston neufs doit être, à l'endroit où il est le plus petit 0,04 ou 0,05 mm sur la R 27, et 0,06 ou 0,07 mm sur la R 26. Usure max. admissible, en plus du jeu de montage: 0,12 mm.

Pour le jeu des segments, aux flancs et à la coupe, ainsi que pour les tolérances de l'axe de piston, voir cotes et tolérances, page 18.

Fig. 57 et 58

Les cylindres peuvent être réalésés deux fois, à 68,5 mm, puis à 69,00 mm. Graver les cotes de réalésage au pied de cylindre, à la place des indications primitives.

Le collet des tubes de protection des tiges de poussoir doit, lorsque le cylindre est serré sur le carter, comprimer les bagues caoutchouc d'environ 1 mm. Au besoin on peut chasser plus profondément dans le cylindre les tubes de protection au moyen du chassoir Matra 530a.

Fig. 59

2. Controls and repair

Measure cylinder bore 0.4" below top, in the middle of travel and bottom in piston pin direction and further in traverse direction. The measurements must be executed with the dial gauge. The measure temperature is 68° F.

Fig. 55

Measure piston on lower piston skirt end traverse to piston pin.

Fig. 56

The lower manufacture dimension for the cylinder bore is marked in the case of + tolerances for instance 03 (.0012") in the case of − tolerances −03 (.0012") in 1/100 mm. The piston diameter is marked on the piston head for instance 67.97 mm. (2.692"). The piston assembly clearance between cylinder and piston should amount to .0016" or .0020" on the R 27, and .0024" or .0027" on the R 26 model at the narrowest place when new. Permissible maximum wear over assembly tolerance .0048".

Piston ring gap and side play and piston pin fit see "Fits and Clearances" page 19.

Fig. 57 and 58

The rebore of cylinders may be done in 2 graduations i. e. 68.50 mm = 2.697" and 69.00 mm. = 2.716". Mark new bore diameter instead of old manufacture diameter on cylinder foot.

The flange ring of the pushrod protecting tubes should, with screwed-on cylinder, compress the rubber sealing rings (grommets) for about 1 mm. (.04"). If necessary, reset the protective tubes accordingly by means of the adapter arbour Matra 530a.

Fig. 59

2. Comprobaciones y reparaciones.

Medir el diámetro del cilindro con el reloj de medición y a una temperatura de 20° C. en el órden siguiente: A 10 mm del borde superior, en la mitad y en la parte inferior. Efectuar esta operación primeramente en dirección del perno y luego a 90°.

Fig. 55

Medir el diámetro del pistón en la parte inferior y transversalmente a la dirección del perno.

Fig. 56

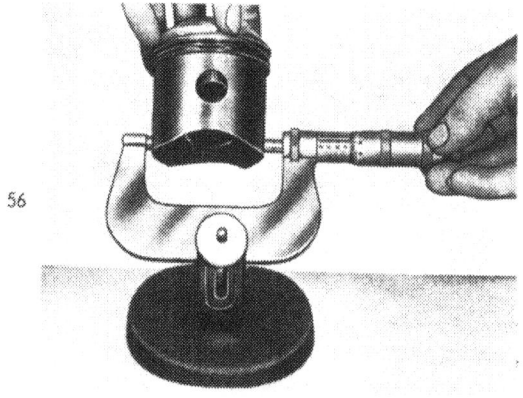

La medida de acabado de fabricación realizada en la parte inferior del cilindro se encuentra estampada en la base del mismo en centésimos de milímetro, como por ejemplo 03 para tolerancias positivas y —03 para tolerancias negativas. La medida del pistón se encuentra estampada en la cabeza del mismo, por ejemplo 67, 97. El juego entre el cilindro y el pistón para piezas nuevas debe ser de 0,04 ó 0,05 mm en el modelo R 27, y de 0,06 ó 0,07 mm en el modelo R 26, medido en el diámetro menor de éste último. Desgaste máximo admisible 0,12 mm sobre el juego inicial.

Para las aberturas de los anillos y sus holguras laterales así como los ajustes del perno del pistón véase «Medidas y Ajustes» en la página 19.

Fig. 57 y 58

Rectificar los cilindros posteriormente a las siguientes sobremedidas, 68,50 y 69,00 mm. Estampar la sobremedida en turno en la base del cilindro en lugar de la medida de acabado de fabricación.

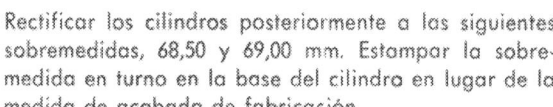

Si el cilindro está atornillado, el anillo de brida de los tubos protectores para las barras parachoques deberá comprimir los anillos de junta de goma en 1 mm aprox. De ser preciso, los tubos protectores pueden ser rebajados con ayuda del correspondiente punzón Matra 530a.

Fig. 59

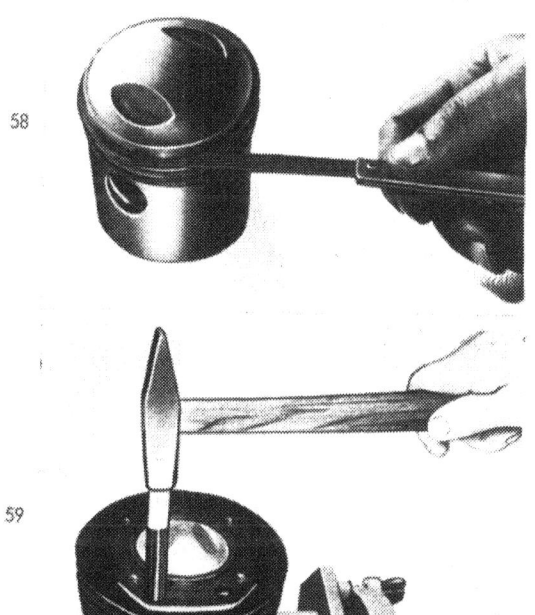

M 3 = Lichtmaschine sowie Fliehkraftregler ab- und anbauen
(Motor R 27 ausgebaut)

Lichtmaschine ab- und anbauen

1. Drei Linsensenkschrauben der Alu-Schutzkappe abschrauben und Kappe mit Dichtung abnehmen. Das schwarze, zum Unterbrecher führende Kabel abklemmen (3. Klemme von oben). **Bild 60**

2. Kohlefedern mittels Reißnadel von den Schleifkohlen abheben und diese soweit aus ihren Führungen ziehen, bis die dabei seitlich an den Schleifkohlen einzurastenden Federn die Kohlen in herausgezogener Stellung festhalten. **Bild 61**

3. Am Lichtmaschinengehäuse drei Zylinder-Schlitzschrauben mit Federringen herausdrehen **Bild 62**

und Gehäuse vorsichtig abziehen.

4. Ankerbefestigungsschraube SW 11 entfernen und mittels Abdruckschraube 5030 (Kurz) Lichtanker von seinem kegeligen Sitz auf der Kurbelwelle abdrücken (siehe Bild 68 R 26).
Anker zum Schutz mit weicher Papierzwischenlage im Lichtmaschinengehäuse ablegen.

Achtung! Beim Wiederanbau Anker auf sauberen, fettfreien Kegel setzen. Ankerbefestigungsschraube mit 2 mkg festziehen. **Bild 63**

Nach Anbau des Lichtmaschinengehäuses Unterbrecherkabel anklemmen und Schleifkohlen auf Kollektor setzen.

Fliehkraftregler ab- und anbauen

1. Schutzdeckel mit Dichtung abnehmen (2 Linsensenkschrauben).

2. Mittels Ring- oder Steckschlüssel Befestigungsmutter SW 10 mit Scheibe abschrauben und Fliehkraftregler von der Steuerwelle abziehen.

Achtung! Beim Wiederanbau die beweglichen Teile und besonders die Nabe mit Bosch-Fett Ft 1 v 8 einfetten und Fliehkraftregler richtig mit der Abflachung in der Bohrung auf die Steuerwelle setzen. **Bild 64**

Nach dem Festziehen die Leichtgängigkeit der Fliehgewichte prüfen. Schmierfilz mit Bosch-Fett Ft v 4 schmieren.

Unterbrecherabstand und Zündzeitpunkt überprüfen (siehe M 10).

M 3 = Dépose et pose de la dynamo et du régulateur d'avance
(Moteur R 27 déposé)

Dépose et pose de la dynamo

1. Dévisser les 3 vis du couvercle aluminium, enlever le couvercle et son joint. Déconnecter le câble noir allant au rupteur (3e. borne depuis le haut). **Fig. 60**

2. Au moyen d'une pointe, soulever les ressorts des charbons puis retirer les charbons assez loin dans leur guide pour que les ressorts, appuyés latéralement, les maintiennent dans une position soulevée. **Fig. 61**

3. Retirer du stator de dynamo 3 vis cylindriques fendues avec rondelles à ressort **Fig. 62**

et enlever prudemment le stator.

4. Enlever la vis de fixation du rotor OC 11 et au moyen de la vis d'extraction 5030 (courte), dégager le rotor de son siège conique sur le vilebrequin (voir Fig. 68 R 26).
Envelopper le rotor d'un papier de protection et le remettre dans le stator.

Attention! Au remontage du rotor, veiller que les sièges coniques soient parfaitement propres et exempts de graisse.
Bloquer la vis de fixation du rotor à 2 mKg. **Fig. 63**

Après remontage du stator, reconnecter le câble du rupteur et replacer les charbons en contact avec le collecteur.

Dépose et pose du régulateur d'avance

1. Enlever le couvercle de protection avec joint (2 vis).

2. Au moyen d'une clef fermée ou à tube, dévisser la vis de fixation OC 10, l'enlever avec sa rondelle et retirer le régulateur de l'arbre à cames.

Attention! Au remontage, enduire légèrement les pièces mobiles et spécialement le moyen de graisse Bosch Ft 1 v 8 et replacer correctement le régulateur avec le dégagement de l'alésage bien en place sur l'arbre à cames. **Fig. 64**

Après serrage, contrôler le libre fonctionnement des masselottes. Enduire le feutre de graisse Bosch Ft v 4.

Contrôler l'ouverture du rupteur et le point d'allumage (voir M 10).

M 3 = Removal and Installation of Generator and Centrifugal Advance Unit
(Engine R 27 removed)

Removing and installing generator

1. Unscrew the three fillister head screws securing the aluminium protective cap, and remove cap with gasket. Disconnect the black cable to contact breaker. (Third terminal from above.) **Fig. 60**

2. Lift brush springs with a scriber off the generator brushes and pull these so far out of their guides, that the springs by exerting lateral pressure on the brushes maintain them in the raised position. **Fig. 61**

3. On generator housing, remove three slotted-head cylindrical screws with their lock washers, **Fig. 62**

and carefully pull off the housing.

4. Remove armature retaining screw SW 11 and using puller screw 5030 (short) press the generator armature off its tapered seat upon the crankshaft journal (see figure 68 R 26).
To protect the armature, place it with a supple paper wrapping into the generator housing (frame).

Caution! When reinstalling the armature, make sure the tapered crankshaft end is in cleaned, grease-free condition.
Torque armature retaining screw to 14.5 ft-lbs. **Fig. 63**

Having installed the generator housing (frame) connect the breaker cable and install the generator brushes upon the commutator.

Removing and installing centrifugal advance unit

1. Remove protective cover with gasket (2 fillister-head screws).

2. With a ring or socket wrench, unscrew the retaining nut SW 10 with washer and pull the centrifugal advance unit off the camshaft.

Caution! When reinstalling, grease the moving parts and particularly the hub with BOSCH grease Ft 1 v 8 and fit the centrifugal advance unit properly with the flattened portion of the bore on to the camshaft. **Fig. 64**

After retightening check the centrifugal weights for freeness of operation. Grease the lubricating felt with BOSCH grease Ft v 4.

Checking breaker gap and firing point (see M 10).

M 3 = Desmontar y montar la dínamo de alumbrado y el regulador centrífugo
(con el motor R 27 desmontado)

Desmontar y montar la dínamo de alumbrado

1. Desatornillar los tres tornillos lenticulares de la caperuza protectora de aluminio y extraer la caperuza con su junta Soltar el cable negro que se dirige al ruptor (tercer borne desde arriba). **Fig. 60**

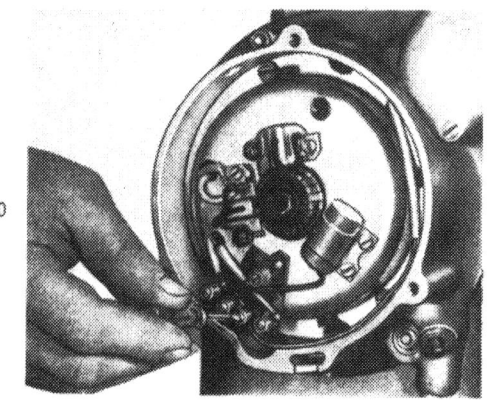

2. Alzar mediante una aguja trazadora los resortes de las escobillas de carbón. Extraer las escobillas de sus guías, hasta que los resortes queden enclavados a los lados de las escobillas, manteniéndolas extraídas. **Fig. 61**

3. Sacar de la carcasa de la dínamo tres tornillos de cabeza cilíndrica ranurada con sus arandelas elásticas **Fig. 62**
y retirar la carcasa con precaución.

4. Desatornillar el tornillo de sujeción SW 11 del rotor. Extraer con el tornillo de expulsión 5030 (corto) el rotor, montado sobre su asiento cónico del cigüeñal (véase fig. 68 R 26).
Envolver el rotor en un papel fino y depositarlo en la carcasa de la dínamo, para que quede a buen resguardo.

> **¡Atención!** Antes de volver a montar el rotor, es preciso limpiar y engrasar su asiento cónico.
> El tornillo de sujeción del rotor debe ser tensado a 2 mkg. **Fig. 63**

Después de haber vuelto a montar la carcasa de la dínamo, se conecta el cable del ruptor al borne respectivo y se colocan las escobillas de carbón sobre el colector.

Desmontar y montar el regulador centrífugo

1. Retirar la tapa protectora con su junta (2 tornillos lenticulares).

2. Desatornillar la tuerca de sujeción SW 10 con su disco mediante una llave anular o de vaso. Extraer el regulador centrífugo del árbol de levas.

> **¡Atención!** Antes de volver a montar las piezas móviles, es preciso engrasarlas con grasa Bosch Ft 1 v 8, sobre todo el buje. El regulador centrífugo ha de ser colocado correctamente sobre el árbol de levas, de modo que su aplanamiento quede dispuesto en la perforación. **Fig. 64**

Después de haber tensado los tornillos, es preciso comprobar que los pesos centrífugos puedan moverse con facilidad. Untar de grasa Bosch Ft v 4 el fieltro de engrase.
Verificar la distancia entre los contactos del ruptor y el momento de encendido (véase M 10).

Zündlichtmaschine ab- und anbauen
(Motor R 26 ausgebaut)

1. 2 Linsenkopfschrauben der Schutzkappe abschrauben und Kappe abnehmen. Befestigungsschraube SW 11 für Fliehkraftregler und Anker herausdrehen, Fliehkraftregler abnehmen.

Achtung! Beim Aufsetzen des Fliehkraftreglers Nase in Fliehkraftreglerbohrung mit Nute im Ankerzapfen in Eingriff bringen und Befestigungsschraube mit 2 mkg anziehen.

Bild 65

Leichtgängigkeit der Fliehgewichtverstellung prüfen. Schmierfilz und Nabe von Fliehkraftregler mit Boschfett Ft 1 V 4 bzw. Ft 1 V 8 einfetten.

2. Schleifkohlen herausziehen bis Kohlefedern die Kohlen seitlich verklemmen.

Bild 66

3. Drei Befestigungs-Zylinderschrauben im Gehäuse mittels Schraubenzieher herausdrehen und Dynamogehäuse vorsichtig abziehen.

Bild 67

4. Anker mittels Abdruckschraube 5030 (Lang) von seinem konischen Sitz auf der Kurbelwelle abdrücken.

Bild 68

Anker zum Schutz mit weicher Papierzwischenlage in Dynamogehäuse ablegen. Scheibenfeder aus Kurbelwellenzapfen nehmen.

Achtung! Nach Wiedereinbau Unterbrecherabstand 0,4 mm und Zündzeitpunkt einstellen.
(Siehe M 10 — Zündung einstellen.)

Bild 69

Dépose et pose de la dynamo
(Moteur R 26 déposé)

1. Dévisser les 2 vis tête noyée du couvercle et retirer ce dernier. Dévisser la vis SW 11, de fixation du régulateur et de l'induit, retirer le régulateur d'avance automatique.

Attention! Au montage, veiller à ce que l'ergot du régulateur d'avance s'engage bien dans son logement prévu sur l'axe de l'induit et serrer la vis de fixation à 2 mkg.

Fig. 65

Contrôler que les masselottes jouent librement. Enduire de graisse Bosch Ft 1 V 4 ou Ft 1 V 8 le moyeu du régulateur et le feutre de graissage.

2. Dégager les charbons et les assurer latéralement.

Fig. 66

3. Dévisser les 3 vis tête cylindrique de fixation au carter et retirer prudemment le stator complet.

Fig. 67

4. En utilisant la vis-extracteur 5030 (longue), dégager l'induit de son siège conique au tourillon du vilebrequin.

Fig. 68

Placer l'induit dans le stator en le protégeant de papier souple. Retirer la clavette de l'axe.

Attention! Après remontage, il faut régler l'ouverture du rupteur à 0,4 mm et régler le point d'allumage.
(Voir M 10 — Calage de l'allumage.)

Fig. 69

Removing and Reinstalling Dynamo (Engine R 26 removed)

1. Unscrew 2 fillister head screws of protection cover and remove cover. Screw off fastening screws SW 11 of centrifugal ignition governor and armature, remove governor.

Caution! When reinstalling the centrifugal ignition governor engage nose of governor bore in armature pin groove. Tighten fastening bolt with 14 ft. lbs.

Fig. 65

Control easy running of automatic timer. Grease lubricating felt and governor boss with "Bosch" Grease Ft 1 V 4 or Ft 1 V 8.

2. Draw out carbon brushes until springs hold carbon brushes laterally.

Fig. 66

3. Screw off 3 cylindrical screws in housing with screw driver and draw off cautiously dynamo housing.

Fig. 67

4. Using puller screw 5030 (long), pull armature off its tapered seat on crankshaft end.

Fig. 68

Lay down armature in dynamo housing lined with soft paper for protection. Take out Woodruff key of crankshaft stub.

Caution! After reinstallation adjust contact breaker gap to .016", and adjust ignition timing.
(See M 10 — Adjusting Ignition Timing.)

Fig. 69

Desmontar y montar la dínamo (generador)
(motor R 26 desmontado)

1. Quitar dos tornillos lenticulares para retirar la tapa protectora. Aflojar el tornillo de sujeción de 11 mm del regulador centrífugo y del inducido y quitar dicho regulador.

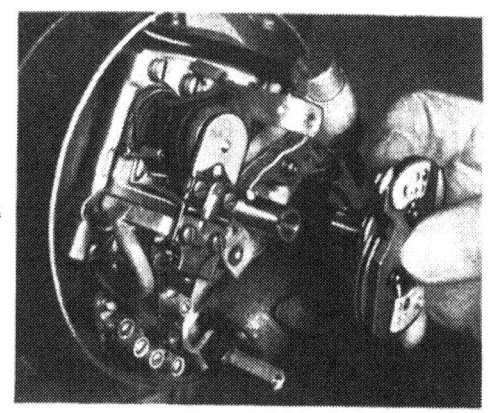

65

¡Atención! Al montar el regulador centrífugo deberá cuidarse de que el saliente de éste último encaje en la correspondiente ranura del inducido y apretar el tornillo de sujeción a 2 kgm.

Fig. 65

66

Comprobar los contrapesos centrífugos con respecto al suave funcionamiento. Engrasar el fieltro lubricador y el buje del regulador centrífugo con grasa Bosch Ft 1 V 4 ó Ft 1 V 8.

2. Retirar los carbones (escobillas) hasta tal punto que las muelles los aprieten lateralmente contra sus guías.

Fig. 66

67

3. Quitar tres tornillos de sujeción situados en la caja con un desatornillador y retirar la cubierta del generador cuidadosamente.

Fig. 67

4. Extraer el inducido mediante el tornillo extractor 5030 (largo), de su asiento cónico en el extremo del cigüeñal.

Fig. 68

68

Como medida de protección envolver el inducido en papel blando y colocarlo en la cubierta del generador. Sacar la cuña semicircular del muñón del cigüeñal.

¡Atención! Despues del montaje, ajustar la distancia de los platinos a 0,4 mm y también la chispa (punto del encendido). (Véase M 10 = Ajuste del encendido.)

Fig. 69

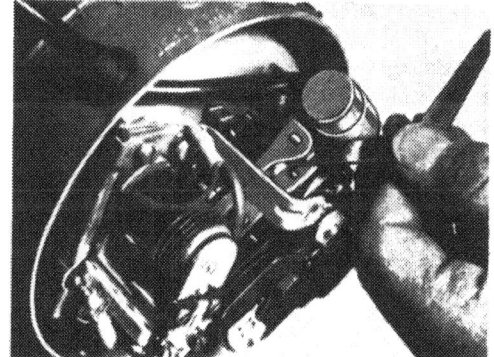

69

M 4 = Steuerwelle mit Antrieb aus- und einbauen

(Motor R 27, Lichtmaschine und Fliehkraftregler sind ausgebaut)

1. Verschlußschraube für Ölpumpenantrieb mit Winkelschraubenzieher 5022 herausschrauben **Bild 70**

   und Antriebswelle mit Schraubenrad herausziehen.
   Ventilstößel mittels einem Drahtstück aus Führungen herausheben.
   Stößelführungen, falls erforderlich, mittels Dowidat-Spannschlüssel Nr. 31—10 aus dem Motorgehäuse schrauben. **Bild 71**

2. Nach Entfernen der Befestigungsschrauben und Muttern SW 10 mit Scheiben den Kettenkastendeckel mittels Kunststoffhammer vorsichtig abklopfen.
   Die Abdichtringe im Kettenkastendeckel können bei Teildemontagen auch ohne Abbau des Deckels ausgewechselt werden.
   Den neuen Abdichtring für Kurbelwellenzapfen mit passendem Rohrstück nicht zu tief einsetzen, damit die Ölrücklauftasche nicht verdeckt ist.
   Zum Auswechseln des Abdichtringes an der Steuerwelle 2 Zylinder-Schlitzschrauben entfernen, Unterbrecher-Grundplatte und Halterung für Abdichtring nebst Dichtung aus dem Kettenkastendeckel nehmen. **Bild 72**

   Neuen Simmerring mit passendem Dorn in den Haltering einklopfen.

   Achtung! Beim Wiedereinbau des Steuerwellen-Abdichtringes oder Anbau des Kettenkastendeckels Montagehülse 5144 verwenden. **Bild 73**

3. Falls erforderlich, an der Nockenwelle Außensegerring entfernen und konische Druckfeder sowie Drehschieber für Entlüftung abnehmen.

4. Kurbelwelle drehen bis Kettensteckglied an größter Gehäusevertiefung unterhalb Steuerwellenrad steht, dann Sicherung und Verbindungsglied abnehmen (wie Bild 82 R 26).

   Achtung! Zum Auflegen der Steuerkette Motor auf o. T. stellen (Strichmarke am Motorgehäusefenster und Schwungscheibenmarkierung o. T. stimmen überein). Nockenwellen-Kettenrad so drehen, daß die aufsignierte Markierung (Zahnlücke) genau in Mitte Kurbelwellenzapfen zeigt. **Bild 74**

M 4 = Dépose et pose de l'arbre à cames et son entraînement

(Moteur R 27, dynamo et régulateur d'avance déposés)

1. Dévisser le bouchon de l'entraînement de pompe à huile au moyen du tournevis coudé 5022, **Fig. 70**

   et retirer l'arbre d'entraînement et son pignon.
   Retirer les poussoirs de soupapes de leur guide, à l'aide d'un fil de fer.
   Dévisser les guides de poussoirs, au besoin, au moyen de la clef Dowidat No. 31—10. **Fig. 71**

2. Après avoir enlevé les vis de fixation et écrous OC 10, avec rondelles, frapper prudemment au maillet pour dégager le couvercle de distribution.
   Les bagues d'étanchéité du couvercle de distribution peuvent, lors d'un démontage partiel, être remplacées sans démontage du couvercle.
   Chasser la nouvelle bague d'étanchéité pour le bout de vilebrequin, au moyen d'un tube approprié, pas trop profondément, pour ne pas obstruer le retour d'huile.
   Pour remplacer la bague d'étanchéité de l'arbre à cames, enlever 2 vis tête cylindrique, retirer du couvercle de distribution la plaque de base du rupteur et la bague portant la bague d'étanchéité, avec le joint. **Fig. 72**

   Chasser la nouvelle bague d'étanchéité dans la bague support, avec un chassoir approprié.

   Attention! Au remontage de la bague d'étanchéité de l'arbre à cames ou au montage du couvercle de distribution, utiliser la douille de montage 5144. **Fig. 73**

3. Si c'est nécessaire, retirer la bague d'arrêt extérieure de l'arbre à cames et enlever le ressort conique et le disque du décompresseur de carter.

4. Faire tourner le vilebrequin jusqu'à ce que le maillon de fermeture de la chaîne se trouve en face de la partie la plus profonde du carter, sous le pignon d'arbre à cames (comme Fig. 82 R 26).

   Attention! Pour replacer la chaîne, mettre le moteur au PMH (le repère o. T. sur le volant coïncidant avec le trait de repère sur le bord de l'ouverture du carter). Tourner le pignon d'arbre à cames de telle manière que le repère tracé sur la denture soit dirigé exactement contre le centre du bout de vilebrequin. **Fig. 74**

M 4 = Removing and Installing Camshaft with Sprocket and Chain

(Engine R 27, generator and centrifugal advance unit removed)

1. Unscrew plug for oil pump drive with angular screw driver 5022, **Fig. 70**

   and pull out drive spindle with worm gear.
   Lift valve tappets with a wire end out of their guides.
   If necessary, unscrew tappet guides with Dowidat wrench No. 31—10 out of the engine housing. **Fig. 71**

2. After removal of the securing screws and SW 10 nuts with washers, carefully tap off the chaincase cover by means of a plastic mallet.
   The oil seals contained in the chaincase cover may on partial disassemblies also be exchanged without removing the cover.
   Install the new oil seal for the crankshaft journal with an appropriate tube piece not too deeply, lest the oil return pocket be covered.
   To exchange the oil seal on the camshaft, unscrew the two cylindrical slotted-head screws, and remove breaker plate and holding ring for oil seal with gasket out of the chaincase cover. **Fig. 72**

   Install the new oil seal with a suitable arbour into the holding ring.

   Caution! When reinstalling the camshaft oil seal or refitting the chaincase cover, use installing sleeve 5144. **Fig. 73**

3. If necessary, remove outer circlip on camshaft, conical spring and valve plate for breather mechanism.

4. Turn crankshaft until the chain connecting link appears at the largest crankcase cavity below the camshaft sprocket, then remove lock and connecting link (see figure 82 R 26).

   Caution! To install the timing chain, set the engine into the T. D. C. position (reference line on engine housing window (inspection hole) in line with flywheel "o. T." (T. D. C.) mark). Turn the camshaft sprocket, so that the timing mark (at a gap between two teeth) points exactly toward the crankshaft journal center. **Fig. 74**

M 4 = Desmontar y montar el árbol de levas con su accionamiento (El motor R 27, la dínamo de alumbrado y el regulador centrífugo han sido desmontados con anterioridad).

1. Desatornillar con el destornillador angular 5022 el tornillo de cierre para el mecanismo de accionamiento de la bomba de aceite, **Fig. 70**

y extraer el árbol impulsor con la rueda helicoidal.
Sacar de sus guías los taqués de las válvulas mediante un trozo de alambre.
Sacar, si fuese preciso, las guías roscadas de los taqués, de la carcasa del motor mediante una llave tensora Dowidat no. 31–10.

Fig. 71

2. Después de haber extraído los tornillos de fijación y las tuercas SW 10 con sus arandelas, se retira la tapa de la caja de cadena, golpeándola ligeramente con un martillo de plástico.
En caso de demontaje parcial, los anillos de junta en la tapa de la caja de cadena también pueden ser sustituidos sin desmontar la tapa.
El anillo de junta nuevo para el vástago del cigüeñal se coloca con ayuda de un trozo de tubo adecuado, a una profundidad mediana, para que la cavidad de retroceso de aceite quede al descubierto.
Para reemplazar el anillo de junta en el árbol de levas, se retiran los dos tornillos ranurados cilíndricos y se sacan de la tapa de la caja de cadena la placa básica del ruptor, el anillo de sujeción para el anillo de junta y la junta correspondiente.

Fig. 72

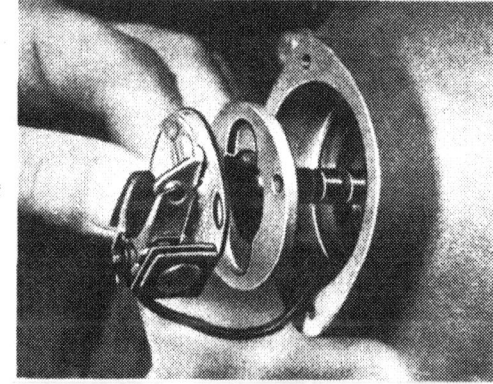

Con ayuda de un mandril se encaja el nuevo retén de aceite en el anillo de sujeción.

> **¡Atención!** Emplear el casquillo de montaje 5144 al volver a montar el anillo de junta del árbol de levas o la tapa de la caja de cadenas.

Fig. 73

3. En caso de que resulte preciso, quitar del árbol de levas el anillo de retención "Seger" exterior así como el resorte compresor cónico y la corredera gitaroria para la ventilación.

4. Hacer girar el eje cigüeñal, hasta que el eslabón de encaje quede a la altura de la mayor depresión de la carcasa, por debajo de la rueda del árbol de levas. Retirar seguidamente el elemento de seguridad y el eslabón de unión (según fig. 82 R 26).

> **¡Atención!** Para volver a colocar la cadena de mando, el motor deberá hallarse en su punto muerto superior (la marca en la abertura de observación de la carcasa del motor y la marca de p.m.s. (o.T.) en el disco volante coinciden). Hacer girar la rueda de cadena del árbol de levas de forma que la señal grabada (espacio entre dientes) coincida exactamente con la mitad del vástago del cigüeñal.

Fig. 74

Hierauf Kette oben auf Steuerwellenrad auflegen, nur dieses mit Kette um 360° drehen (Signierung zeigt wieder in Mitte Kurbelwellenzapfen) und nun Kette auch auf Antriebskettenrad legen.
Bild 75

Motor vorsichtig so drehen, daß die Kette in der günstigsten Stelle (Gehäusevertiefung) zusammengeführt werden kann. Dazu mit abgewinkelter Rundzange Kettenenden zusammenziehen, Kettensteckglied mit geeignetem Drahthaken von hinten einsetzen, sowie Sicherung mit geschlossener Seite in Kettenlaufrichtung aufstecken (siehe R 26 Bild 85).

Neuerdings ist der Motor R 27 mit einem Kettenspanner versehen, der im Reparaturfall auch nachträglich am Motor R 26 eingebaut werden kann.

Bei der Montage erst Kettenspanner beweglich mittels Paßscheibe und Halteschraube am Flansch des Lagerdeckels befestigen (alte Schraube entfällt). Dann Blattfeder auf Kettenspanner setzen und am Lagerdeckel festschrauben.
Bild 76

Eine Nachprüfung der Steuerwellen-Einstellung kann nach Aufbau des Zylinderkopfes vorgenommen werden. Nur zum Prüfen 2 mm Ventilspiel einstellen. Die Überschneidung liegt wegen den asymmetrischen Steuerzeiten etwa 10° v. O. T. (= etwa 3° vor Schwungradmarkierung „S").
Bild 77

5. Durch Bohrungen im Steuerwellenrad hindurch 2 Zylinder-Schlitzschrauben mit Federscheiben herausschrauben (wie R 26 Bild 86).
Nach Anwärmen des Motorgehäuses auf etwa 100° C kann die Steuerwelle samt Lagerung aus dem Gehäuse gezogen werden. Gegebenenfalls mit einem Schraubenzieher nachhelfen. Trennflächen nicht beschädigen!
Bild 78

6. Nockenwellen-Kettenrad nur bei erforderlichem Ersatz des Kettenrades oder Kugellagers abpressen,
Bild 79

dann Scheibenfeder entfernen, Sicherungsring aus der Lagerbüchse ausbauen und Kugellager samt Lagerbüchse von der Welle vorsichtig abpressen.

Placer alors la chaîne sur la partie supérieure du pignon d'arbre à cames, faire tourner ce dernier de 360°, avec la chaîne (le repère est de nouveau dirigé exactement contre le centre du bout de vilebrequin) et placer ensuite la chaîne sur le pignon de distribution.
Fig. 75

Tourner doucement le vilebrequin pour amener les extrémités de la chaîne en face de la partie la plus favorable du carter. Avec une pince coudée ronde, rapprocher ces extrémités, introduire depuis derrière le maillon de fermeture, à l'aide d'une pince appropriée, puis monter le ressort d'arrêt, sa partie fermée dans le sens de marche de la chaîne (voir Fig. 85 R 26).

Récemment, le moteur R 27 a été muni d'un tendeur de chaîne, qui peut aussi, à l'occasion d'une réparation, être monté sur le moteur R 26.

Au montage, monter le tendeur de chaîne mobile, au moyen d'une rondelle d'ajustage, la vis de fixation vissée au couvercle de palier à la place de l'ancienne vis de celui-ci. Placer le ressort à lame sur le tendeur, bloquer la vis au couvercle de palier.
Fig. 76

Un contrôle du calage de distribution peut être effectué après montage de la culasse. Pour le contrôle seulement, régler les culbuteurs avec 2 mm de jeu. Le point de chevauchement, en raison du calage asymétrique, se trouve environ 10° avant PMH (= env. 3° avant le repère «S» sur le volant).
Fig. 77

5. Par les trous dans le pignon d'arbre à cames, dévisser les 2 vis tête cylindrique et les enlever avec leur rondelle à ressort (comme R 26, Fig. 86).
Chauffer le carter à environ 100° C; on peut ensuite extraire l'arbre à cames avec ses roulements, hors du carter. Au besoin, s'aider d'un tournevis en veillant à ne pas endommager la surface jointive du carter.
Fig. 78

6. Ne déchasser à la presse le pignon de l'arbre à cames que si c'est nécessaire, pour remplacer le pignon ou les roulements,
Fig. 79

puis enlever la rondelle à ressort, retirer la bague d'arrêt de la douille de palier et déchasser prudemment l'arbre, à la presse, le roulement avec la douille de palier.

Thereupon install chain on top of camshaft sprocket, rotate only this with the chain for 360° (timing mark points again toward crankshaft journal center, and then position the chain also upon the drive sprocket.
Fig. 75

Rotate engine carefully, so that the chain ends may be joined in the most favourable spot (crankcase cavity). To do this, contract chain ends with cornered round nose pliers, insert chain connecting link with an appropriate wire hook from behind and install lock with the closed side pointing into the direction of rotation (see figure 85 R 26).

Recently, the R 27 engine is equipped with a chain adjuster which may in a repair case subsequently be installed on the R 26 engine.

When installing, first fasten the chain adjuster in a loose condition with shim and retaining screw onto the flange of the bearing cover (old screw superseded). Then position leaf spring on chain adjuster and tighten the whole to the bearing cover.
Fig. 76

The camshaft setting may be rechecked after installation of the cylinder head. Adjust valve clearances to 2 mm (..08") for the check only. Because of the asymmetric valve timing data the balancing takes place at about 10° before T. D. C. (= ∼ 3° before flywheel mark "S", initial of German word "Spätzündung" (retarded ignition).
Fig. 77

5. Inserting the screwdriver through the holes machined into the timing sprocket unscrew the two cylindrical slotted-head screws with lock washers (as on R 26 figure 86).
Heat the engine housing to approx. 180° F, whereupon the camshaft with bearings may be pulled out of the housing. Eventually assist with a screwdriver. Use caution to avoid damaging the mating surfaces!
Fig. 78

6. Do not press off the camshaft sprocket unless the sprocket itself or the ball bearing must be replaced;
Fig. 79

in this case remove woodruff key, withdraw snap ring from bearing bushing and carefully press ball bearing together with the bearing bushing off the shaft.

Colocar seguidamente la cadena en la parte superior de la rueda del árbol de levas. Dar una vuelta de 360° sólo a la rueda con la cadena (la señal vuelve a coincidir con la mitad del vástago del cigüeñal) y colocar ahora también la cadena sobre la rueda de accionamiento de la cadena.

Fig. 75

Hacer girar con precaución el motor, de forma que la cadena pueda ser unida en la posición más favorable (depresión de la carcasa). Atraer seguidamente con unos alicates curvados de pico plano los extremos de la cadena, colocar con un gancho de alambre apropiado el eslabón de encaje desde atrás y fijar el elemento de seguridad con el lado cerrado en la dirección de marcha de la cadena (véase fig. 85 R 26).

Desde hace cierto tiempo, el motor R 27 se suministra con un tensacadenas, que en caso de reparaciones también puede ser instalado posteriormente en el motor R 26.

Para efectuar el montaje se coloca primeramente el tensacadenas de forma móvil junto a la brida de la tapa del soporte, utilizando un disco de ajuste y un tornillo de sujeción (el tornillo antiguo se suprime). Después se coloca el muelle sobre el tensacadenas y se atornilla a la tapa del soporte.

Fig. 76

Después de haber montado la culata del cilindro, puede efectuarse una verificación ulterior del ajuste del árbol de levas. El juego de válvulas se ajusta, sólo para los fines de esta verificación, a 2 mm. Debido a los periodos de mando asimétricos, el cruzamiento tiene lugar a unos 10° a. p. m. s. (= ∼3° antes de la marca "S" en la rueda volante).

Fig. 77

5. Extraer a través de los orificios en la rueda del árbol de levas los dos tornillos cilíndricos ranurados con sus arandelas elásticas (véase fig. 86 R 26).
Después de haber calentado a unos 100° C la carcasa del motor, puede extraerse de élla el árbol de levas junto a sus soportes. De ser necesario, puede facilitarse la extracción mediante un destornillador. ¡No dañar las superficies de separación!

Fig. 78

6. La rueda de cadena del árbol de levas sólo deberá sacarse a presión en caso de que resulte preciso sustituir la rueda o el cojinete de bolas.

Fig. 79

Para ello se retira la chaveta de disco, se extrae el anillo de seguridad alojado en el casquillo de soporte y se saca con cuidado, a presión, el cojinete de bolas y el casquillo de soporte.

Achtung! Zahnrad zum Aufpressen auf ca. 150–180° C erwärmen. Nockenwelle mit Lagerung in ca. 100° C warmes Motorgehäuse einbauen, anschließend vorderen Wellenzapfen auf Schlag prüfen (max. 1/10 mm).

7. Vorderes Kugellager von Kurbelwelle mit Abziehvorrichtung Matra 299a zunächst etwa 8 mm mit Abdeckscheibe, dann ohne Abdeckscheibe abziehen (siehe R 26 Bild 88). Abdeckscheibe entfernen. Kettenrad mittels Abziehvorrichtung Matra 299a abziehen. Scheibenfeder aus Kurbelwelle herausnehmen (siehe R 26 Bild 89).

Achtung! Beim Wiedereinbau das auf 150° C erwärmte Kettenrad auf ausgebaute Kurbelwelle aufbringen (s. M 8).

Steuerwelle mit Antrieb aus- und einbauen (Motor R 26, Zündlichtmaschine ist ausgebaut)

1. Verschlußschraube für Ölpumpenantrieb mit Winkelschraubenzieher 5022 ausdrehen und Antriebswelle mit Schraubenrad herausziehen. **Bild 80**

   Ventilstößel mittels einem Drahtstück aus Führungen herausheben. **Bild 81**

2. Nach Entfernen der Befestigungsschrauben und Muttern SW 10 samt Unterlegscheiben mit Belzerithammer den Kettenkastendeckel abklopfen.

3. Bundschraube SW 17 am Entlüfter aus Steuerwelle drehen und mit Feder und Entlüfter abnehmen.

4. Kurbelwelle drehen bis Kettenverbindungsglied an größter Gehäusevertiefung unterhalb Steuerwellenrad steht, dann Sicherung und Verbindungsglied abnehmen. **Bild 82**

Achtung! Steuerkette erst auflegen wenn Ventilstößel eingesetzt, Zylinder angebaut und Stößelstangen eingesteckt sind. Dann Totpunktmarkierung der Schwungscheibe auf Schaulochmarkierung stellen und Steuerwelle so verdrehen, daß beide Stößelstangen bei Nockenüberschneidung auf gleicher Höhe stehen (mit aufgelegtem Lineal prüfen). **Bild 83**

Nun einen Zahn am Steuerwellenkettenrad mit Motorgehäuse zusammenzeichnen, Zahn für richtige Lage des Kettenverbindungsgliedes vermerken, Steuerwelle verdrehen bis Kettenglied an vermerktem Zahn einzulegen ist. Dann Steuerwelle wieder auf richtige Totpunktlage (gezeichneter Zahn an Gehäusezeichen) drehen. **Bild 84**

Attention! Pour chasser en place le pignon, le chauffer à 150–180° C. Remonter l'arbre à cames et ses roulement dans le carter chauffé à 100° C environ et contrôler le centrage du bout de l'arbre (décentrage max. 1/10 mm).

7. Extraire le roulement avant de vilebrequin au moyen de l'extracteur Matra 299a, d'abord de 8 mm env. avec la plaquette, puis sans celle-ci (voir Fig. 88 R 26). Retirer la plaquette.
   Extraire le pignon à l'aide de l'extracteur Matra 299a. Enlever de l'arbre la clavette (voir Fig. 89 R 26).

Attention! Au remontage, placer sur l'arbre le pignon préalablement chauffé à 150° C (voir M 8).

Dépose et pose de l'arbre à cames et de son entraînement (Moteur R 26, dynamo déposée)

1. Dévisser le bouchon de l'arbre de pompe à huile, à l'aide d'un tournevis coudé 5022; retirer l'arbre avec son pignon hélicoïdal. **Fig. 80**

   Retirer les poussoirs de leur logement, à l'aide d'un fil de fer. **Fig. 81**

2. Après avoir retiré les vis et écrous de fixation SW 10, ainsi que leurs rondelles, enlever le couvercle de distribution en frappant avec un maillet en matière plastique.

3. Dévisser la vis à collet SW 17 sur le décompresseur de carter, en bout d'arbre à cames, retirer le ressort et le décompresseur.

4. Tourner le vilebrequin jusqu'à ce que le maillon de fermeture de la chaîne de distribution se trouve en face du plus gros renfort de carter, au-dessous du pignon d'arbre à cames; retirer le maillon. **Fig. 82**

Attention! Ne replacer la chaîne, au remontage, que lorsque les poussoirs, le cylindre et les tiges de poussoirs sont en place. Placer alors le repère de PMH du volant en face du repère du trou de contrôle et tourner l'arbre a cames de sorte que les tiges de poussoirs soient levées à égale hauteur, en balancement sur les deux cames tournées en haut (contrôle au moyen d'une règle). (PMH = O. T. en allemand.) **Fig. 83**

Repérer alors une dent du pignon d'arbre à cames avec le carter, marquer la dent devant correspondre au maillon de fermeture, tourner le pignon jusqu'à ce que la dent marquée corresponde au maillon de fermeture. Tourner ensuite de nouveau le pignon jusqu'à ce que les repères sur une dent et le carter correspondent, ce qui indique le point-mort. **Fig. 84**

Caution! To install the sprocket, heat to approx. 300 to 356° F.
Install camshaft with bearings into engine housing heated up to approx. 212° F, thereafter check front shaft end for out-of-round (max. 0.1 mm. = .004").

7. Using puller Matra 299a, pull front ball bearing with cover plate first approx. 8 mm. (.32") off crankshaft, then finish pulling off without cover plate (see figure 88 R 26). Remove cover plate.
   Pull off sprocket by means of puller Matra 299a. Remove woodruff key from crankshaft (see figure 89 R 26).

Caution! When reinstalling, position the sprocket, heated to 300° F., upon the removed crankshaft (see M 8).

Removing and Reinstalling Camshaft with Camshaft Drive (Engine R 26, generator removed)

1. Unscrew plug screw of oilpump drive with angle screw driver 5022 and draw out drive shaft with worm wheel. **Fig. 80**

   Lift tappets out of guides by means of a wire end. **Fig. 81**

2. After unscrewing and taking off fastening bolts and nuts SW 10 with washers beat off chain case cover with plastic mallet.

3. Unscrew bolt SW 17 out of camshaft breather and remove it together with spring and breather plate.

4. Turn crankshaft until chain connecting link appears at largest housing cavity below camshaft pinion, take off lock and connecting link. **Fig. 82**

Caution! Mount timing chain only when valve tappets, cylinder and pushrods are already at their place. Then align O. T. mark on fly wheel with the corresponding mark in inspection hole and rotate camshaft in a way that the two push rods stand at same level when cams overlap (check with rule). (O. T. = German term for T. D. C.) **Fig. 83**

Mark position of one tooth of camshaft pinion on case and mark also tooth for correct position of chain connecting link. Rotate camshaft until chain link may be placed on signed tooth. Bring camshaft again in exact T. D. C. (signed tooth in line with the mark on housing). **Fig. 84**

¡**Atención!** Para volver a colocar la rueda dentada a presión, es preciso calentarla a unos 150–180° C.
Instalar el árbol de levas con sus elementos de soporte en la carcasa del motor, después de haberla calentado a unos 100° C. Comprobar seguidamente la concentricidad del vástago delantero del eje (excentricidad máxima $1/10$ mm).

7. Extraer del árbol de levas con ayuda del dispositivo extractor Matra 299 a el cojinete de bolas, primero unos 8 mm con el disco de cubierta, después del todo sin el disco de cubierta (véase fig. 88 R 26). Retirar el disco de cubierta.
Extraer la rueda de cadena con ayuda del dispositivo extractor Matra 299a. Separar del árbol de levas la chaveta de disco (véase fig. 89 R 26).

¡**Atención!** Al efectuar el montaje es preciso calentar la rueda de cadena a unos 150° C, colocándola seguidamente sobre el árbol de levas desmontado (véase M 8).

Desmontar y montar el árbol de levas con su sistema de transmisión (motor R 26, dínamo desmontada)

1. Desatornillar el tapón de inspección de la transmisión de la bomba de aceite con el desarmador angular 5022 y extraer el eje de mando juntamente con el piñón.
Fig. 80

Sacar los taqués de sus guías introduciendo un alambre.
Fig. 81

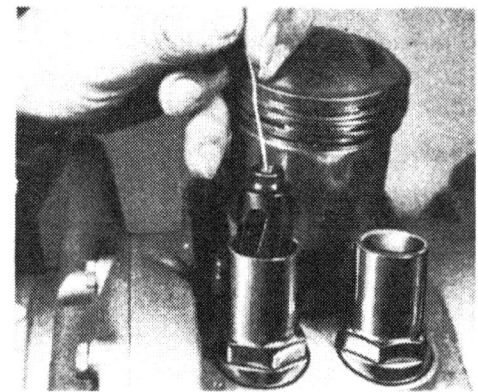

2. Después de haber quitado los tornillos de sujeción y las tuercas de 10 mm de la tapa cubrecadena, desmontar ésta a golpes mediante un martillo plástico.

3. Aflojar el tornillo de 17 mm del árbol de levas y sacarlo con todo y el ventilador y su resorte.

4. Girar el cigüeñal hasta que el seguro de la cadena esté colocado en la mayor profundidad entre la cadena y la caja del motor. Luego quitar el seguro con su respectivo eslabón.
Fig. 82

¡**Atención!** Colocar la cadena de distribución únicamente después de haber introducido los taqués, montado el cilindro y colocadas las varillas de empuje. Luego hacer girar el volante hasta que la marca correspondiente al punto muerto superior (O. T.) coincida con la marca en el agujero de inspección de la caja del motor. En estas condiciones dar vuelta al árbol de levas para que las varillas empujadoras queden, en el momento de efectuarse el cruce de las levas, en posición horizontal (verificación objetiva mediante la colocación de una regla en sus extremos).
Fig. 83

Marcar un diente cualquiera de la rueda dentada del árbol de levas juntamente con la caja del motor, luego marcar el diente correspondiente al seguro de la cadena y en seguida hacer girar el árbol de levas hasta que se pueda enganchar la cadena en el diente marcado. Acto seguido mover el árbol de levas hasta lograr el punto muerto superior (marcas del diente y de la caja del motor en coincidencia).
Fig. 84

Kette auf Kurbelwellenkettenrad auflegen und Kettenenden mit abgewinkelter Rundzange zusammenziehen, Kettensteckglied mit geeignetem Drahthaken von hinten einsetzen, sowie Sicherung mit geschlossener Seite in Kettenlaufrichtung aufstecken. **Bild 85**	Placer la chaîne sur le pignon du vilebrequin, rapprocher les deux extrémités de la chaîne avec une pince ronde coudée, introduire le maillon de fermeture depuis l'arrière, en s'aidant d'un crochet approprié, monter la plaquette puis le ressort de fermeture, son extrémité fermée dans le sens de la rotation. **Fig. 85**	Place chain on crankshaft chain pinion, draw together chain ends with snapring pliers, refit chain connecting member with suitable wire hook from behind and slip on lock in correct position i. e. the closed end facing the forward direction. **Fig. 85**
5. Durch Bohrungen im Steuerwellenrad hindurch 2 Zylinderschrauben mit Federscheiben ausdrehen. **Bild 86**	5. Par des trous dans le pignon d'arbre à cames, dévisser et retirer deux vis tête cylindrique avec rondelles à ressort. **Fig. 86**	5. Unscrew by passing through bore in camshaft pinion two cylindrical screws and remove them with springwashers. **Fig. 86**
Motorgehäuse auf 100° C erwärmen, Abziehvorrichtung Matra 355 mit Spindel in Steuerwellengewinde ganz eindrehen, Vorrichtungsbügel am Gehäuse abstützen und Steuerwelle samt Lagerung mit Hebelmutter herausziehen. **Bild 87**	Chauffer le carter à 100° C, visser la tige de l'extracteur Matra 355 à fond dans le filetage de l'arbre à cames, appuyer l'étrier sur le carter et, en vissant l'écrou à leviers de l'extracteur, arracher l'arbre a cames, avec le palier. **Fig. 87**	Heat up engine case to 180° F, screw in puller Matra 355 with spindle in camshaft thread, support frame of device against housing and exact camshaft and bearings with lever nut. **Fig. 87**
Achtung! Beim Wiedereinbau Steuerwelle mit Lager in 100° C warmes Gehäuse einsetzen.	**Attention!** Au remontage, introduire l'arbre à cames et son palier dans le carter chauffé à 100° C.	**Caution!** When reassembling mount camshaft and bearings in case heated up to 180° F.
6. Vorderes Kugellager von Kurbelwelle mit Abziehvorrichtung Matra 229a zunächst etwa 8 mm mit Abdeckscheibe, dann ohne Abdeckscheibe abziehen. Kugellager und Abdeckscheibe ablegen. **Bild 88**	6. Extraire le roulement avant de vilebrequin, au moyen de l'extracteur Matra 299a, d'abord de 8 mm env. avec la plaquette, puis sans celle-ci. Retirer le roulement avec la plaquette. **Fig. 88**	6. Draw off front crankshaft bearing from crankshaft with puller Matra 299a. First draw off bearing together with covering plate about .32" then without covering plate. Remove ball bearing together with covering plate. **Fig. 88**
Kettenrad mittels Abziehvorrichtung Matra 299a abziehen. Scheibenfeder aus Kurbelwelle herausnehmen. **Bild 89**	Extraire le pignon de vilebrequin avec l'extracteur Matra 299a. Retirer la clavette de l'arbre. **Fig. 89**	Remove sprocket with puller Matra 299a. Remove Woodruff key from tapered end of crankshaft. **Fig. 89**
Achtung! Beim Wiederanbau das auf 150° C erwärmte Kettenrad auf ausgebaute Kurbelwelle aufbringen. (Siehe M 8 Kurbelwelle komplettieren.) Anschließend Abdeckscheibe aufstecken und Kugellager aufpressen.	**Attention;** Au remontage, il faut chauffer le pignon à 150° C pour le replacer sur le vilebrequin (voir sous M 8 Vilebrequin). Puis replacer la plaquette et monter le roulement à l'aide d'une presse.	**Caution!** When reassembling mount sprocket, heated up to 300° F, on crankshaft (see M 8 completing of crankshaft). Then replace covering plate and fit ball bearing with the aid of a press.

Colocar la cadena sobre la rueda dentada del cigüeñal y juntar sus extremos con una pinza redonda angular, introducir el eslabón del seguro con un gancho de alambre apropiado de atrás hacia adelante y poner el seguro de manera que la parte cerrada quede en dirección del movimiento.

Fig. 85

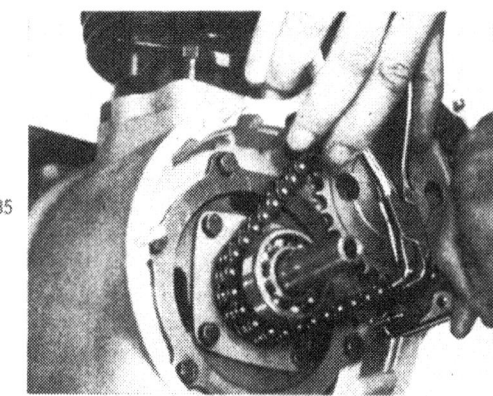

5. A través de los agujeros de la rueda del árbol de levas aflojar dos tornillos de cabeza cilíndrica con sus arandelas onduladas.

Fig. 86

Calentar la caja del motor a 100° C., introducir completamente el tornillo del extractor Matra 355 en la rosca del árbol de levas, apoyar el puente de dicho extractor en la caja del motor y extraer el árbol de levas con sus cojinetes y la tuerca.

Fig. 87

¡**Atención!** Al montar nuevamente el árbol de levas y sus cojinetes calentar la caja del motor a 100° C.

6. Con el extractor Matra 299a sacar el cojinete delantero del cigüeñal, primeramente con la arandela distanciadora aprox. unos 8 mm y después sin la arandela. Quitar el cojinete juntamente con la arandela.

Fig. 88

Extraer la rueda dentada con el extractor Matra 299a. Sacar la cuña semicircular del cigüeñal.

Fig. 89

¡**Atención!** Al montar nuevamente la rueda dentada sobre el cigüeñal desmontado, es indispensable calentar ésta a 150° C. (Véase continuación en M 8).
Luego montar la arandela e introducir el cojinete con ayuda de una prensa.

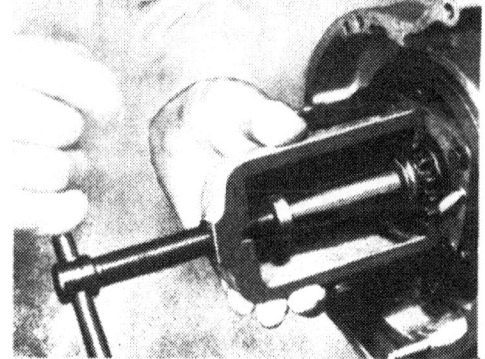

M 5 = Kupplung aus- und einbauen (Motor ausgebaut)

1. Jede zweite Befestigungsschraube SW 10 am Druckring samt Federscheibe ausdrehen, dafür 3 Spannschrauben Matra 357a einschrauben, dann deren Muttern auf Anschlag am Druckring bringen. Übrige 3 Befestigungsschrauben ausdrehen und Spannschraubenmuttern gleichmäßig zurückdrehen, bis Feder voll entlastet ist.

Bild 90 und 91

Spannschrauben ausdrehen und Druckring, Kupplungsscheibe mit Nabe, Druckplatte und Membran-Mitnehmerscheibe, sowie Tellerfeder abnehmen.

Bild 92

Achtung! Beim Zusammenbau Zentrierdorn Matra 529 zum Ausmitteln der Kupplungsscheibe verwenden.

Bild 93

2. **Prüfungen:**

Kupplungsscheibe auf Verschleiß, Vernietung und Verwindung, sowie Tellerfeder auf Spannkraft 90 kg bei 8,5 mm Federweg, etwaige neue Kupplungsscheibe mit Schiebesitz auf Keilbahnen der Getriebewelle aufpassen.

Bild 94

Sind auf der Getriebewelle die Keilbahnflanken stark eingeschlagen, muß die Getriebewelle ausgewechselt werden.

M 5 = Dépose et pose du débrayage (Moteur déposé)

1. Dévisser une sur deux des vis de fixation SW 10, sur le disque de pression, les retirer avec leur rondelle et les remplacer par les 3 vis de pression Matra 357a dont on amène l'écrou au contact du disque de pression. Retirer les 3 vis de fixation restantes et relâcher les 3 écrous des vis de pression, progressivement et également, jusqu'à ce que le ressort soit totalement détendu.

Fig. 90 et 91

Enlever les vis de pression, retirer le disque de pression, le disque d'embrayage avec moyeu, le plateau de pression avec entraîneur à membrane, ainsi que le disque à ressort.

Fig. 92

Attention! Au montage, utiliser la broche à centrer Matra 529 pour disposer le disque d'embrayage.

Fig. 93

2. **Contrôles:**

usure du disque, rivure du moyeu (rigidité), force du disque à ressort (90 kgs pour une course de 8,5 mm). Pour un disque neuf: coulissage libre sur l'arbre cannelé.

Fig. 94

Si les flancs des cannelures de l'arbre de boite sont fortement endommagés, l'arbre doit être remplacé.

M 5 = Removing and Refitting Clutch (Engine Removed)

1. Remove every second fastening screw with springwasher SW 10 on pressure ring. Put in their place 3 clamping screws Matra 357a and screw in 3 clamping screw nuts until they touch the pressure ring. Remove other 3 fastening screws and unscrews 3 clamping screw nuts parallely until spring is entirely released.

Fig. 90 and 91

Unscrew clamping screws and take off pressure ring. clutch, disc with center boss, pressure plate with membrane drive disc and cup spring.

Fig. 92

Caution! When assembling use centering arbour Matra 529 for adjusting clutch plate.

Fig. 93

2. **Controls:**

Check clutch plate for wear, riveting and distortion. Further check cup spring for tension force, 198 lbs. for .34" springway. If necessary fit new clutch plate with close sliding fit on transmission splineshaft.

Fig. 94

If the splines of primary shaft show excessive wear, replace shaft.

M 5 = Desmontar y montar el embrague
(motor fuera del cuadro)

1. Sacar cada segundo tornillo de sujeción de 10 mm con su arandela ondulada del anillo plano de presión, y meter en su lugar los tres tornillos de presión Matra 357a, atornillándolas de manera que, la tuerca moleteada llegue a apoyarse sobre el disco de presión. Sacar los tres tornillos restantes y aflojar uniformemente las tuercas moleteadas hasta que la tensión del resorte desaparezca.

Fig. 90 y 91

90

91

Sacar los tornillos de presión Matra 357a y retirar el anillo plano de presión, disco de embrague con su buje, disco de presión con su membrana laminada y el plato elástico.

Fig. 92

92

| ¡Atención! Al montar el embrague hay que utilizar el punzón guía No. 529.

Fig. 93

93

2. Revisiones:

Desgaste del disco de embrague, remaches degollados y disco ondulado, así como la presión del plato elástico la cual debe ser de 90 kgs. con un recorrido de 8,5 mm, en caso de tratarse de un disco de embrague nuevo hay que introducir éste con ligera presión manual en las ranuras longitudinales del eje impulsor de la caja de cambio.

Fig. 94

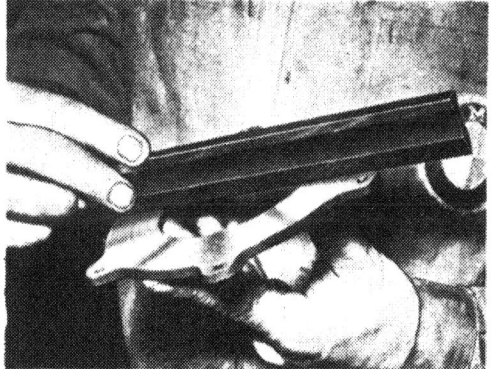

94

En caso de que las citadas ranuras longitudinales del eje impulsor de la caja de cambio estén deterioradas en sus flancos, deberá sustituirse el eje impulsor.

M 6 = Schwungscheibe ab- und anbauen (Motor im Montagebock)	M 6 = Dépose et pose du volant (Moteur sur le blanc de montage)	M 6 = Removing and Refitting Fly Wheel (Engine in Support Stand)
Schwungscheiben-Haltevorrichtung Matra 498 auf Getriebeanschlußschrauben aufstecken. Schwungscheibe mit Vorrichtung durch 3 Halteschrauben verbinden. Sicherungsblech der Schwungscheibenmutter lösen und Mutter SW 36 mit Steckschlüssel abschrauben. Abzieher Matra 311 mit 2 Schrauben 24 mm lang auf Schwungscheibe aufschrauben und Schwungscheibe abziehen. Gegebenenfalls leichten Prellschlag auf Abdrückschraube geben. **Bild 95**	Le dispositif d'arrêt du volant Matra 498 est introduit sur les goujons de fixation de la boîte et relié au volant par 3 vis d'embrayage. Libérer la rondelle de sécurité de l'écrou de volant et dévisser l'écrou SW 36 avec une clef à tube. Monter par 2 vis de 24 mm de longueur, sur le volant, l'extracteur Matra 311 et extraire le volant. Si nécessaire, frapper à coups légers sur la vis de l'extracteur. **Fig. 95**	Put locking fixture for fly wheel Matra 498 on transmission connecting studs. Connect fly wheel with device by screwing 3 coupling bolts. Slacken lock plate of fly wheel and unscrew nut SW 36 with box spanner. Screw puller Matra 311 with 2 screws .96" long on fly wheel and pull off. If necessary give a slight blow on puller screw. **Fig. 95**
Achtung! Beim Wiederanbau achten, daß Scheibenfeder nicht am Schwungscheiben-Keilnuten-Grund aufsitzt. **Bild 96**	**Attention!** Au remontage, veiller que la clavette ne porte pas au fond de la rainure du volant. **Fig. 96**	**Caution!** On reassembling pay attention that key does not sit upon key groove bed. **Fig. 96**
Sicherungsblech vorher etwas anbiegen, damit es zum endgültigen Aufbiegen besser unterfaßt werden kann. **Bild 97**	Replier un peu, avant montage, la rondelle de sécurité, afin qu'elle puisse être plus aisément amenée ensuite au meilleur pliage. **Fig. 97**	Bend lockplate (tab washer) slightly upwards so that it may be easily seized for definite bending. **Fig. 97**
Schwungscheibenmutter mittels Drehmomentschlüssel mit 17 mkg festziehen. **Bild 98**	Serrer l'écrou de fixation du volant à la clef dynamométrique, à 17 mkg. **Fig. 98**	Tighten fly wheel nut by means of torque spanner with 120 ft. lbs. **Fig. 98**
Achtung! Schwungscheibe mit Meßuhr auf Schlag prüfen. Max. Seitenschlag 0,1 mm. **Bild 99**	**Attention!** Contrôler au micromètre le voilage du volant. Maximum 0,1 mm. **Fig. 99**	**Caution!** Check fly wheel clutch face runout with dial gauge. Max. runout .004". **Fig. 99**

M 6 = Desmontar y montar el volante
(motor en el caballete de montaje).

Montar el sujetador del volante Matra 498 en los tornillos destinados a fijar la caja de cambio. Unir el volante al sujetador por medio de 3 tornillos de sujeción. Desdoblar la arandela de seguridad de la tuerca de volante y desatornillar ésta última con una llave tubular de 36 mm. Montar el extractor Matra 311 por medio de dos tornillos de 24 mm de long. en el volante y extraer éste. Si fuese necesario aplicar un ligero golpe en la cabeza del tornillo extractor.

Fig. 95

| ¡Atención! Tomar en consideración durante el montaje, que la cuña semicircular no llegue en contacto con el fondo de la correspondiente ranura del volante.

Fig. 96

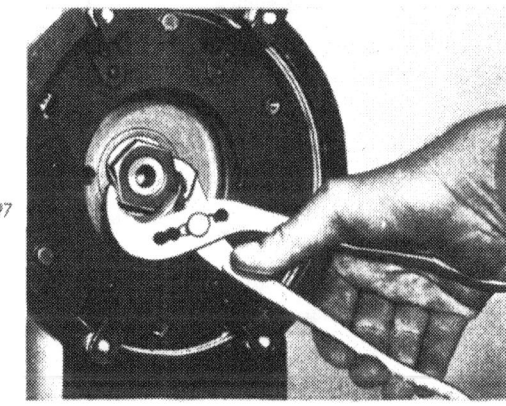

| Doblar previa y ligeramente la arandela de seguridad para facilitar posteriormente su doblado final.

Fig. 97

| Apretar la tuerca del volante a 17 kgm.

Fig. 98

| ¡Atención! Comprobar el juego radial del volante, utilizando un reloj de medición. Juego máx. lateral admisible 0,1 mm.

Fig. 99

M 7 = Ölwanne und Ölpumpe ab- und anbauen

1. Motoröl aus Ölwanne ablassen. Ölwanne abschrauben mit Steckschlüssel SW 10. Schrauben mit Federscheiben ablegen und beim Abnehmen der Ölwanne auf gleichmäßiges Lösen der Dichtung achten.

   Bild 100

2. Ölpumpe von Motorgehäuse abnehmen nach Lösen der Blechsicherung und Ausdrehen der 2 Befestigungsschrauben SW 10. Auf Dichtung achten.

   Bild 101

3. Ölpumpensieb von Pumpe abschrauben nach Lösen der Blechsicherung. Auf Dichtung achten.

   Bild 102

4. **Prüfung:**
   Ölsieb in Benzin auswaschen. Ölpumpengehäuse-Schrauben SW 10 nach Lösen der Sicherungen bzw. mit Schraubenzieher Kerbschlag gesichert, ausdrehen.
   Zahnflankenspiel 0,03 bis 0,05 mm der Pumpenzahnräder mit Spion nachprüfen.

   Bild 103

   Seitenspiel der Zahnräder im Gehäuse 0,01 bis 0,04 mm mit Haarlineal prüfen, evtl. Gehäuse nachtuschieren.

   Bild 104

Achtung! Beim Anbau der Ölpumpe Ölpumpen-Antriebswelle in Motorgehäuse einsetzen. Ölpumpe erst festschrauben, wenn durch Drehen der Welle die Leichtgängigkeit festgestellt wurde.

M 7 = Dépose et pose du fond de carter et de la pompe à huile

1. Vidanger le fond de carter. En retirer les vis SW 10 avec leur rondelle, à l'aide d'une clef à tube. En enlevant le fond, attention à décoller régulièrement le joint.

   Fig. 100

2. Pour sortir la pompe à huile, libérer les deux tôles de sécurité et dévisser les 2 vis de fixation SW 10. Attention au joint.

   Fig. 101

3. Détacher le filtre de la pompe après avoir libéré la sécurité. Attention au joint.

   Fig. 102

4. **Contrôle:**
   Laver le filtre à l'essence. Dévisser les vis de corps de pompe SW 10, après avoir libéré leur sécurité. Contrôler le jeu entre les flancs des dents (0,03 à 0,05 mm) avec une jauge.

   Fig. 103

   Jeu latéral des pignons dans le corps 0,01 à 0,04 mm. Contrôler avec une jauge, éventuellement retoucher le corps.

   Fig. 104

Attention! Au remontage, placer d'abord l'arbre de pompe dans le carter moteur et ne bloquer la pompe qu'après avoir contrôlé, en faisant tourner l'arbre, son libre fonctionnement.

M 7 = Removing and Refitting Oilsump and Oilpump

1. Drain engine oil. Unscrew oilsump with boxspanner SW 10. Be careful when taking off oilsump, oilsump gasket will easily be damaged.

   Fig. 100

2. Take off oilpump from engine case by loosening of lockplates and unscrewing of 2 tightening screws SW 10. Care for gasket.

   Fig. 101

3. Upon undoing lockplates unscrew oilpump screen from oilpump. Care for gasket.

   Fig. 102

4. **Control:**
   Clean oil screen in petrol. Upon undoing lockplates screw off screws SW 10 of oilpump housing. Check flank clearance of pump teeth with feeler gauge, permissible clearance .0012—.0020".

   Fig. 103

   Check lateral play of gears in housing .0004—.0016" with rule. If necessary retouch housing.

   Fig. 104

Caution! When reassembling oilpump fit oilpump driveshaft in engine case. Tighten oilpump only after easy running of shaft is assured. Check this by rotating the shaft.

M 7 = Desmontar y montar la tapa del cárter y la bomba del aceite.

1. Vaciar el aceite del cárter. Desatornillar la tapa del cárter con una llave tubular de 10 mm. Quitar los tornillos con sus correspondientes arandelas onduladas y tener cuidado de despegar uniformemente la junta.

Fig. 100

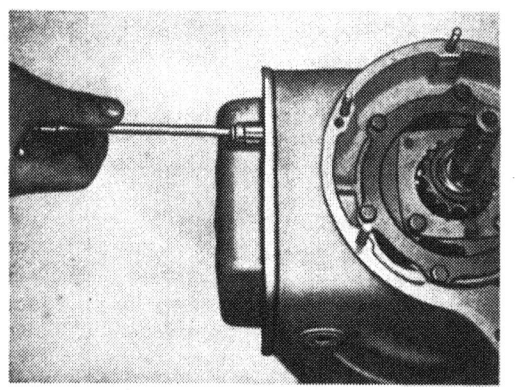

2. Desmontar la bomba del aceite de la caja del motor después de haber desdoblado la arandela de seguridad y quitado los dos tornillos de sujeción de 10 mm. Tener cuidado con la junta.

Fig. 101

3. Desatornillar el colador de la bomba de aceite, después de haber desdoblado la arandela de seguridad. Tener cuidado con la junta.

Fig. 102

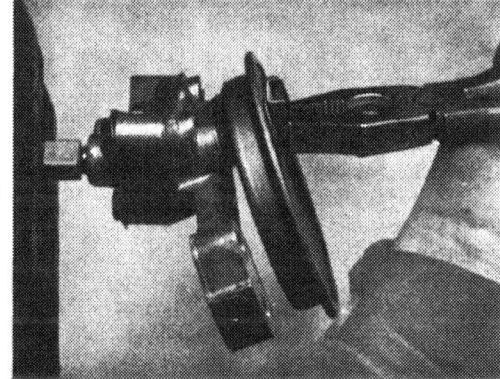

4. **Comprobación:**
Lavar el colador en gasolina. Quitar los tornillos de 10 mm del cuerpo de la bomba de aceite, después de haber desdoblado las arandelas de seguridad o haber forzado el sello producido con un cincel.
Juego entre dientes de los engranes de la bomba 0,03—0,05 mm.
(Calibrador laminado)

Fig. 103

Medír el juego de los engranes en dirección del eje (0,01—0,04 mm) mediante una regla de precisión, si fuera necesario rectificar el cuerpo de la bomba.

Fig. 104

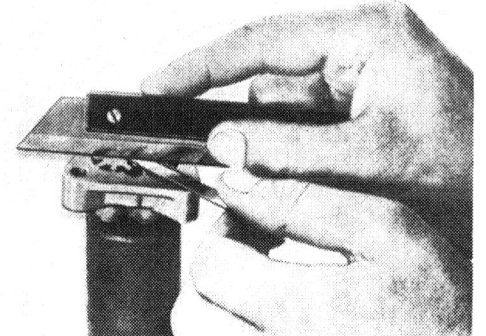

¡**Atención!** Al montar la bomba de aceite, introducir el eje impulsor de la bomba en la caja del motor. Después de haber verificado la suavidad de funcionamiento del eje impulsor, apretar definitivamente la bomba de aceite.

M 8 = Kurbelwelle samt Pleuel aus- und einbauen	M 8 = Dépose et pose du vilebrequin, avec la bielle	M 8 = Removing and Reassembling Crankshaft with Connecting Rod

1. Lagerflansch von Lagerdeckel nach Ausdrehen der 4 Sechskantschrauben SW 10 abnehmen.
Fünf Befestigungsschrauben SW 10 für Lagerdeckel ausdrehen. Motorgehäuse auf etwa 100° C anwärmen. Abziehvorrichtung Matra 467 mit vier Schrauben an Lagerdeckel befestigen und Lagerdeckel samt vorderem Kugellager aus Gehäuse bzw. von Kurbelwelle abziehen. Abstandring von Kurbelwelle abnehmen.

Bild 105

2. Kurbelwelle mit Hubzapfen in Richtung der Aussparung am Gehäuseflansch für den Deckelsitz am vorderen Wellenende fassen und wegen Pleuel vorsichtig aus hinterem Lager ziehen, zuerst leicht nach oben neigen und dann mit Hubzapfenseite voraus zur Aussparung gerichtet, Kurbelwelle aus Gehäuse schwenken.

Bild 106 und 107

Prüfung:
Maximaler Kurbelwellenschlag 0,02 mm am Wellenende bei Stützung an den Hauptlagerstellen. Pleuellagerung auf Hubzapfen ohne fühlbarem Spiel. Wegen Feinpassungen der Pleuellagerung und schwierigem Ausrichten der Kurbelwelle bei Mängeln Austauschkurbelwelle mit Pleuel verwenden.

Achtung! Vor Einbau der Kurbelwelle auf diese Ölschleuderring anschrauben und mit Kerbschlag sichern, Abstandring aufsetzen, Kugellager samt Lagerdeckel auf mit Talg bestrichenen Kurbelwellenzapfen mit Druckbüchse W 5038 aufpressen, dabei Kurbelwelle nur unter vorderer Kurbelwange auf einer ausgesparten Platte abstützen, um eine Verspannung der Kurbelwelle zu vermeiden.

Bild 108

Scheibenfeder für Kettenrad auf Welle stecken. Kettenrad auf 150° C anwärmen, auf Talg bestrichene Welle mit vorbereiteter passender Montagebüchse 5038 aufdrücken.

Bild 109

---

1. Dévisser le couvercle de palier (4 vis SW 10), et l'enlever.
Dévisser 5 vis de fixation SW 10 de la joue de palier. Chauffer le carter à 100° C. Fixer l'extracteur Matra 467, par 4 vis, à la joue de palier et extraire cette dernière avec le roulement avant, du carter et en même temps, du vilebrequin. Retirer la rondelle d'espacement du vilebrequin.

Fig. 105

2. Orienter le vilebrequin, son tourillon de bielle en direction du dégagement dans la paroi de carter supportant la joue de palier et, en veillant à la bielle, tirer prudemment hors du palier arrière: d'abord en inclinant légèrement vers le haut, puis en passant le roulement de bielle par le dégagement, sortir l'ensemble du carter.

Fig. 106 et 107

Contrôles:
Faux-rond max. 0,02 mm à l'extrémité de l'arbre vilebrequin prenant appui dans le palier principal. Roulement de bielle sans jeu perceptible sur le tourillon. En raison des tolérances serrées des roulements et des difficultés de correction du vilebrequin, il est bon d'avoir recours, en cas de défauts, à un vilebrequin échange standard avec bielle.

Attention! Avant la pose du vilebrequin, y monter le disque de projection d'huile et en assurer les vis par un coup de pointeau; placer la rondelle d'espacement; introduire le roulement avec la joue de palier sur le bout d'arbre enduit de suif, les chasser à la presse avec la douille W 5038, en appuyant le vilebrequin seulement par la face interne de sa joue avant sur une plaque spécialement disposée, pour éviter toute pression sur l'ensemble du vilebrequin.

Fig. 108

Placer sur l'arbre la clavette demironde pour le pignon. Chauffer le pignon à 150° C, le monter sur l'arbre enduit de suif, en appuyant sur la douille W 5038 qu'on aura préparée à cet effet.

Fig. 109

---

1. After unscrewing of 4 hex. screws SW 10 take off bearing flange of cover.
Unscrew 5 tightening screws SW 10 of cover. Heat up engine case to 180° F. Fasten with 4 screws puller device Matra 467 on cover. Draw off cover together with front ball bearing from case respectively crankshaft. Take off distance ring from crankshaft.

Fig. 105

2. Take crankshaft with crank pin in direction of housing recess for cover seat at front shaft end and draw crankshaft cautiously out of rear bearing without damaging connecting rod. Then tilt first crankshaft slightly upwards an then turn crankshaft with crankpin towards housing recess out of case.

Fig. 106 and 107

Control:
Max. excentricity beat of crankshaft .0008" on shaft end crankshaft being supported on mainbearing places. Connecting rod bearing without sensible play. On account of close fit of connecting rod bearing and difficult adjusting of crankshaft in case of any deficiency it is recommended to use replacement crankshafts with connecting rod.

Caution! Before refitting crankshaft screw on oil throwerring and lock it by notching, put on distance ring, press on ball bearing together with cover on tallow treated crankshaft end by means of pressure bushing W 5038. When pressing on ball bearing, support crankshaft only under front balance weight on recessed plate in order to avoid distortion of crankshaft.

Fig. 108

Stick on key for sprocket on shaft. Heat up sprocket to 300° F and press it into place on tallow coated shaft, by means of a suitable pressure bushing W 5038.

Fig. 109

M 8 = Desmontar y montar el cigüeñal juntamente con la biela

1. Desatornillar la brida para la tapa-cojinete delantera, después de haber aflojado los cuatro tornillos hexagonales de 10 mm.
Quitar los cinco tornillos de 10 mm que sujetan la tapa-cojinete delantera. Calentar la caja del motor a 100° C aprox. Montar el extractor Matra 467 con cuatro tornillos en la tapa-cojinete y extraer ésta última juntamente con el cojinete delantero de la caja del motor o sea del cigüeñal. Quitar la arandela distanciadora del cigüeñal.

Fig. 105

2. Coger el cigüeñal con el muñón central en dirección del recorte en la brida de la caja del motor destinado a la tapa-cojinete delantera y extraerlo cuidadosamente del alojamiento trasero para no molestar a la biela e inclinándolo ligeramente hacia arriba y luego sacando el muñón central por el recorte y volteándolo de la caja conforme va saliendo.

Fig. 106 y 107

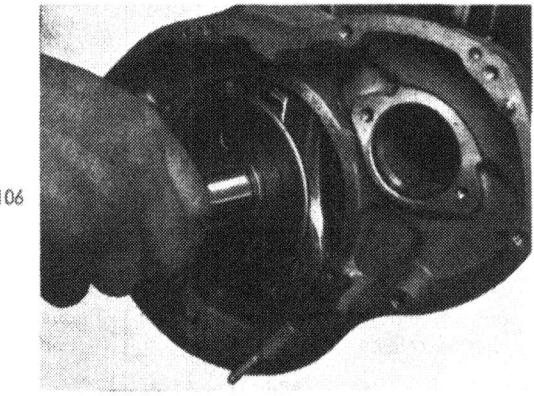

Comprobación:
Juego máx. radial en el extremo del eje del cigüeñal 0,02 mm apoyando éste último en el lugar de los cojinetes principales. Montar el cojinete de la biela sobre el muñón central sin juego perceptible. En caso de tener algún defecto el cigüeñal y la biela, es preferible cambiarlo por un juego nuevo, ya que el alineamiento es de difícil ejecución y el ajuste de la biela debe ser de precisión.

¡Atención! Antes de montar el cigüeñal, hay que atornillar sobre éste el anillo de proyección de aceite centrífugo y asegurarlo con una muesca de cincel, colocar la arandela distanciadora y ajustar a presión con el casquillo W 5038 el cojinete con su tapa sobre el muñón largo del cigüeñal debidamente cubierto con talco, para esto apoyar el cigüeñal únicamente en el contrapeso delantero sobre una placa recortada en U, para evitar distorsionamientos en dicho cigüeñal.

Fig. 108

Meter en el eje del cigüeñal la cuña semicircular para la rueda dentada. Calentar ésta última a 150° C, y montarla sobre el eje debidamente cubierto con talco, oprimiéndola con el casquillo W 5038.

Fig. 109

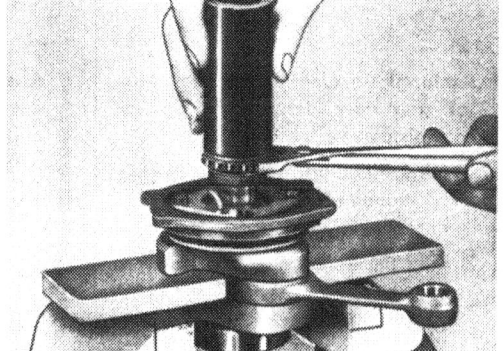

M 9 = Einstellen der Ventile

1. Kerzenstecker abnehmen, Zündkerze herausnehmen.

2. Die Schutzkappenbefestigungsmutter SW 14 mit gekröpftem Ringschlüssel abschrauben. Spannbügel und Schutzkappen abnehmen. Gummistopfen vom Motorgehäuse-Schauloch entfernen.

   Bei eingebautem Motor erst vordere Schutzkappe abnehmen, dann hintere Schutzkappe auf die Seite kippen, so nach vorn bringen und abnehmen.

   Bild 110

3. Motor auf Verdichtungstotpunkt stellen. Dabei deckt sich Schwungscheibenmarkierung — o.T. — mit Marke der Schaulochöffnung. Beide Ventile sind geschlossen.

   Bild 111 und 112

4. Ventilspiel prüfen und zum Nachstellen die Kontermuttern der Ventileinstellschrauben lösen, Ventilspiel an den Einstellschrauben für Einlaßventil 0,15 mm, für Auslaßventil 0,20 mm einstellen. Die im Werkzeug beigefügte Fühlerlehre muß sich mit nur geringem Widerstand (bei wieder festgezogener Kontermutter) zwischen Ventilschaftende und Kipphebelnocken ziehen lassen.

   Bild 113

Die am Zylinderkopf aufliegende Dichtung überprüfen und beim Aufsetzen der Schutzkappen dafür sorgen, daß die Paßlöcher der Schutzkappen in die Führungsstifte des Zylinderkopfes einrasten, sonst starker Ölverlust!

Bild 114

Achtung! An einem überholten Motor sind nach den ersten 500 km Fahrleistung bei kaltem Motor
1. die Zylinderkopfbefestigungsschrauben nachzuziehen und anschließend
2. die Ventilspiele nachzuprüfen bzw. nachzustellen.

M 9 = Réglage du jeu des soupapes

1. Déconnecter le câble et enlever la bougie.

2. Avec une clef fermée, coudée, enlever l'écrou de fixation des couvercles de culbuteurs (SW 14). Retirer le pont de serrage et les couvercles. Enlever le bouchon caoutchouc sur le carter de volant.

   Si le moteur est dans le cadre, enlever d'abord le couvercle avant, puis soulever de coté le couvercle arrière et le faire glisser vers l'avant pour l'enlever.

   Fig. 110

3. Mettre le moteur au P. M. H. de compression. Le repère - O. T. - du volant coïncide alors avec la marque près du trou du carter. Les deux soupapes sont fermées.

   Fig. 111 et 112

4. Contrôler le jeu des soupapes et, pour régler éventuellement, débloquer le contre-écrou des vis de réglage de culbuteurs et régler au moyen des vis le jeu à 0,15 mm pour l'admission et 0,20 mm pour l'échappement. Les jauges jointes à l'outillage doivent, après reblocage des contre-écrous, passer sans résistance excessive entre les queues de soupapes et les culbuteurs.

   Fig. 113

Vérifier l'état des joints de couvercle et en replaçant ceux-ci, s'assurer que leur logement s'adapte bien sur l'ergot de repérage de la culasse. A défaut: forte perte d'huile!

Fig. 114

Attention! Un moteur qui a été démonté doit subir, après les premiers 500 km, les opérations suivantes, à froid:
1. Resserrage des vis de fixation de la culasse, puis
2. contrôle et réglage au besoin du jeu des soupapes.

M 9 = Adjusting Valves

1. Withdraw sparking plug terminal and unscrew sparking plug.

2. Unscrew fastening screw SW 14 of protection cover with cranked ringspanner. Remove tension bracket and protection cover. Remove rubber plug of crankcase inspection hole.

   With engine installed take off front protection cover, then tilt rear protection cover to the side, move forward and withdraw.

   Fig. 110

3. Bring engine in compression dead center position. In this position the fly wheel O. T. mark is aligned with the inspection hole mark. Both valves are closed.

   Fig. 111 and 112

4. Control valve clearance and unscrew counter nuts of valve adjusting screws if adjusting is necessary. Adjust valve clearance on adjusting screws for intake valve to .006", for exhaust valve .008". Insert feeler gauge contained in the tool kit between valve stem and rocker. The gauge must pass with only slight resistance (counter nuts tightened).

   Fig. 113

Examine gasket laying on cylinder head and take care that locating holes fit to the set pins of cylinder head otherwise oil will leak.

Fig. 114

Caution! Overhauled engines have to be recontrolled after 300 miles running i. e. on old engine
1. Cylinder head bolts have to be retightened and
2. valve clearance to be adjusted.

M 9 = Ajustar el juego de las válvulas
(Calibrar punterías)

1. Quitar el enchufe y sacar la bujía.

2. Desatornillar la tuerca de 14 mm de las tapas de la culata con una llave anilla curva. Quitar el puente y las tapas. Sacar el tapón de goma del agujero de inspección de la caja del motor.

   Con el motor montado quitar primeramente la tapa delantera y después voltear hacia un lado la tapa trasera y en esta posición sacarla hacia adelante.

   Fig. 110

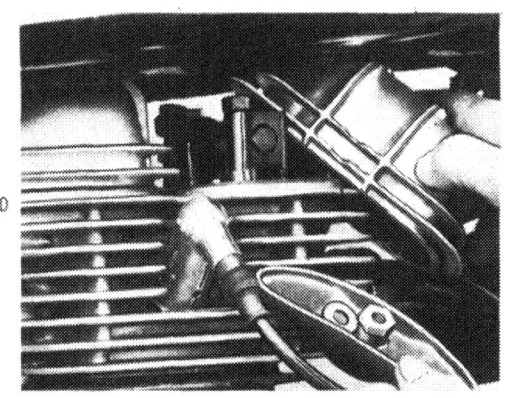

3. Poner el motor en su punto muerto superior de compresión. Con lo cual la marca del volante (O.T.) y la correspondiente al agujero de inspección deberán coincidir linealmente. Ambas válvulas se encuentran cerradas.

   Fig. 111 y 112

4. Comprobar el juego de las válvulas y en caso necesario reajustarlas, aflojando para ello las contratuercas de los tornillos de ajuste, los cuales determinarán el juego de la válvula de admisión a 0,15 mm y él de la válvula de escape a 0,20 mm. El calibrador laminado de la dotación de herramientas deberá deslizarse suavemente, cada vez con las contratuercas apretadas, entre el balancín y el vástago de la válvula.

   Fig. 113

   Revisar la junta de las tapas de la culata y tener cuidado de que al montarlas los machos circulares de la culata encajen en los correspondientes agujeros de las tapas para evitar fugas de aceite.

   Fig. 114

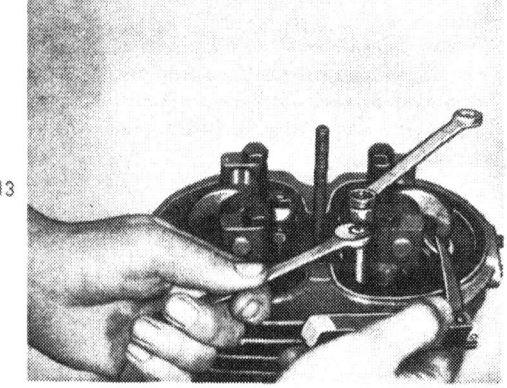

> **¡Atención!** En un motor reparado deberá revisarse después de un recorrido de 500 km y con el motor frío lo siguiente:
> 1. Los tornillos sujetadores de la culata, los cuales deberán ser reajustados y a continuación,
> 2. comprobar el juego de las válvulas o bien reajustándolas en caso necesario.

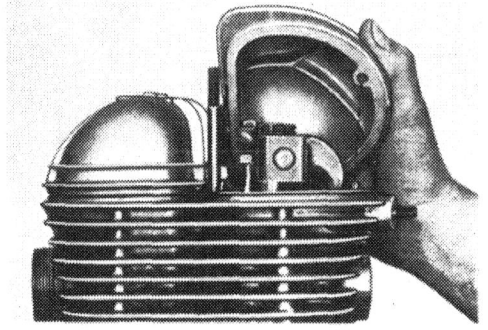

M 10 = Zündung einstellen
(Motor R 27)

1. Zustand der Zündkerzen und Elektrodenabstand prüfen.
   Bild 115

   Gegebenenfalls Zündkerzen reinigen und Elektrodenabstand durch Nachbiegen der Masseelektrode auf 0,6 Millimeter bringen. Stark abgebrannte Elektroden nicht mehr nachbiegen, sondern Zündkerzen erneuern.

2. Unterbrecherkontakte auf Verschleiß prüfen, evtl. mit Kontaktfeile nachputzen oder Kontakte erneuern. Kontaktabstand mit Fühlerlehre auf 0,4 mm einstellen. Dazu Kurbelwelle drehen, bis der Unterbrecher voll geöffnet hat. Dann Feststellschraube (Zylinderschraube) lockern und Kontaktschiene mittels eines Schraubenziehers entsprechend verschieben.
   Bild 116

   Nach dem Festziehen der Feststellschraube Kontaktabstand nochmals prüfen.
   Bild 117

3. **Zündungseinstellung bei stehendem Motor** (Motor ausgebaut)
   Hierzu im Prüflampenstromkreis ein Kabel an Masse, das andere Kabel an unteren Kondensator-Kabelanschluß der Lichtmaschine (Kl 1) anklemmen.
   Bild 118

   Wenn beim Drehen der Kurbelwelle in Laufrichtung **sich die Unterbrecherkontakte öffnen**, wird der Prüflampenstromkreis **unterbrochen, die Lampe erlischt.**
   Bild 119

   Motor durchdrehen bis im Verdichtungshub die Schwungradmarkierung „F" im Kontrollfenster des Motorgehäuses erscheint.

   Kurbelwelle jetzt in Laufrichtung langsam weiterdrehen, bis sich die Schwungradmarkierung „S" mit der Strichmarke im Kontrollfenster deckt. Dies ist Spätzündung 7° v. o. T. In diesem Augenblick müssen die Unterbrecherkontakte zu öffnen beginnen und die brennende Lampe muß erlöschen.

M 10 = Calage de l'allumage
(Moteur R 27)

1. Contrôler l'état de la bougie et l'écartement des électrodes.
   Fig. 115

   Au besoin, nettoyer la bougie et régler l'écartement des électrodes à 0,6 mm en coudant l'électrode de masse. Si les électrodes sont très brûlées, remplacer la bougie.

2. Contrôler l'état des contacts de rupteur, au besoin les retoucher avec une lime spéciale ou les remplacer. Régler leur ouverture à 0,4 mm, à l'aide d'une jauge. Pour celà, faire tourner le vilebrequin, jusqu'à ce que les contacts soient bien ouverts totalement. Débloquer la vis (vis cylindrique) et régler l'ouverture à l'aide d'un tournevis.
   Fig. 116

   Après reblocage de la vis a, contrôler à nouveau l'ouverture.
   Fig. 117

3. **Calage de l'allumage, moteur arrêté** (moteur déposé)
   Brancher la lampe de contrôle, par un de ses câbles à la masse et par l'autre câble à la connection inférieure de la dynamo au condensateur (Kl 1).
   Fig. 118

   Lorsque, en tournant le vilebrequin dans le sens de marche, les **contacts du rupteur s'ouvrent**, le circuit de la lampe est **interrompu, la lampe s'éteint.**
   Fig. 119

   Faire tourner le vilebrequin jusqu'à ce que, en fin de course de compression, le repère «F» sur le volant apparaisse dans l'ouverture de contrôle du carter.

   Continuer lentement le mouvement du vilebrequin, dans le sens de marche, jusqu'à ce que le repère «S» sur le volant coïncide avec le repère sur le bord de l'ouverture de contrôle. C'est le point d'allumage avec avance minimum, 7° avant PMH.: à cet instant, les contacts de rupteur doivent commencer à s'ouvrir et la lampe doit s'éteindre.

M 10 = Adjusting Ignition Timing
(Engine R 27)

1. Check condition of spark plugs and electrode gap.
   Fig. 115

   If necessary, clean spark plugs and reset electrode gap to .6 mm. (.024") by bending the ground electrode. Do not bend badly burned electrodes, but renew the spark plug in this case.

2. Check breaker points for wear and if necessary dress them with a fine-cut contact file or replace points. Adjust the breaker gap with feller gauge to .4 mm. (.016"). For this rotate crankshaft until breaker points are fully opening. Then loosen lock screw (cylindrical screw) and move contact plate as required by means of a screw-driver.
   Fig. 116

   Having tightened lock screw a, check breaker gap again.
   Fig. 117

3. **Ignition timing adjustment on stopped engine** (Engine removed)
   For this connect, within the test lamp circuit, one cable to ground, the other cable to lower condenser cable connection of generator (Kl 1).
   Fig. 118

   When by turning the crankshaft in the sense of rotation **the breaker points open**, the test lamp circuit is **interrupted and the light goes out.**
   Fig. 119

   Rotate engine until within the compression stroke the flywheel mark "F" appears in the inspection hole of the engine housing.

   Now continue rotating the crankshaft slowly in the sense of rotation until the flywheel mark "S" is in line with the reference line on the engine housing. This is the firing point (initial timing) 7° before T. D. C. At this moment the breaker points should be just opening and the test light should go out.

M 10 = Ajuste del encendido
(Motor R 27)

1. Comprobar el estado de las bujías y la distancia entre electrodos.

Fig. 115

En caso de que resulte preciso, limpiar las bujías y fijar en 0,6 mm la distancia entre los electrodos, doblando el electrodo de masa. Si los electrodos están muy quemados, no se doblarán, sino que se sustituirá la bujía completa.

2. Controlar el desgaste experimentado por los contactos del ruptor. Limpiarles con una lima de contactos si resultase preciso o sustituirles por contactos nuevos. Fijar con un calibre de interiores la distancia entre los contactos a 0,4 mm. Para ello se hace girar el árbol de levas, hasta que el ruptor esté totalmente abierto. Después se afloja el tornillo de apriete (tornillo cilíndrico) y se desplaza con un destornillador la regleta de contacto.

Fig. 116

Después de haber tensado el tornillo de apriete a, se vuelve a comprobar la distancia entre electrodos.

Fig. 117

3. **Ajuste del encendido estando el motor parado**
(motor desmontado)
Para ello se conecta en el circuito de la lámpara de control uno de los cables a tierra, el otro al borne de conexión inferior del condensador de la dinamo (Kl 1).

Fig. 118

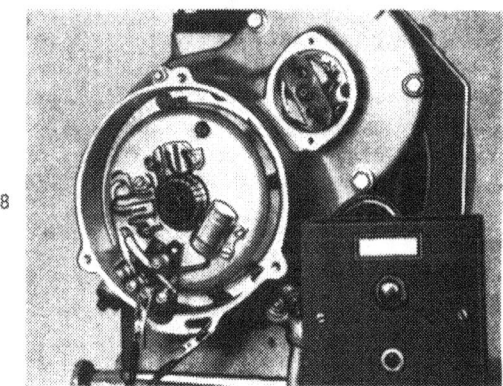

Si los contactos del ruptor se abren al hacer girar el cigüeñal en la dirección de marcha, el circuito de la lámpara de control es interrumpido, **apagándose la lámpara.**

Fig. 119

Hacer girar el motor, hasta que en la carrera de compresión la marca "F" de la rueda volante aparezca en la abertura de control de la caja del motor.

Ahora, el cigüeñal debe seguir girando en la dirección de marcha, hasta que la marca "S" de la rueda volante coincida con la raya de control en la abertura de inspección. Este es el encendido retardado de 7° a. p. m. s. En este instante deben empezar a abrirse los contactos del ruptor y la lámpara deberá apagarse.

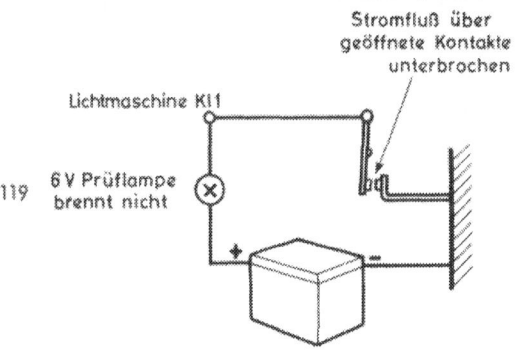

Bei evtl. früherem oder späterem Verlöschen der Prüflampe muß der richtige Zündzeitpunkt durch Verdrehen der Unterbrechergrundplatte eingestellt werden. Dazu die zwei Zylinder-Schlitzschrauben b und c über den Längenschlitzen lockern.

Bild 120

Verdrehen der Grundplatte im Uhrzeigersinn ergibt späteres entgegen dem Uhrzeigersinn früheres Öffnen der Kontakte. (Schrauben b und c wieder festziehen.)

4. **Zündungseinstellung bei stehendem Motor (Motor im Fahrzeug eingebaut)**
Unterbrecherdeckel mit Dichtung abschrauben.
Arbeiten wie unter 1. und 2. beschrieben.
An Klemme 1 der Zündspule und an Masse eine 6 V Prüflampe anschließen.

Bild 121

Die Prüflampe liegt dann parallel zu den Unterbrecherkontakten. Bei eingeschalteter Zündung und geschlossenen Unterbrecherkontakten fließt der Primärstrom durch die Zündspule und über die Unterbrecherkontakte zur Masse. Die Prüflampe brennt nicht.

Bild 122

Wenn sich beim Drehen der Kurbelwelle in Laufrichtung **die Unterbrecherkontakte öffnen,** wird diese direkte Masseverbindung unterbrochen und der Strom fließt über die Prüflampe zur Masse; **die Prüflampe leuchtet auf.**
Im gleichen Augenblick muß die Schwungradmarkierung „S" mit der Markierung im Kontrollfenster des Motorgehäuses übereinstimmen.

Bild 123

Andernfalls Zündzeitpunkt durch Verdrehen der Unterbrechergrundplatte verstellen, wie unter 3. beschrieben.

5. **Stroboskopische Zündzeitpunktprüfung bei laufendem Motor**
Siehe R 26, Abschnitt 3. b). Diese Prüfung ermöglicht nicht nur eine Kontrolle des Zündzeitpunktes, sondern auch eine Prüfung der Funktion des Fliehkraft-Zündverstellers und ist daher besonders zu empfehlen.

Si la lampe s'éteint trop tôt, ou trop tard, il faut rétablir le point d'allumage correct en agissant sur la plaque de base du rupteur. Pour celà, débloquer les deux vis b et c des coulisses.

Fig. 120

En tournant la plaque de base dans le sens des aiguilles d'une montre, on obtient une ouverture plus tardive; en sens inverse, une ouverture plus avancée du rupteur. Rebloquer les vis b et c.

4. **Calage de l'allumage, moteur arrêté** (moteur posé)
Déposer les couvercles de dynamo et de rupteur, chacun avec son joint.
Procéder comme décrit sous 1 et 2.
Coupler à la borne 1 de la bobine et à la masse une lampe de contrôle 6 V.

Fig. 121

La lampe de contrôle est donc en parallèle avec les contacts de rupteur. Le contact d'allumage étant établi et le rupteur fermé, le courant primaire passe par la bobine, puis par le rupteur, à la masse. La lampe de contrôle ne s'allume pas.

Fig. 122

Lorsque, en tournant le villebrequin dans le sens de la marche, **le rupteur ouvre,** cette connection directe à la masse est rompue et le courant passe à la masse par **la lampe de contrôle** qui **s'éclaire** donc.
Au même instant, le repère «S» sur le volant doit coïncider avec le repère sur le bord de l'ouverture de contrôle du carter.

Fig. 123

Si ce n'est pas le cas, modifier le réglage en tournant la plaque de base du rupteur, comme décrit sous 3 ci-dessus.

5. **Contrôle au stroboscope du point d'allumage, moteur en marche**
Voir R 26, paragraphe 3. b). Ce procédé permet non seulement le contrôle du point d'allumage, mais aussi celui du fonctionnement du dispositif automatique d'avance; il est donc particulièrement recommandable.

If the test light goes out before or after the point referred to above, adjust for the correct firing point by rotating the breaker plate. For this loosen the two cylindrical slotted-head screws b and c above the longitudinal holes.

Fig. 120

Moving the contact breaker plate clockwise retards the opening of points, and moving plate counter-clockwise advances it.
Thereafter retighten screws b and c.

4. **Ignition timing adjustment on stopped engine** (Engine installed into motorcycle)
Remove generator cover and contact breaker cover with their gaskets.
Operations as specified under 1. and 2.
Connect 6-V test lamp to terminal 1 of ignition coil and to ground.

Fig. 121

The test lamp is then parallel to the breaker points. With switched-on ignition and closed breaker points the primary current flows through the ignition coil and past the breaker points to ground; the test lamp does not light.

Fig. 122

When by turning the crankshaft in the direction of rotation **the breaker points open,** this direct ground connection is interrupted and the current flows past the test lamp to ground; **the test lamp lights up.**
At the same moment, the flywheel mark "S" must be in line with the reference line in engine housing inspection hole.

Fig. 123

If the two mentioned marks do not align, reset the timing by rotating the breaker plate, as described under 3.

5. **Checking timing with engine running by means of timing light**
See R 26, paragraph 3. b). This test provides the possibility of checking besides the firing point also the function of the centrifugal advance unit and it is therefore highly recommended.

Si la lámpara de control llegase a encenderse o a apagarse antes de este instante, será preciso ajustar el momento de encendido exacto haciendo girar la placa básica del ruptor. Para ello se aflojan los dos tornillos cilíndricos ranurados c y b, por encima de las ranuras longitudinales.

Fig. 120

Un giro de la placa básica en el sentido de las agujas del reloj tiene por consecuencia que los contactos se abran más tarde. El giro en sentido opuesto motiva una apertura más temprana. (Volver a apretar los tornillos c y b.)

4. **Ajuste del encendido estando el motor parado (motor montado en el vehículo)**
Desatornillar las tapas de la dínamo de encendido y del ruptor, con sus juntas respectivas.
Efectuar las operaciones especificadas bajo 1. y 2.
Conectar al borne 1 de la bobina de encendido y a masa una lámpara de control de 6 V.

Fig. 121

En este caso, la lámpara de control se encuentra en paralelo con respecto a los contactos del ruptor. Si el encendido se encuentra conectado y los contactos del ruptor están encendidos, la corriente primaria fluirá al punto de masa, a través de la bobina de encendido y de los contactos del ruptor. La lámpara de control no se enciende.

Fig. 122

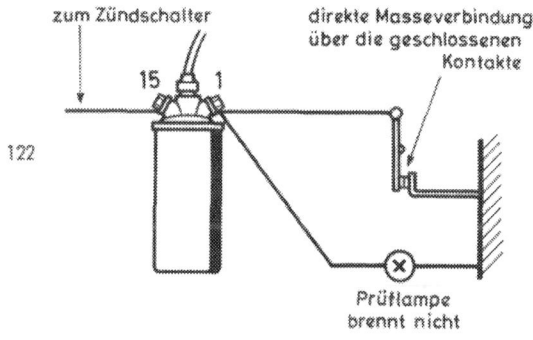

Si los **contactos del ruptor se abren,** al hacer girar el cigüeñal en la dirección de marcha, esta conexión directa a masa se interrumpe, de modo que la corriente fluye a masa a través de la lámpara de control: **la lámpara de control se enciende.**
En este mismo instante, la marca "S" de la rueda volante deberá coincidir con la marca en la abertura de control de la caja del motor.

Fig. 123

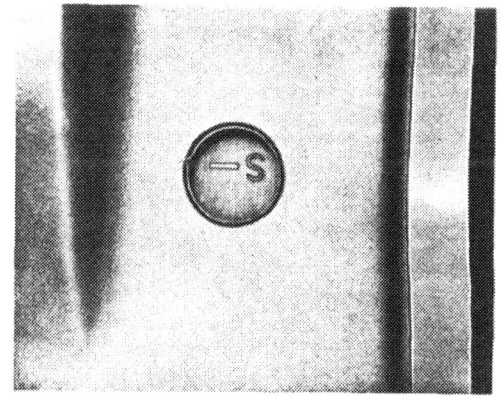

De no ser así, será preciso ajustar el momento de encendido desplazando la placa básica del ruptor, según ha sido descrito en el párrafo 3.

5. **Verificación estroboscópica del momento de encendido con el motor en marcha**
Véase R 26, capítulo 3 b). Mediante esta verificación no sólo es posible controlar el momento de encendido, sino que también puede comprobarse la función del regulador de encendido centrífugo, por lo que resulta especialmente recomendable.

Zündung einstellen
(Motor R 26)

1. Zündkerzen-Elektrodenabstand 0,6 mm prüfen bzw. nachstellen.
2. Unterbrecher-Kontakt an Zündlichtmaschine auf Verschleiß prüfen evtl. mit Kontaktfeile nachputzen oder Kontakt auswechseln. Kontaktabstand mit Spion auf 0,4 mm einstellen. Kontaktschraube nach Lösen der Kontermutter entsprechend verstellen und wieder kontern.

Bild 124

3. a) **Zündungseinstellung bei stehendem Motor mit Prüflampe oder Summergerät.**
Hierzu von Prüfgerät bzw. in Prüflampenstromkreis ein Kabel an Masse Lichtmaschine und ein Kabel an unteren Kondensator-Kabelanschluß anklemmen.

Bild 125

Wenn Markierungsstrich „S" der Schwungscheibe in der Mitte Schauloch am Motorgehäuse steht, das ist Spätzündung 7° vor oberen Totpunkt, muß bei ganz kleinen Verdrehungen an der Schwungscheibe die Prüflampe aufleuchten bzw. verlöschen bzw. das Summergerät ansprechen.
Andernfalls Zündzeitpunkt an Unterbrecher nachstellen. Zum Verstellen des Zündzeitpunktes die 2 Zylinderschrauben über den Längsschlitzen lockern und auf Zündlichtmaschine gesehen ergibt Verdrehen der Unterbrechergrundplatte nach rechts spätere und nach links frühere Zündung.

Bild 126

b) **Die Zündzeitpunkteinstellung soll möglichst bei laufendem Motor mittels Stroboskop nachgeprüft werden.**
Hierzu zwischen Zündkerze (a) und Zündkerzenkabel (b) das Stroboskop (c) mit seinen beiden Kabel (d und e) zwischenschalten. Stroboskop vor Schauloch (f) im Motorgehäuse rechtwinkelig zur Motorachse halten.

Bild 127

Bei Leerlauf mit etwa 500 U/min. muß die Markierung für Spätzündung 7° vor oberem Totpunkt in Mitte Schauloch (R) erscheinen. Ist der helle Strich weiter oben zu sehen, ist die Zündung zu früh (F) und wenn weiter unten, zu spät (S) eingestellt.

Bild 128

Bei steigender Drehzahl verschwindet der helle Strich nach oben bis bei etwa 3000 U/min. die Frühzündung-Markierung 42° v. o. T. in Schaulochmitte von unten her erscheint. Bei richtiger Funktion der Zündzeitpunkteinstellung müssen mit Drehzahländerungen die hellen Striche entsprechend wandern, andernfalls Verstellmechanismus sofort berichtigen.

Calage de l'allumage
(Moteur R 26)

1. Contrôler l'écartement des électrodes de bougie = 0,6 mm. Régler au besoin.
2. Contrôler l'état des contacts du rupteur de dynamo, les nettoyer au besoin avec une lime spéciale ou les remplacer. Ouvrir le rupteur à 0,4 mm, avec une jauge. Dévisser le contre-écrou de la vis de contact, régler celle-ci sur la jauge, rebloquer.

Fig. 124

3. a) **Calage de l'allumage, moteur à l'arrêt, avec lampe-témoin ou appareil accoustique (Summer).**
Brancher, du circuit de la lampe-témoin ou de l'appareil de contrôle, un câble à la masse de la dynamo et un câble à la borne inférieure du condensateur.

Fig. 125

Lorsque le repère «S» du volant se trouve au milieu du trou du carter — ce qui correspond au point d'allumage, avance minimum, 7° avant PMH - il doit suffire d'une très faible rotation du volant dans l'un ou l'autre sens pour que la lampe-témoin s'allume ou s'éteigne ou que l'appareil accoustique se fasse entendre ou s'interrompe. Sie ce n'est pas le cas, il faut régler en agissant sur le rupteur. Pour cela, desserrer les 2 vis cylindriques sur les trous allongés et faire tourner le support du rupteur vers la droite (en regardant la dynamo) pour obtenir moins d'avance, ou vers la gauche, pour obtenir plus d'avance.

Fig. 126

b) **Le calage de l'allumage doit, autant que possible, être vérifié, moteur en marche, avec un stroboscope.**
Pour cela, entre la bougie (a) et le câble de bougie (b), brancher le stroboscope (c) par ses deux câbles (d et e).
Tenir le stroboscope en face du trou de carter (f), perpendiculairement à la surface du volant.

Fig. 127

Au régime du ralenti, environ 500 t/min., le repère pour l'avance minimum, soit 7° avant PMH, doit apparaitre au milieu de trou de carter (R). Si le repère est visible plus haut, il y a trop d'avance (F) et s'il est plus bas, trop de retard (S).

Fig. 128

Lorsque le régime augmente, le repère disparait vers le haut et, vers 3000 t/min., le repère de l'avance max., soit 42° avant PMH, est visible au centre du regard, après être apparu au bas. Si le mécanisme de l'avance automatique est en bon état, les repères doivent se déplacer en fonction des variations du régime. Si ce n'est pas le cas, revoir ce mécanisme.

Adjusting Ignition Timing
(Engine R 26)

1. Check sparking plug electrode gap and adjust to .024".
2. Check on wear breaker contact of dynamo and clean contact with contact file or replace contact if necessary. Adjust contact gap to .016" with feeler gauge. After unscrewing counter nut adjust contact screw as needed and retighten counter nut.

Fig. 124

3. a) **Ignition Timing Adjustment on stopped Engine with Testlamp or Vibrator Device.**
For carrying out this test connect 1 cable of testing apparatus to earth (ground) of dynamo and 1 to lower condenser terminal.

Fig. 125

I the mark "S" of fly wheel aligns to the middle of inspection hole on crank case, i. e. retarded ignition 7° before T. D. C. the testlamp must light up and go out respectively or the vibrator responds upon slightest turning of the fly wheel. If not, readjust ignition timing on contact breaker. For adjustment loosen 2 cylinder screws above longitudinal slots and turn breaker plate to the right = retarded ignition, or to the left = advanced ignition.

Fig. 126

b) **The Ignition Timing Adjustment should be rechecked with running Engine by means of a Stroboscope (Timing light).**
For carrying out this check connect the Stroboscope (c) with its 2 cables (d and e) between sparking plug (a) and sparking cable (b). Hold Stroboscope in front of inspection hole (f) in crankcase in a rectangle position to the engine axis.

Fig. 127

The mark for retarded ignition 7° before T. D. C. must appear in the middle of the inspection hole (R) when the engine idles at about 500 r/m. If the white line appears higher up ignition is too much advanced (F), if further down too much retarded (S).

Fig. 128

With increasing revolution number the white line disappears upwards until the advanced ignition mark 42° before T. D. C. appears from below at about 3000 r/m. in the middle of the inspection hole. If the ignition timing adjustment is correct the white lines must wander corresponding to the varying number of revolutions. Otherwise correct adjustment!

M 10 = Ajuste del encendido
(Motor R 26)

1. Comprobar y, si fuera necesario, reajustar la separación de los electrodos de la bujía a 0,6 mm.
2. Comprobar los platinos del interruptor (ruptor) de la dinamo con respecto al desgaste y en caso necesario, limar los contactos o cambiarlos. Calibrar la separación a 0,4 mm. Para lo cual aflojar la contratuerca del tornillo de contacto, ajustarlo y volver a apretar la contratuerca.

Fig. 124

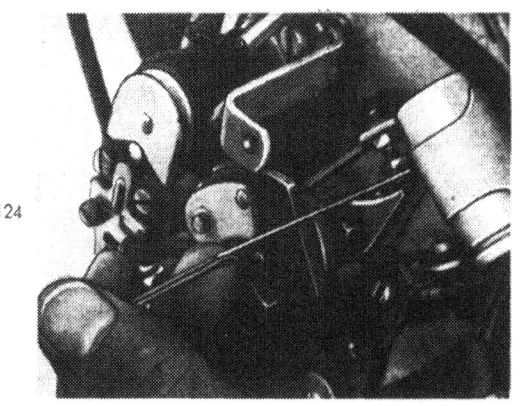

3. a) **Puesta en punto del encendido (chispa) con el motor parado, mediante una lámpara de control o un aparato de sonido.**
   Conectar el cable del aparato de sonido o de la lámpara de control a tierra y el otro cable a la parte inferior del condensador.

Fig. 125

Cuando la raya correspondiente a la marca «S» del volante se encuentra sobrepuesta con la raya del agujero de inspección, lo cual significa un retraso en la chispa de 7° antes punto muerto superior, entonces deberá apagarse o encenderse la lámpara de control o funcionar el aparato de sonido con movimientos de vaivén en el volante. En caso contrario reajustar la puesta en punto del encendido. Para ello aflojar los dos tornillos de cabeza cilíndrica encima de los agujeros alargados, con lo cual se consigue, con el generador a la vista, adelantar y retrasar la chispa girando hacia la izquierda y hacia la derecha la placa del ruptor.

Fig. 126

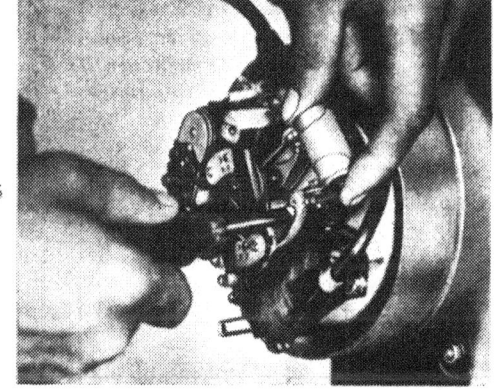

b) **Es recomendable comprobar posteriormente la puesta en punto del encendido con el motor funcionando, mediante el estroboscopio.**
   Para ello conectar el estroboscopio (c) con sus dos cables (d y e) entre la bujía (a) y el cable de la misma (b).
   Mantener el estroboscopio delante del agujero de inspección (f) en la caja del motor en ángulo recto al eje del motor.

Fig. 127

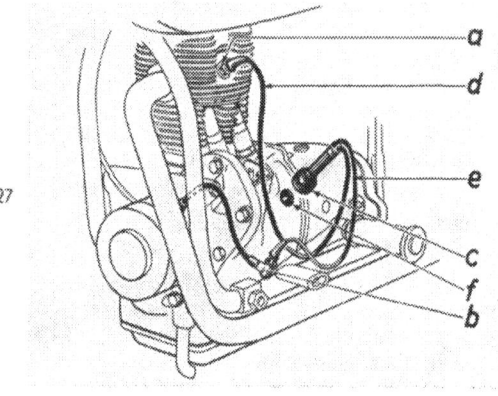

Con el motor funcionando en vacío y a un régimen de 500 r.p.m. aprox. deberá aparecer la marca del encendido retrasado de 7° antes del punto muerto superior en la parte media del agujero de inspección (R). En caso de que la raya luminosa aparezca más arriba, indicará una chispa avanzada (F), en caso contrario una chispa retrasada (S).

Fig. 128

En régimen de r.m.p. ascendente desaparecerá automáticamente la raya luminosa hacia arriba, para volver a aparecer desde abajo con un régimen aproximado de 300 r.p.m. Cuando la marca luminosa aparezca nuevamente en la parte central del agujero de inspección, entonces indicará una chispa adelantada de 42° antes del P.M.S. Si la puesta en punto del encendido está correcta, deberá desplazarse la raya luminosa de acuerdo con el número de r.p.m., en caso contrario corregir inmediatamente el mecanismo de avance.

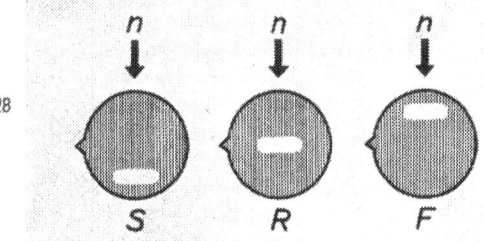

M 11 = Vergaser und Ansaugluftfilter reinigen, Leerlauf einstellen.

1. Deckelverschraubung vom Vergaser oben abschrauben. **Bild 129**

2. Verschraubung SW 19 unter Schlauch-Schwenkanschluß sowie Verschraubung SW 22 vom Benzinhahn ausdrehen und Filter reinigen. **Bild 130**

3. Die 2 Vergaserbefestigungsschrauben SW 13 ausdrehen, Schlauchklemme zurücksetzen und Vergaser wie auf Seite 44 beschrieben, abnehmen.

4. Schwimmergehäusedeckel abschrauben, Schwimmernadel nach unten aus Kerbe drücken und Schwimmer nach oben herausnehmen.

5. Abschlußschraube SW 17 unter der Hauptdüse und diese selbst ausdrehen. Verschlußschraube SW 11 zur Verbindungsbohrung zum Schwimmergehäuse ausdrehen.

6. Luftregulierschraube (a, in Bild 133) ausdrehen und ablegen.

7. Alle Bohrungen und Düsen mit Preßluft ausblasen und alle Teile sauber gereinigt mit einwandfreien Dichtungen wieder zusammenbauen. Die Luftregulierschraube voll eindrehen und für Grundeinstellung 1½ Umdrehungen wieder aufdrehen. **Bild 131**

8. Ansaugluftfilterbefestigungsschraube ausdrehen, Luftfilter abnehmen, in Benzin auswaschen, mit Motorenöl benetzen, abschleudern und wieder einsetzen **Bild 132**

9. Leerlauf einstellen: Gasdrehgriff in Leerlaufanschlag, Bowdenzug am Vergaser auf 0,5 mm Spiel einstellen. Luftregulierschraube (a im Bild 133) rechts drehen ergibt Kraftstoffreicheres Gemisch, links drehen ärmeres Gemisch. Gleichzeitig mit Anschlag-Stellschraube (b) für den Gasschieber günstigen Leerlauf einstellen. (Rechts drehen erhöht die Leerlaufdrehzahl, links drehen vermindert sie.) **Bild 133**

Ist bei einem nicht überholten Motor nach Einstellung von Ventilspiel, Zündung und Vergaser der Leerlauf und Übergang auf höhere Leistung noch nicht befriedigt, so können ein ausgeschlagener Gasschieber, mangelhafte Vergaserflanschdichtung, ausgeschlagene Ventilführungen, schlechte Kompression (Ventilsitze, Kolbendichtung) und bei Zündungsaussetzen Zündkerze, Zündkabel, Zündspule, Unterbrecherkontakte sowie Kondensator die Ursache sein.

M 11 = Nettoyage du carburateur et du filtre d'air, réglage du ralenti

1. Dévisser le couvercle du corps de carburateur. **Fig. 129**

2. Dévisser le raccord SW 19, du tube souple, et le raccord SW 22 au robinet; nettoyer le filtre. **Fig. 130**

3. Retirer les deux vis de fixation SW 13 du carburateur, repousser la bride du raccord caoutchouc et sortir le carburateur, comme décrit page 44.

4. Dévisser le couvercle du flotteur, pousser le pointeau vers le bas pour le dégager de son arrêt, retirer le flotteur vers le haut.

5. Dévisser le bouchon SW 17, sous le gicleur principal, puis ce dernier. Dévisser le bouchon SW 11 du trou de communication à la cuve.

6. Dévisser et retirer la vis de réglage d'air de ralenti (a, Fig. 133).

7. Nettoyer à l'air sous pression tous les canaux et gicleurs. Nettoyer soigneusement toutes les pièces et les assembler en utilisant des joints en parfait état. Visser à fond la vis de réglage d'air de ralenti et, comme premier réglage, la redévisser d'un tour et demi. **Fig. 131**

8. Dévisser la vis de fixation du filtre d'air, retirer ce dernier, le laver à l'essence, l'enduire d'huile, en secouer le surplus et le remonter. **Fig. 132**

9. Régler le relanti: la poignée tournante à la butée de ralenti, régler le câble avec un jeu de 0,5 mm. La vis de réglage d'air (a, fig. 133) donne, en la tournant à droite, un mélange plus riche, à gauche, un mélange plus pauvre. Agir en même temps sur la vis de butée de boisseau (b, fig. 133) pour obtenir le meilleur ralenti (visser augmente le régime, dévisser le diminue). **Fig. 133**

Si, pour un moteur non révisé, le ralenti et les accélérations ne sont pas satisfaisants après qu'on ait réglé le jeu des soupapes, calé l'allumage, nettoyé et réglé le carburateur, on pourra incriminer un boisseau en mauvais état, un joint de carburateur défectueux, des guides de soupapes en mauvais état, une mauvaise compression (sièges de soupapes, segments) et, du côté de l'allumage, la bougie, le câble de bougie, la bobine d'allumage, les contacts de rupteur ou le condensateur.

M 11 = Cleaning of Carburetor and Airfilter, Adjusting Idling Speed

1. Unscrew top cover of carburetor. **Fig. 129**

2. Unscrew screw cap SW 19 below swivel pipe connection and screw cap SW 22 on fuel tap and clean filter. **Fig. 130**

3. Unscrew two carburetor fixture bolts SW 13, set back hose clip and take off carburetor as described on page 44.

4. Loosen float chamber cover, push float needle downwards and out of notch and remove float upwards.

5. Screw off sealing screw SW 17 below main jet and main jet itself. Loosen screw plug SW 11 in the bore connection to float housing.

6. Unscrew pilot air screw.
(a, on figure 133)

7. Air blast all passages and jets and reassemble parts properly cleaned and provided with new gaskets. Screw in completely pilot air screw and reopen 1½ turns for basic adjustment. **Fig. 131**

8. Screw off airfilter fastening bolt, take off airfilter, wash filter in gasoline, moisten it with oil, sling off excess oil and replace air filter. **Fig. 132**

9. Adjust idling speed: Place twist grip in idling position, adjust throttle cable on carburetor to 0.02" play. Turning pilot airscrew (a, figure 133) to the right = enrichens mixture, turning pilot air screw to the left = weakens mixture. At the same time adjust on throttle slide stop screw (b, figure 133) the best idling speed. Turning inwards increases idling revolution number, unscrewing decreases it. **Fig. 133**

If on a non overhauled engine the idling speed and tickover do not satisfy after tuning of valve clearance, ignition timing and carburetor this may be caused by a worn out throttle slide, bad carburetor flange gasket, worn out valve guides or bad compression (valve seats, piston rings). Furthermore a bad sparking plug, ignition cable, ignition coil, breaker points or condenser could be the reason for irregular ignition.

M 11 = Limpiar el carburador y el filtro de aire y ajustar el carburador en vacío.

1. Desatornillar la tapa superior del carburador.
   Fig. 129

2. Quitar el tornillo de 19 mm que fija la conexión giratoria de la manguera así como la tuerca de 22 mm de la llave de paso de la gasolina y limpiar su filtro.
   Fig. 130

3. Quitar los dos tornillos de 13 mm que sujetan el carburador, desplazar hacia atrás la abrazadera de la manguera del filtro de aire y sacar el carburador como descrito en la pág. 45.

4. Desatornillar la tapa de la cámara del flotador, empujar hacia abajo la aguja del flotador y sacar éste último hacia arriba.

5. Desatornillar el tapón de 17 mm abajo del surtidor (esprea) principal, lo mismo que éste último. Aflojar el tapón de 11 mm cuyo conducto viene de la cámara del flotador.

6. Quitar el tornillo de regulación del aire (véase bajo a en ilustración 100).

7. Someter al chorro de aire todos los conductos y surtidores (espreas) y armar las partes debidamente limpias con sus juntas en buenas condiciones. Apretar totalmente el tornillo del aire y, a continuación, aflojarlo en 1 ½ vueltas.
   Fig. 131

129

130

131

8. Quitar el tornillo sujetador del filtro de aire, sacar el mismo y lavarlo en gasolina, después aceitarlo, sacudirlo y volverlo a montar.
   Fig. 132

9. Ajustar el carburador en vacío: Regresar completamente el puño giratorio del acelerador y ajustar el cable Bowden en el carburador con un juego de 0,5 mm. Al introducir el tornillo del aire (a en ilustración 133) se enriquecerá la mezcla, mientras que aflojándolo se empobrecerá aquélla. Al mismo tiempo ajustar la marcha más favorable en vacío con el tornillo tope (b en ilustración 133) que empuja hacia arriba la corredera de gases. Atornillándolo se aumenta el número de r.p.m. y aflojándolo se disminuye éste.
   Fig. 133

132

En caso de tener un motor no revisado, en el cual después de haber ajustado el juego de las válvulas, el encendido y el carburador, no se logra todavía que la marcha en vacío y la transición a un rendimiento mayor sean satisfactorios, entonces la causa deberá atribuirse a los defectos siguientes: Desgaste en la corredera de gas, ajuste deficiente de la junta de la brida del carburador, guías de las válvulas desgastadas, baja compresión (asientos de las válvulas, ajuste del pistón) o por fallas intermitentes de la chispa, la bujía, el cable de ésta, la bobina, los platinos del interruptor o el condensador.

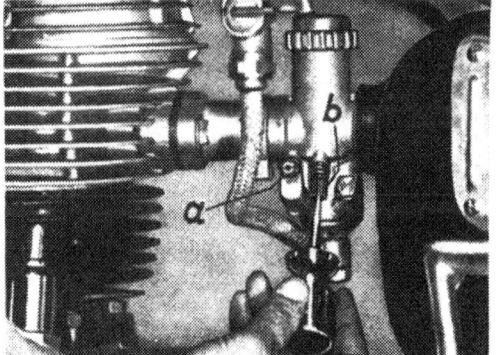

133

G = Getriebe zerlegen, instandsetzen und zusammenbauen (Getriebe ausgebaut)

Werkzeuge: Haltevorrichtung Matra 494, Leerlaufkontaktlehre 5096, Einstellvorrichtung Matra 504, Drehmomentschlüssel, Abziehvorrichtung Matra 422 A, Parallelhalter 5070, Schlagbuchse 5095, Belzerithammer, Ringschlüssel 17/19, 8/9, 14/15, Steckschlüssel SW 10, Prüfspiegel, Meßbüchse 5061, Innensechskantschlüssel SW 6, Sprenggabel 5065, Montagevorrichtung Matra 319/1, 319/2, 319/3, Außenseegering-Zange gerade, Außenseegering-Zange abgewinkelt, Tiefenmaß, Durchschlag, zwei Schraubenzieher.

Bild 134

G 1 = Mitnehmerflansch zum Kardanwellenantrieb ab- und anbauen

1. Getriebe in den Montagebock nach Selbstanfertigungs-Zeichnung 5014 oder in die, im Schraubstock eingespannte Getriebeaufnahme nach Selbstanfertigungs-Zeichnung 5017 einsetzen und festschrauben.
Bild 135

2. Getriebeöl ablassen.

3. Haltevorrichtung Matra 494 auf Zapfen des Mitnehmerflansches aufstecken und mit zugehörigem Steckschlüssel Matra 494/2 die Nutmutter abschrauben.
Bild 136

Achtung! Bei Zusammenbau Nutmutter mittels Steckschlüsseleinsatz Matra 494/3 für Drehmomentschlüssel, sowie Haltevorrichtung 494 mit 12–15 mkg anziehen.

4. Auf Mitnehmerflanschzapfen Parallelhalter 5070 zum Schutz gegen Verformung des Flansches aufstecken und mittels Abziehvorrichtung Matra 433 A Mitnehmerflansch abdrücken. Gegebenenfalls auf Abdrückschraube einen leichten Prellschlag geben.
Bild 137

5. Büchse für Tachometer-Schraubenrad nur bei Bedarf nach Entfernen der Halteschraube SW 9 mittels 2 am Büchsenbund gegenüber angesetzten Schraubenziehern herauskippen und Schraubenrad herausnehmen. Bei R 27 ist diese Büchse wegen besserer Getriebeentlüftung geschlitzt.

6. Etwa schadhaften Abdichtring für Abtriebswelle herausnehmen und neuen Dichtring mittels geeignetem Schlagdorn mit Gehäusedeckel bündig einsetzen.
Bild 138

G = Démontage, mise en état et remontage de la boîte de vitesses (la boîte étant déposée)

Outillage: dispositif d'arrêt Matra 494, outil de réglage du contact de PM. 5096, dispositif de réglage Matra 504 clef dynamométrique, extracteur Matra 422 A, renfort de parallélisme 5070, chassoir 5095, maillet matière plastique, clefs fermées 17/19, 8/9, 14/15, clef à tube SW 10, miroir de contrôle, douille de mesure 5061 clef pour 6-pans intérieurs SW 6, fourche 5065, douilles de montage Matra 319/1, 319/2, 319/3, pince ouvrante droite pour bagues à ressort ext., pince ouvrante id. coudée, pied à coulisse de profondeur, chasse-goupille, 2 tournevis.

Fig. 134

G 1 = Dépose et repose de la joue d'entraînement de cardan

1. Placer et fixer la boîte sur le support spécialement exécuté selon dessin 5014, ou sur le montage à fixer dans l'étau, selon dessin 5017.
Fig. 135

2. Vidanger l'huile de la boîte.

3. Placer sur les doigts de la joue d'entraînement, l'appareil d'arrêt Matra 494 et, avec la clef correspondante Matra 494/2, dévisser l'écrou fendu.
Fig. 136

Attention! Au remontage, il faut visser l'écrou fendu à l'aide de la clef dynamométrique, munie de la tête correspondante Matra 494/3 et du dispositif d'arrêt Matra 494, avec un moment de 12 à 15 mkg.

4. Introduire sur les doigts d'entraînement le renfort de parallélisme 5070 pour éviter une déformation de la joue, et extraire celle-ci au moyen de l'extracteur Matra 422 A. Cas échéant, le décollage est facilité par un coup de maillet sur la vis d'extracteur.
Fig. 137

5. N'extraire la douille du pignon de compteur que si c'est nécessaire. Pour cela, enlever la vis d'arrêt SW 9, puis extraire la douille à l'aide de 2 tournevis appliqués sous le collet, l'un en face de l'autre. Sur la R 27, cette douille est fendue pour améliorer la ventilation de la boîte.

6. Retirer le joint d'étanchéité, peut-être endommagé, de l'arbre de sortie et chasser soigneusement le nouveau joint, avec un chassoir approprié, dans le couvercle de boîte.
Fig. 138

G = Dismantling of Transmission, Overhauling and Reassembling (Transmission Removed)

Tools: Holding fixture Matra 494, neutral ind. contact gauge 5096, adjusting device Matra 504, torque spanner, puller device Matra 422 A, parallel holder 5070, drive bushing 5095, plastic mallet, ring spanner 17/19, 8/9, 14/15, box spanner SW 10, mirror, gauge bush 5061, inside hex. spanner SW 6, fork 5065, assembling tool Matra 319/1, 319/2, 319/3, straight outside snap ring pliers, angled outside snap ring pliers, depth gauge, punch, 2 screw drivers.

Fig. 134

G 1 = Removing and Refitting Drive Flange to Shaft Drive.

1. Locate transmission on support stand (shop-made as per drawing 5014) or in support fixture clamped in bench (shop-made as per drawing 5017).
Fig. 135

2. Drain oil.

3. Put holding device Matra 494 on pins of drive flange and screw off nut with box spanner Matra 494/2.
Fig. 136

Caution! When assembling tighten nut by means of socket spanner insert Matra 494/3 for torque spanner and holding device 494 with 85-110 ft. lbs.

4. Put on drive flange pins parallel holder 5070 in order to protect flange against distortion and press off flange by means of puller device Matra 422 A. Give if necessary a slight blow on puller screw.
Fig. 137

5. Remove bushing for speedometer worm gear only if there is need as follows: After unscrewing of fastening screw SW 9 tilt out bushing by setting two screwdrivers on the bush edge in face and take out worm gear. On R 27, this bushing is slotted to improve gearbox ventilation.

6. Take out seal ring of secondary shaft if it is defective and put new seal ring by means of a suitable driving arbour so that the seal flushes with housing cover.
Fig. 138

G = Desarmar la caja de cambio (velocidades), repararla y armarla
(caja de cambio desmontada)

Herramientas: Sujetador Matra 494, calibrador de la muelle del punto muerto 5096, dispositivo Matra 504, llave torsímetro, extractor Matra 422 A, sujetador 5070, casquillo de impacto 5095, martillo plástico, llaves de anilla 17/19, 8/9, 14/15, llave tubular de 10 mm, espejo, casquillo-calibrador 5061, llave "Allen" 6 mm, horquilla 5065, casquillos de montaje Matra 319/1, 319/2, 319/3, pinza recta para el anillo de seguridad, pinza angular para el anillo de seguridad, calibrador de profundidad, sacabocado, 2 desatornilladores.

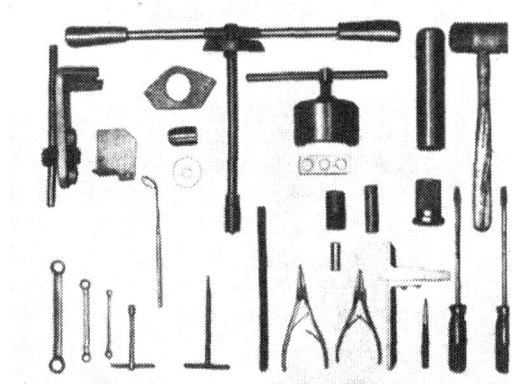

Fig. 134

G 1 = Desmontar y montar la brida (flanch) de arrastre del eje secundario

1. Colocar y sujetar la caja de cambio en el caballete de elaboración propia según dibujo 5014, o en el soporte para sujetarse en el tornillo de banco según dibujo 5017.

Fig. 135

2. Vaciar de aceite la caja de cambio.

3. Meter el sujetador Matra 494 en los pernos de la brida de arrastre y desatornillar la tuerca ranurada con la respectiva llave tubular Matra 494/2.

Fig. 136

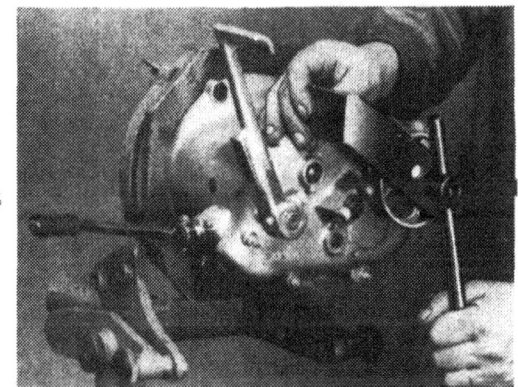

¡Atención! Al armar la brida apretar la tuerca ranurada a 12–15 kgm, utilizando una llave torsímetro con cubo postizo Matra 494/3 así como el sujetador 494.

4. Colocar el sujetador para la brida de arrastre 5070 en los pernos de la misma para protegerla contra deformaciones y sacarla bajo presión con el extractor Matra 422 A. En caso necesario aplicar un ligero golpe en el tornillo de lextractor

Fig. 137

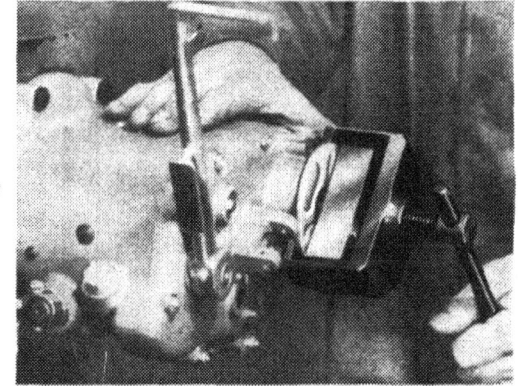

5. Solamente en caso necesario sacar el casquillo guía del engrane impulsor del eje flexible del velocímetro. Para ello quitar el tornillo de sujeción de 9 mm y después mediante la aplicación de dos desatornilladores metidos opuestamente y debajo del borde del casquillo, hacer palanca y sacarlo juntamente con el engrane. En la R 27, este casquillo está hendido con el fin de perfeccionar, la ventilación de la caja de cambio.

6. Si el retén de aceite del eje secundario estuviera desgastado, quitarlo y colocar uno nuevo mediante un punzón de impacto adecuado, de manera que el retén quede al ras de la tapa de la caja de cambio.

Fig. 138

G 2 = Getriebewellen aus- und einbauen

1. An Kupplungsdruckgestänge Druckstück mit Dichtring, Kugelkäfig, Druckscheibe und Druckstange mit Filzring abnehmen.

   Bild 139

2. Sieben Befestigungsmuttern SW 10 von Getriebedeckel samt Unterlegscheiben abnehmen.

   Bild 139

3. Getriebe auf etwa 80° C anwärmen, Kickstarterhebel etwas herunterdrücken und Getriebedeckel an den vorgesehenen Schlagnasen mit Hartholzklotz und Hammer abklopfen. Dabei Abtriebswellen-Kugellager mittels Schlagrohr zurückklopfen um ein Verbiegen der Schaltgabeln zu vermeiden.

   Bild 140

   Paßscheiben für Wellen-Seiten-Spiel aus Deckel nehmen.

4. Zwei Zylinderschrauben für Schaltgabellagerung mittels Innensechskantschlüssel 6 mm ausdrehen und mit Scheiben ablegen.

   Bild 141

   Schaltgabeln und Büchsen zusammenzeichnen, Büchsen und Halteblech abnehmen.

5. Alle drei Wellen aus noch warmem Gehäuse mit Schaltgabel herausnehmen. Gegebenenfalls durch leichte Belzerithammerschläge auf Gehäuse aus Lagerung prellen. Achten, daß Schaltgabeln nicht hängen.

   Bild 142

   Achtung! Zum Einbau der Getriebewellen Gehäuse auf 80—100° C erwärmen.
   Wurden Hauptwelle, Schiebeklauen, Schaltgabeln, Schaltgabelbüchsen, oder Kurvenschaltscheibe erneuert, so ist eine Neueinstellung der Schaltgabeln erforderlich. Hierzu komplette Hauptwelle, Schaltgabeln und Kurvenscheibe einsetzen. Einstellvorrichtung Matra 504 zur Wellenführung auf Gehäuse aufschrauben und in Leerlaufstellung mittels Spiegel prüfen, ob Abstand der Mitnehmerklauen auf beiden Seiten gleich groß ist. Gegebenenfalls Schaltgabel-Führungsbüchsen um 180° verdrehen oder Schaltgabeln vorsichtig mit Sprenggabel 5065 nachrichten.

   Bild 143

G 2 = Dépose et pose des arbres de boîte de vitesses

1. De la commande de débrayage, retirer la pièce d'appui avec son joint, la butée à billes, son appui intérieur et la tige avec sa douille en feutre.

2. Dévisser et enlever 7 écrous de fixation SW 10 — avec leur rondelle — du couvercle de boîte.

   Fig. 139

3. Chauffer la boîte jusqu'à 80° C environ, abaisser un peu la pédale de kick-starter et sortir le couvercle en frappant sur les bossages prévus à cet effet, avec un marteau sous lequel on interpose un morceau de bois dur. Chasser, ce faisant, le roulement de l'arbre de sortie, avec un chassoir tubulaire, pour éviter de fausser les fourchettes.

   Fig. 140

   Retirer du couvercle les rondelles d'ajustage du jeu latéral des arbres.

4. Dévisser, à l'aide d'une clef pour 6-pans intérieurs 6 mm, les 2 vis d'articulation des fourchettes et les enlever, avec leur rondelle.

   Fig. 141

   Repérer ensemble chaque fourchette avec sa douille, retirer les douilles et la tôle d'arrêt.

5. Sortir de la boîte encore chaude les 3 arbres ensemble, avec les fourchettes. Cas échéant, les chasser à coups légers de maillet matière plastique, frappés sur le carter, hors de leurs roulements. Attention à ne pas endommager les fourchettes.

   Fig. 142

   Attention! Pour remontage, chauffer le carter de boîte à 80—100° C.
   Si l'arbre principal, les clabots, les fourchettes, les douilles des fourchettes ou le disque-came ont été remplacés un nouveau réglage des fourchettes est nécessaire. Pour cela, monter l'arbre principal complet, les fourchettes et le disque-came. Placer la joue de réglage Matra 504 comme guidage des arbres, sur la boîte et la fixer. En position de point-mort, contrôler avec le miroir que la distance entre la fourchette et le bord de la rainure de guidage du clabot, est égale de chaque côté. Eventuellement, tourner de 180° la douille de fourchette ou corriger prudemment la fourchette à l'aide de la fourche 5065.

   Fig. 143

G = Removing and Refitting Transmission Shafts.

1. Withdraw from throw-out rod of clutch thrust piece with gasket ring, ball cage, thrust plate and pressure bar with felt ring.

2. Take off 7 fastening nuts SW 10 with washers from transmission cover.

   Fig. 139

3. Heat up transmission to about 180° F; press down kickstart crank and drive off transmission cover by setting a hard wood block against overhanging noses and applying soft hammer blows. In order to avoid distortion of selector forks drive back secondary shaft bearing by means of a drift tool.

   Fig. 140

   Take out spacing shims for side play of shafts.

4. Screw off the two cylinder screws of selector fork bearing with inside hex. spanner 0.24" and take off washers.

   Fig. 141

   Mark together selector forks and bushings, take down bushings and support plate.

5. Take out of heated up housing all three shafts together with selector forks. If necessary apply soft blows with plastic mallet on housing until bearings come out. Pay attention that selector forks are free.

   Fig. 142

   Caution! When remounting transmission shafts heat up housing to 180—210° F. If secondary shaft, slide gears, selector forks, selector fork bushing or cam plate have been renewed new adjustment of selector forks and cam plate is necessary. To do this, install the complete secondary shaft, selector forks, and cam plate. Screw in adjusting device Matra 504 on housing, set gears in neutral position and check with mirror if distances of drive dogs are the same on both sides. If necessary turn selector fork bushings 180° or readjust end of selector forks gently by means of adjusting fork 5065.

   Fig. 143

G 2 = Desmontar y montar los ejes de la caja de cambio

1. Quitar del conjunto impulsor del embrague, la pieza de presión con su retén de aceite, el cojinete de presión axial, la arandela de empuje y la varilla opresora con su anillo de fieltro.

2. Quitar junto con sus arandelas las siete tuercas de 10 mm que sujetan la tapa de la caja de cambio.

Fig. 139

3. Calentar la caja de cambio a 80° C aprox., bajar ligeramente el pedal de arranque y golpear hacia afuera la tapa de caja de cambio en los salientes de la misma con un pedazo de madera dura y un martillo. Durante este proceso golpear hacia adentro el cojinete del eje secundario con un tubo de impacto para evitar deformaciones en las horquillas selectoras.

Fig. 140

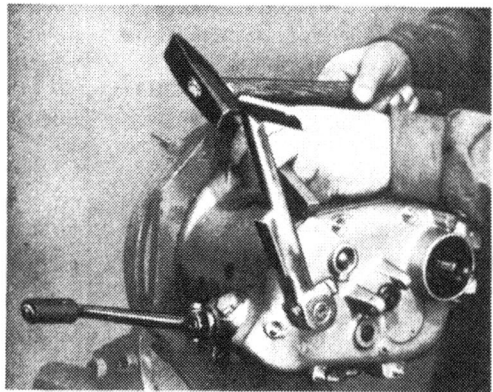

Quitar las arandelas distanciadoras para el juego axial de la tapa.

4. Aflojar los dos tornillos de cabeza cilíndrica que sujetan las horquillas selectoras, mediante una llave "Allen" de 6 mm y sacarlos junto con sus arandelas.

Fig. 141

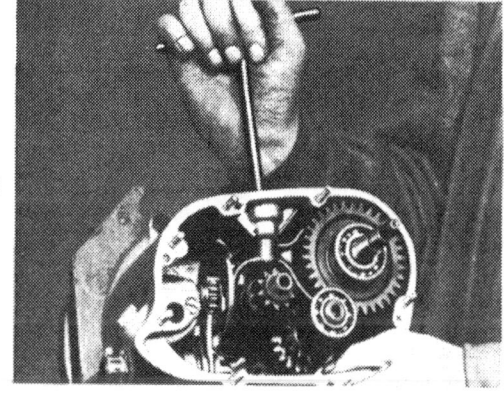

Marcar conjuntamente cada juego de horquilla y casquillo, quitar los casquillos y la placa laminada de sujeción.

5. Sacar los tres ejes con las horquillas selectoras de la caja de cambio aún caliente. En caso necesario hacer salir de sus alojamientos los citados ejes por medio de ligeros golpes con un martillo plástico. Tener cuidado, que no se atoren las horquillas selectoras.

Fig. 142

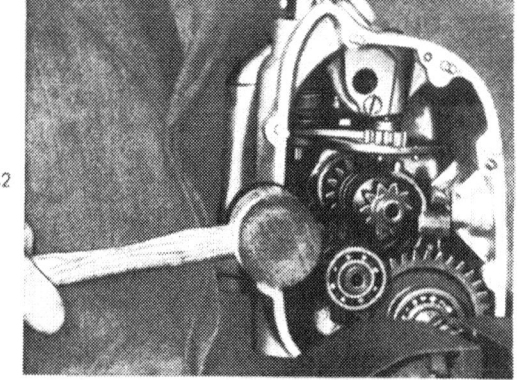

¡Atención! Al montar los ejes, calentar la caja de cambio de 80–100° C.
En caso de haber cambiado el eje secundario, las horquillas selectoras, las garras corredizas, los casquillos de las horquillas o la leva selectora, es indispensable reajustar las horquillas selectoras. Para eso colocar todo el eje secundario en su lugar, así como las horquillas selectoras y la leva selectora. Atornillar, el dispositivo Matra 504 que sirve de guía para dicho eje en la caja de cambio y comprobar la posición correspondiente al punto muerto mediante un espejo adecuado. Es decir que la distancia sea igual en ambos lados de cada garra corrediza. En caso necesario girar los casquillos de las horquillas selectoras a 180° ó doblar sus brazos con la herramienta 5065.

Fig. 143

Zum endgültigen Welleneinbau zuerst *die Antriebswelle mit Montagebüchse Matra 297/1 zum Dichtringschutz* in das Gehäuse einsetzen und mittels Schlagbüchse 5095 auf **Kugellageraußenring** aufgesetzt voll einklopfen.

Bild 144

Pour terminer le remontage, introduire d'abord dans la boîte l'arbre d'entraînement, avec la douille Matra 297/1, pour protéger le simmering et, au moyen du chassoir 5095 appuyant sur la **bague extérieure du roulement**, chasser à fond, au maillet.

Fig. 144

For final installation of shaft insert at first drive shaft with assembling bush Matra 297/1 for the protection of oil seal in housing. Drive it in completely by means of drift bush 5095 set on **outer ring of ball bearing.**

Fig. 144

Keinesfalls beim Einbau der Antriebswelle auf oberes Wellenende schlagen, sonst kein einwandfreier Sitz der Welle im Gehäuse gewährleistet.
Dann Nebenwelle und Hauptwelle mit Schaltgabeln in das Gehäuse stellen und in Zahneingriff bringen.

Bild 145

Lors du montage de l'arbre d'entraînement, il ne faut en aucun cas frapper sur le bout supérieur de l'arbre, ce qui n'assure aucunement un siège correct de l'arbre dans la boîte.
Puis, introduire dans le carter l'arbre intermédiaire et l'arbre de sortie avec les fourchettes et mettre en prise les dentures.

Fig. 145

When installing drive shaft apply by no means blows on upper shaft end, otherwise correct seat of shaft in housing will not be guaranteed. Then range intermediary shaft and secondary shaft with selector forks into the housing and engage teeth.

Fig. 145

Beide Wellen gemeinsam mit passendem, an Kugellagerinnenring aufgesetzten Schlagrohr in Lagersitze einklopfen. Vorsicht, daß Schaltgabeln nicht klemmen.

Bild 146

Chasser ensemble les deux arbres, au moyen du chassoir tubulaire approprié s'appuyant sur la bague intérieure du roulement, dans leur position finale. Prendre garde à ne pas fausser les fourchettes.

Fig. 146

Drive in both shaft together with suitable dift tube set on inner ring of ball bearing. Pay attention that selector forks do not jam.

Fig. 146

Zum Ausmessen vom Seitenspiel einer neuen Getriebewelle Dichtung auf Getriebegehäuse auflegen.
Hauptwelle mit Matra Vorrichtung 504 fixieren und mittels Tiefenmaß vom Kugellager zur Gehäusetrennfläche messen. Dann von Getriebegehäuse-Trennfläche zum Grund des Kugellagersitzes im Deckel messen und die Differenz mit entsprechenden Paßscheiben auf 0,2 mm Spiel ausgleichen. Zweckmäßig klebt man die Scheiben mit etwas Fett in den Lagergrund des Getriebedeckels.

Bild 147

Pour mesurer le jeu axial d'un nouvel arbre, il faut placer le joint de couvercle sur le carter.
Fixer l'arbre de sortie au moyen du dispositif Matra 504 et, avec un pied à coulisse de profondeur, relever la distance de roulement à billes à la face jointive du carter (joint compris); puis mesurer la distance de la même face du carter à la base du siège de roulement dans le couvercle. Réduire la différence entre ces deux mesures à 0,2 mm par l'adoption de rondelles d'ajustage appropriées. Il est utile de coller les rondelles dans le logement du roulement, dans le couvercle, avec un peu de graisse.

Fig. 147

For measuring the end play of a new transmission shaft place gasket on housing. Locate secondary shaft with Matra device 504 and measure with depth gauge from ball bearing to parting surface of housing. Then measure from parting surface of housing to the bottom of ball bearing seat in cover and compensate difference by suitable shims until a play of .008" is obtained. It will be practical to stick the shims with some grease to the bottom of bearing seat in the transmission cover.

Fig. 147

Das Ausmessen der Nebenwelle erfolgt auf die gleiche Weise, das Längsspiel darf 0,2—0,4 mm betragen.
Um den Meßvorgang an der Antriebswelle zu erleichtern, wird auf die verstemmte Scheibe am Wellenende die genau 20 mm hohe Meßbüchse 5061 aufgesetzt und auf 0,2 mm Spiel ausgemessen. Die ermittelte tellerförmige Paßscheibe wird auf das bereits in den Getriebedeckel montierte Kugellager mit Fett, und zwar auf den Kugellager-Innenring aufgeklebt.

Bild 148

La mesure de l'arbre intermédiaire s'effectue de même manière; le jeu axial doit être de 0,2 à 0,4 mm.
Pour faciliter la mesure concernant l'arbre d'entraînement, on placera sur la rondelle à guidage de l'extrémité de l'arbre, la douille de mesure 5061, mesurant exactement 20 mm et l'on calculera avec 0,2 mm de jeu axial. La rondelle d'ajustage obtenue sera collée sur la bague de roulement intérieure du roulement à billes déjà monté dans le couvercle de boîte.

Fig. 148

The measurement of the intermediary shaft is to be executed in quite the same way, the axial play may amount to .008—.016". In order to facilitate the measurement on the intermediary shaft the gauge bush 5061 of exactly .787" of hight has to be set on the tightened disc on the end of the shaft; adjust the play to .008". The suitable cap shaped shim is to be sticked with grease on the inner ring of ball bearing which is already fitted to the transmission cover.

Fig. 148

Getriebegehäusedeckel zum Aufsetzen auf 80—100° C erwärmen.

Pour replacer le couvercle de boîte il faut le chauffer à 80—100° C.

For mounting cover of transmission housing heat it up to 180—210° F.

Para el montaje final de los tres ejes, introducir primero el eje impulsor en la caja mediante el casquillo de montaje Matra 297/1 para proteger el retén de aceite y luego con el casquillo de impacto 5095 golpear en el **anillo exterior del cojinete** hasta introducir completamente dicho eje.

Fig. 144

De ninguna manera golpear sobre el extremo superior del eje impulsor durante su montaje, ya que de otra manera no se puede garantizar un buen ajuste en su asiento.
En seguida colocar el eje intermedio y el eje secundario con las horquillas selectoras dentro de la caja de cambio y hacer coincidir los dientes de sus engranes.

Fig. 145

Introducir al mismo tiempo los dos ejes en sus alojamientos, golpeándolos esta vez por medio de un tubo de impacto en el anillo interior del cojinete. Tener cuidado que las horquillas selectoras no se atoren.

Fig. 146

Para medir el juego axial de un eje nuevo es necesario colocar la junta en la caja de cambio.
Fijar el eje secundario por medio de la herramienta Matra 504 y con un calibrador de profundidad medir la distancia entre el cojinete y la cara de contacto de la caja. Luego medir la distancia entre la cara de contacto y el fondo del alojamiento del cojinete en la tapa y compensar la diferencia mediante arandelas distanciadoras hasta alcanzar un juego axial de 0,2 mm. Es conveniente pegar con grasa dichas arandelas en el fondo de los alojamientos de la tapa.

Fig. 147

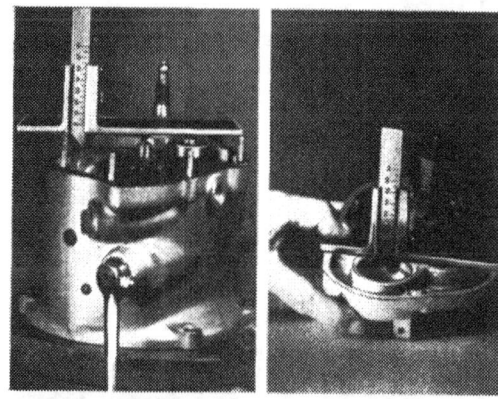

Proceder de la misma manera para medir el juego axial del eje intermedio, el cual esta vez debe estar entre los límites de 0,2 – 0,4 mm.
Para facilitar la medición en el eje impulsor, se colocará sobre la arandela sellada en el extremo del eje, el casquillo de medición 5061, el cual mide exactamente 20 mm y sobre éste se medirá el juego axial de 0,2 mm. La determinada arandela distanciadora en forma de plato se pegará con grasa en el cojinete ya montado en la tapa de la caja y precisamente sobre el anillo interior de éste.

Fig. 148

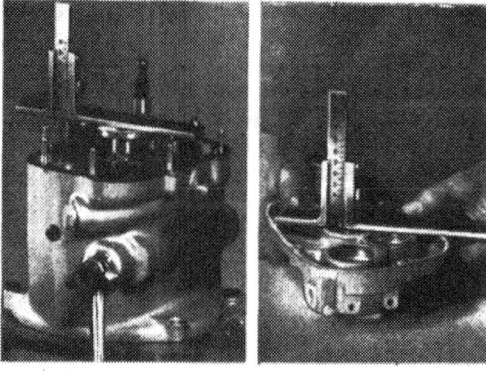

Para montar la tapa de la caja de cambio hay que calentar la primera de 80 – 100° C.

G 3 = Fußschaltung aus- und einbauen

1. Sicherungsring vor Kurvenscheibe entfernen und diese abnehmen. Feder zur Sperrklinke wird zur Abnahme frei.
2. Sicherungsringe vor Zahnsegment und vor Sperrklinke ausheben und diese abnehmen. **Bild 149**
3. Keilschraube an Fußschalthebel nach Abschrauben der Mutter ausklopfen und Hebel abziehen, sowie Abstandscheibe zwischen Fußschalthebel und Gehäuse abnehmen.
4. Ankerhebel mit Abstandsbüchse, Rastenhalter mit Federring, Abstandscheibe und Rückholfeder nach innen abnehmen.

Achtung! Beim Zusammenbau auf Ankerhebel aufstecken: Die Abstandsbüchse, darauf den Federring mit den zwei so eingesetzten Rastenhaltern, daß die gekröpften Enden zum Ankerhebel stehend die zwei Anschlagzapfen des Ankers parallel einklemmen, dann die Abstandscheibe und anschließend die Rückholfeder mit gebogenen Enden zum Ankerhebel weisend. **Bild 150**

Das Ganze in das Gehäuse so einsetzen, daß die Rückholfederenden überkreuzt den Haltebolzen im Gehäuse einklemmen.
Fußschalthebel mit passender Abstandscheibe zum Gehäuse (0,1 mm Spiel) anbauen.
Zahnsegment mit Raste auf Ankerhebelachse aufschieben. Die beiden Ankerzahnspitzen links und rechts müssen gleichen Abstand zum Zahnsegment-Außendurchmesser haben, evtl. durch Nachbiegen der Rückholfederenden berichtigen. **Bild 151**

Sperrklinke auf Zahnsegment stecken, mit Sicherungsring sichern und Zahnsegment auf Ankerhebelachse sichern.
Druckfeder für Sperrklinke auf Zapfen im Gehäuse stecken, Sperrklinke daraufdrücken und Kurvenscheibe so auf Lagerbolzen schieben, daß der zweite Zahn des Segmentes (von offenem Gehäuse gesehen) in die markierte Zahnlücke des Zahnrades an der Kurvenscheibe trifft. **Bild 152**

Das Überschaltspiel (a) zwischen Sperrklinke und Rasten auf der Kurvenscheibe, das durch Anschlag des Ankerhebels an den beiden Anschlagschrauben bestimmt wird, soll in beiden Schaltrichtungen im 1. bis 4. Gang etwa 2 mm betragen. Gegebenenfalls Anschlagschrauben durch Einlegen von entsprechenden Unterlegscheiben nachstellen. **Bild 153**

G 3 = Démontage et remontage du sélecteur

1. Retirer la bague d'arrêt du disque de guidage et enlever ce dernier. Le ressort de verrouillage est ainsi libéré.
2. Retirer les bagues d'arrêt du secteur denté et du cliquet de verrouillage et retirer ces pièces. **Fig. 149**
3. Déchasser la clavette de la pédale, après avoir dévissé son écrou. Enlever la pédale, ainsi que la rondelle entre la pédale et le carter.
4. Retirer depuis l'intérieur le levier porte-cliquet, la douille de distance, les rondelles à doigt avec la douille à ressort, la rondelle d'espacement et le ressort de rappel.

Attention! Au remontage, placer sur le levier porte-cliquet: la douille de distance, puis la douille à ressort avec les deux rondelles à doigt disposées de façon que leurs doigts reposent sur le levier porte-cliquet et maintiennent parallèlement les deux ergots de butée; puis la rondelle d'espacement et finalement le ressort de rappel, ses extrémités coudées regardant le levier porte-cliquet. **Fig. 150**

Insérer le tout dans le carter de telle sorte que des extrémités du ressort de rappel, croisées, enserrent l'ergot d'arrêt fixé dans le carter.
Monter la pédale avec une rondelle laissant un jeu de 0,1 mm entre la pédale et le carter. Placer le segment denté avec son rochet, sur l'axe de sélecteur. Les deux côtés du cliquet double doivent se trouver à la même distance de la denture du rochet. Eventuellement, corriger en courbant le ressort de rappel. **Fig. 151**

Monter le cliquet de verrouillage sur le secteur denté, l'assurer avec sa bague d'arrêt, puis assurer le secteur denté sur l'axe. Placer le ressort de verrouillage sur l'ergot du carter, relever le cliquet de verrouillage et monter sur son axe le disque de guidage de telle sorte que la 2e. dent du secteur (vu du carter ouvert) s'engage dans l'encoche du pignon marquée d'un repère sur le disque. **Fig. 152**

L'excédent de course (a) mesuré entre le cliquet de verrouillage et l'encoche du disque, est déterminé par deux vis faisant fonction de butées du levier porte-cliquet. Il doit être de 2 mm environ pour chaque vitesse, de la 1e. à la 4e. et quel que soit le sens de passage (en montant ou en descendant). Le réglage est possible par l'insertion de rondelles d'épaisseur appropriée sous les vis de butée. **Fig. 153**

G 3 = Removing and Refitting Foot operated Gear Change

1. Remove lock ring before cam plate and take off the latter. Spring of ratchet pawl becomes free to be taken off.
2. Loosen lock rings before ratchet and ratchet pawl. **Fig. 149**
3. Blow out cotter screw on gear change pedal upon unscrewing nut and withdraw pedal. Take off distance washer between gear change pedal and housing.
4. Push anchor-type lever with distance bush, anchor-peg holder with spring ring, distance washer and return spring inwards and take it out.

Caution! When assembling, put upon anchor-type lever: Distance bush, thereon the spring ring with two anchor-peg holders which must be fitted in a way that the two cranked ends, pointing to the anchor type lever, tighten the stop pins of anchor in parallel position, furthermore distance washer and return spring with curved ends pointing to the anchor-type lever. **Fig. 150**

Place the whole in housing so that the return spring ends jam on the holding pin in the housing by crossing.
Mount gear change pedal with suitable distance washer to housing (play = .004"). Slide notched segment with catch on axle of anchor-type lever. Both points of anchor teeth at left and right must be equidistant from the outer diameter of notched segment. If necessary adjust by rebending the ends of return spring. **Fig. 151**

Put ratched pawl on notched segment, lock with ring and also lock notched segment on axle of anchor-type lever. Put thrust spring for ratchet pawl on pin in housing, press ratchet pawl on it and slide cam plate on bearing pin in a way that the second tooth of segment (seen from opened housing) meets with the marked tooth space of gear on cam plate. **Fig. 152**

The backlash (a) between ratched pawl, and notches on cam plate which is being determinated by the stop of the anchor-type lever at the two stop screws should amount to .08" in the two shifting directions from 1st to 4th gear. If necessary adjust stop screws by fitting of suitable washers. **Fig. 153**

G 3 = Desmontar y montar el conjunto selector del cambio de velocidades

1. Quitar el anillo de seguridad de la leva selectora y sacar ésta última. De esta manera quedará libre el resorte del trinquete.

2. Retirar los anillos de seguridad del segmento dentado y del trinquete para poder sacar éstos.

Fig. 149

3. Sacar a golpes el tornillo alfiler del pedal selector, después de haber desatornillado la tuerca, y retirar el pedal, así como sacar la arandela entre el mismo y la caja.

4. Sacar hacia adentro la placa-áncora son su casquillo distanciador, el resorte anular plano que sujeta la placa-áncora y su arandela-muelle, la arandela plana y el resorte de retorno.

> ¡Atención! Al montar nuevamente, meter en la placa-áncora la siguiente: El casquillo distanciador y sobre éste el resorte anular plano con sus cuernos colocados de tal manera que la inclinación de éstos quede mirando hacia la placa-áncora y abracen paralelamente los dos pernos de ésta. En seguida colocar la arandela plana con el resorte de retorno con sus extremos doblados hacia la placa-áncora.

Fig. 150

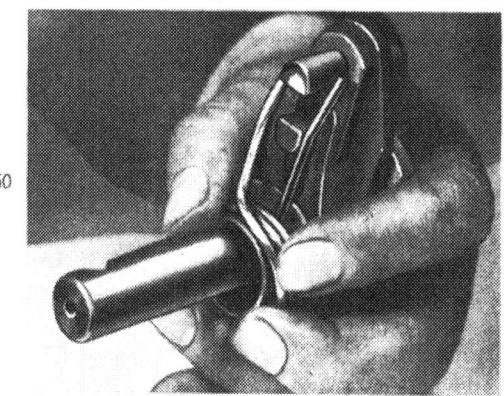

Introducir el conjunto en la caja de manera que, los extremos cruzados del resorte de retorno abracen el perno de sujeción en la caja.
Montar la palanca de pié (pedal selector) con su arandela distanciadora (juego 0,1 mm).
Meter el segmento dentado con el contra-áncora sobre el eje de la placa-áncora. Los dos dientes de la áncora deberán tener la misma distancia a derecha e izquierda del diámetro prolongado verticalmente de la contra-áncora y, si fuera necesario, corregir el desplazamiento doblando las puntas del resorte de retorno.

Fig. 151

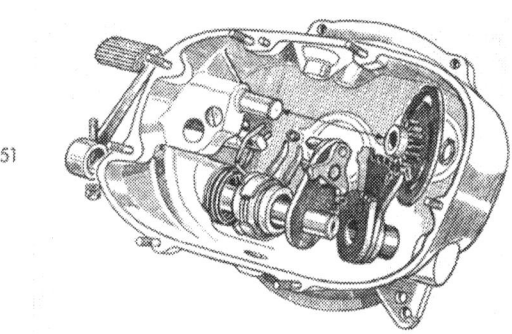

Colocar el trinquete sobre el buje del segmento dentado, fijarlo con un anillo de seguridad y asegurar igualmente el segmento dentado en el eje de la placa-áncora. Meter el resorte del trinquete en el correspondiente perno de la caja, empujar el trinquete sobre el resorte y colocar la leva selectora en su perno de manera que el segundo diente del segmento (visto desde arriba) coincida con el hueco marcado entre dientes del engrane de la leva selectora.

Fig. 152

El juego de recorrido (a), entre el trinquete y las muescas de la leva selectora, es determinado por los dos tornillos-tope que impiden un movimiento mayor de la placa-áncora, siendo dicho juego en ambas direcciones de 2 mm aprox. en cada marcha. En caso necesario reajustar los tornillos-tope introduciendo en ellos unas arandelas planas.

Fig. 153

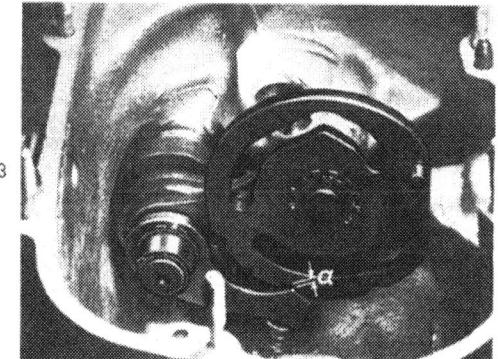

G 4 = Antriebswelle zerlegen und zusammenbauen

1. Verstemmte Scheibe (a) am hinteren Wellenende mit Zahnrad für Kickstarter abdrücken. Scheibe, Druckfeder und Zahnrad abnehmen.
Bild 154

2. Stoßdämpferfeder (f) mit Montagevorrichtung Matra 319/2 unter Presse zusammendrücken und Sicherungsring (s) aus Nute ausheben. Mitnehmer für Kickstarter, Druckfeder für Stoßdämpfer, Druckstück und Antriebszahnrad abziehen.
Bild 155

3. Im Bedarfsfall Kugellager mit Abdicht-Laufbüchse und Abdeckscheibe abpressen.

Achtung! Beim Zusammenbau des Stoßdämpfers Zahnrad (z), Druckstück (d), Stoßdämpferfeder (f), Mitnehmer (m) und Kegelhülse Matra 319/3 mit zylindrischer Seite voraus aufschieben.
Auf Kegel den Sicherungsring stecken und mit Hülse Matra 319/2 im Schraubstock den Stoßdämpfer zusammendrücken bis der Sicherungsring in seine Nute einspringt.
Bild 156

G 5 = Abtriebswelle zerlegen und zusammenbauen

1. Scheibenfeder für Kupplungsflansch aus Welle nehmen.
Bild 157

Unter erstes Gangrad eine geteilte Platte (p) einlegen, auf einen Preßzylinder (c) setzen und unter Presse Gangrad (34 Zähne) samt Anlaufscheibe und Kugellager abpressen.
Bild 158

Büchse für 1. Gangrad, Anlaufscheibe und Schiebeklaue 1./2. Gang abnehmen.

2. Sicherungsring am 2. Gangrad mit Anlaufscheibe, sowie 2. und 3. Gangrad abnehmen.
Bild 159

3. Sicherungsring für Kugellager 6303 am vorderen Wellenende ausheben, dann durch Auspressen der Welle mittels eines passenden Dornes Schiebeklaue für 3. und 4. Gang zusammen mit Anlaufscheibe, Laufbüchse, 4. Gangrad, Abstandscheibe und Kugellager freilegen.

G 4 = Démontage et remontage de l'arbre d'entraînement

1. Sortir la rondelle à guidage (a), à l'extrémité arrière de l'arbre, avec le pignon pour kick-starter. Retirer la rondelle, le ressort et le pignon.
Fig. 154

2. Comprimer à la presse le ressort (f) d'amortisseur avec le dispositif Matra 319/2 et sortir la bague de sécurité (s) de sa gorge. Retirer le rochet pour kick-starter, le ressort d'amortisseur, le poussoir d'amortisseur et le pignon d'entraînement.
Fig. 155

3. Au besoin, extraire à la presse le roulement, avec la douille d'étanchéité et la rondelle de fermeture.

Attention! Au montage de l'amortisseur, placer le pignon (z), le poussoir d'amortisseur (d), le ressort (f), le rochet (m) et la douille à partie conique Matra 319/3, avec son côté cylindrique en avant.
Introduire sur le cône la bague de sécurité et la chasser, avec la douille Matra 319/2, à l'étau en comprimant l'amortisseur, jusqu'à ce qu'elle tombe dans sa gorge.
Fig. 156

G 5 = Démontage et remontage de l'arbre de sortie

1. Retirer de l'arbre la clavette de la joue d'entraînement.
Fig. 157

Introduire sous le pignon de 1e. vitesse une plaque divisée (p), poser sur un cylindre de presse (c) et extraire à la presse le pignon (34 dents), en même temps que la rondelle intermédiaire et le roulement.
Fig. 158

Retirer la douille de pignon 1e. vitesse, la rondelle intermédiaire et le baladeur 1e./2e. vitesse.

2. Enlever la bague d'arrêt du pignon 2e. vitesse, avec la rondelle intermédiaire, puis les pignons 2e. et 3e.
Fig. 159

3. Retirer la bague d'arrêt pour roulement 6303, à l'extrémité avant de l'arbre, puis dégager ensemble à la presse, à l'aide d'un chassoir approprié, le baladeur pour 3e. et 4e. vitesse, avec la rondelle intermédiaire, la douille et le pignon de 4e. vitesse, une rondelle intermédiaire et le roulement.

G 4 = Dismantling and Reassembling Drive Shaft

1. Press out tightened washer (a) on rear end of shaft and kickstart pinion. Take off washer, compression spring and pinion.
Fig. 154

2. Compress spring of shock absorber (f) with assembling tool Matra 319/2 and take circlip (s) out of groove. Draw off kickstart coupling sleeve, compression spring for shock absorber, thrust piece and drive pinion.
Fig. 155

3. If necessary press out ball bearing with sealing slide bush and cover washer.

Caution! When assembling the shock absorber slide on pinion (z), thrust piece (d), shock absorber spring (f), coupling sleeve (m) and bushing Matra 319/3 with cilindrical end in front. Set circlip on cone and compress the shock absorber with bushing Matra 319/2 in vice until circlip engages in its groove.
Fig. 156

G 5 = Dismantling and Reassembling Layshaft.

1. Take woodruff key for clutch flange out of shaft.
Fig. 157

Place a divided plate (p) under slow speed gear, put it on pressing cylinder (c) press down slow speed gear (34 teeth) with thrust washer and ball bearing.
Fig. 158

Take off bushing of slow speed gear, thrust washer and sliding selector disc of 1st and 2nd speed.

2. Remove circlip of 2nd speed gear with thrust washer and 2nd and 3rd speed gear.
Fig. 159

3. Lift out circlip of ball bearing 6303 on front shaft end. Then make free sliding selector disc of 3rd and top speed together with thrust washer, sliding bush, top speed gear, distance washer and ball bearing by pressing out the shaft by means of a suitable arbour.

G 4 = Desarmar y armar el eje impulsor

1. Desmontar bajo presión la arandela sellada (a), con el engrane de arranque, del extremo trasero del eje. Quitar la arandela, el resorte y el engrane.

Fig. 154

154

2. Comprimir el resorte amortiguador (f) con una prensa, utilizando para ello la herramienta Matra 319/2, y retirar el anillo de seguridad (s) de su ranura circular. Retirar el contra engrane de mando del conjunto del arranque, el resorte amortiguador, la leva de presión y el engrane de mando.

Fig. 155

3. En caso necesario desmontar a presión el cojinete junto con el casquillo y la arandela retén.

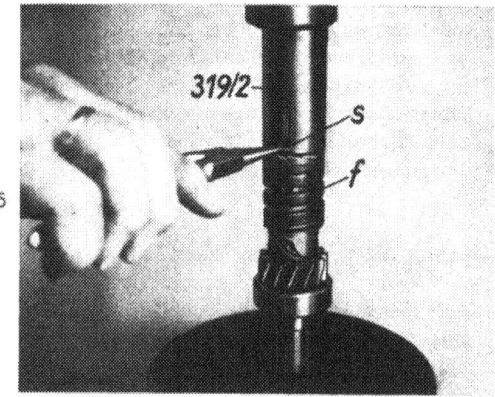

155

> **¡Atención!** Al armar el conjunto amortiguador, meter el engrane (z), la leva de presión (d), el resorte amortiguador (f), el contra engrane de mando (m), y el casquillo cónico Matra 319/3 con su parte cilíndrica por adelante. Colocar entonces el anillo de seguridad sobre el cono de dicho casquillo y comprimir el resorte amortiguador con la herramienta Matra 319/2 en el tornillo de banco hasta que el anillo de seguridad encaje en su ranura.
>
> **Fig. 156**

156

G 5 = Desarmar y armar el eje secundario

1. Sacar la cuña semicircular para la brida (flanch) de arrastre del eje.

Fig. 157

Meter debajo del engrane de la primera velocidad una placa de dos piezas (p), para que al colocarlo bajo la prensa, salgan con ayuda del cilindro de presión (c) el engrane (34 dientes) junto con su arandela y el cojinete.

Fig. 158

157

Quitar el casquillo para el engrane de la 1a. velocidad, la arandela y la garra corrediza para primera y segunda velocidad.

2. Sacar el anillo de seguridad para el engrane de la segunda velocidad con su arandela, así como los engranes para la segunda y tercera velocidad.

Fig. 159

3. Retirar el anillo de seguridad para el cojinete 6307 en el extremo delantero del eje, para después sacar a presión el eje mediante un punzón adecuado con lo cual quedan ya libres la garra corrediza para la tercera y cuarta velocidad con su arandela, el buje, el engrane de la cuarta velocidad, la arandela distanciadora y el cojinete.

158

G 6 = Kickstarter ab- und anbauen

Mutter der Keilschraube und Scheibe am Kickstarterhebel abnehmen. Keilschraube ausklopfen und Hebel abziehen. Zahnsegment mit Feder aus Deckel drücken.
Zwischenrad nach Entfernen des Sicherungsringes abziehen.

Achtung! Wurde die Feder vom Zahnsegment abgenommen, so ist sie beim Wiederanbau mit dem abstehenden Federende am Zahnsegment abzustützen und am nach innen gebogenen Federende mittels Schraubenziehers anzuspannen bis dieses mittels Flachzange in die Aufnahmebohrung in der Segmentnabe einzuführen ist.

Bild 160

Beim Wiedereinsetzen des Zahnsegments in den Getriebedeckel das abstehende Federende mittels Flachzange in die vorgesehene Aufnahmebohrung im Deckel einführen.

Bild 161

G 7 = Tachometerantrieb ab- und anbauen

Fixierschraube SW 9 ausdrehen, Büchse mittels zwei gegenüber angesetzten Schraubenziehern herausziehen. (Bei R 27 ist die Schraube in der Längsachse durchbohrt und die Büchse geschlitzt zur besseren Getriebeentlüftung.)

Bild 162

G 8 = Leerlaufkontakt ab- und anbauen

Sechskantmutter SW 10 von Kontaktfederbolzen abdrehen, Zahnscheibe, Unterlegscheibe und Feder sowie bei Bedarf die Isolierscheibe abnehmen. Der Kontaktbolzen und die Isolierbüchse sind mit Dichtmasse eingesetzt und dürfen deshalb nur wieder in gleicher Weise erneuert werden. Stellung des Federkontaktes mittels Lehre 5096 prüfen bzw. nachstellen.

Bild 163

Nach Aufsetzen des Deckels in Leerlaufstellung prüfen, ob bei einem an Leerlaufklemme und Masse angeschlossenen Stromkreis eine zwischengeschaltete Lampe brennt und beim Weiterschalten verlischt. Gegebenenfalls Kontaktfeder nachrichten.

G 6 = Démonter et remonter le kick-starter

Dévisser l'écrou de clavette de la pédale et le retirer avec sa rondelle. Déchasser la clavette et retirer la pédale. Déchasser du couvercle le secteur denté et le ressort.
Dégager la bague d'arrêt du pignon intermédiaire et retirer ce dernier.

Attention! Si le ressort a été séparé du secteur denté, il faudra, au remontage, appuyer l'extrémité du ressort coudé en sens axial, contre le secteur denté; puis tendre, à l'autre extrémité coudée contre l'intérieur, avec un tournevis jusqu'à ce qu'on puisse l'introduire, en s'aidant d'une pince plate, dans le trou du moyeu.

Fig. 160

En remontant le secteur denté dans le couvercle, introduire l'extrémité axial du ressort dans son logement prévu dans le couvercle, à l'aide d'une pince plate.

Fig. 161

G 7 = Démontage et remontage de la commande de compteur

Retirer la vis de fixation SW 9 et extraire la douille au moyen de 2 tournevis introduits sous le collet, l'un en face de l'autre. (Sur la R 27, cette vis est percée dans l'axe longitudinal et la douille est fendue pour améliorer la ventilation de la boîte.)

Fig. 162

G 8 = Démontage et remontage du contact de point-mort

Dévisser l'écrou SW 10 du porte-ressort, retirer la rondelle dentée, la rondelle d'appui et le ressort et, au besoin, la rondelle isolante. Le porte-ressort et la rondelle isolante sont montés avec un enduit pour joints, et doivent par conséquent être remontés de même manière après remplacement. Contrôler la position du ressort de contact, au moyen de l'outil 5096. Eventuellement, corriger.

Fig. 163

Après avoir remonté le couvercle, contrôler en position de point mort si une lampe intercalée dans un circuit couplé à la borne de point-mort et à la masse, est allumée et qu'elle s'éteint si l'on change de position par le sélecteur. Si ce n'est pas le cas, il faut modifier la disposition du ressort de contact.

G 6 = Removing and Refitting Kickstart

Take off nut on cotter screw and washer on kickstarter crank. Blow out cotter screw and draw off crank. Push notched segment out of cover. Draw off intermediate pinion upon removing circlip.

Caution! If the spring of notched segment has been removed it must be supported on the notched segment with the offstanding end when reassembling. The inwards bent spring end must be tensioned by means of a screw driver until it can be led into the drill hole on the segment boss by the aid of pliers.

Fig. 160

When refitting the notched segment into the transmission cover lead the offstanding spring end into provided drill hole in cover.

Fig. 161

G 7 = Removing and Refitting Speedometer Drive

Unscrew locating screw SW 9, draw out bushing with two screw drivers. (On R 27, this screw is drilled in its longitudinal axis and the bushing is slotted in order to improve gearbox ventilation.)

Fig. 162

G 8 = Removing and Refitting Neutral Indicator Contact

Screw off hex. nut SW 10 from contact spring pin. Take off notched washer, intermediate washer, spring and if there is need also insulating washer. Contact pin and insulating bush are fitted with sealing glue and have to be refitted only in the same way. Check position of spring contact with the aid of gauge 5096 and adjust if there is need.

Fig. 163

After refitting the cover check if a lamp connected to neutral indicator terminal and earth (ground) lights up with the gears in neutral position, and goes out when the transmission is shifted. If necessary adjust contact spring.

G 6 = Desmontar y montar el pedal de arranque

Quitar la tuerca del tornillo alfiler y la arandela del pedal.
Golpear hacia afuera el tornillo alfiler y retirar el pedal.
Sacar bajo presión el segmento dentado y el resorte de su alojamiento en la tapa.
Retirar el engrane intermedio después de haber quitado el anillo de seguridad.

> ¡Atención! En caso de haber quitado el resorte del segmento dentado, el primero deberá de montarse de manera que el extremo doblado axialmente se apoye en el segmento dentado, mientras que el otro extremo deberá tensionarse con un desatornillador para ser introducido después en el agujero del buje cónico del segmento dentado mediante unas pinzas planas.

Fig. 160

159

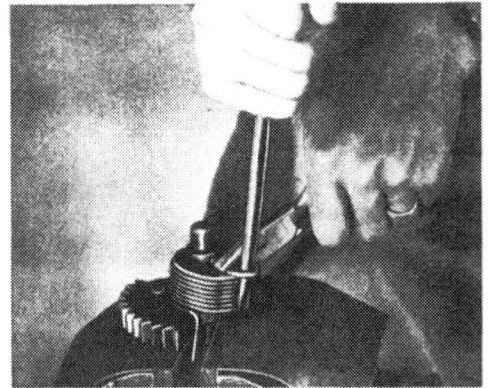
160

Al colocar el segmento dentado en la tapa introducir el extremo del resorte que había quedado apoyado, mediante unas pinzas planas, en el correspondiente agujero de la tapa.

Fig. 161

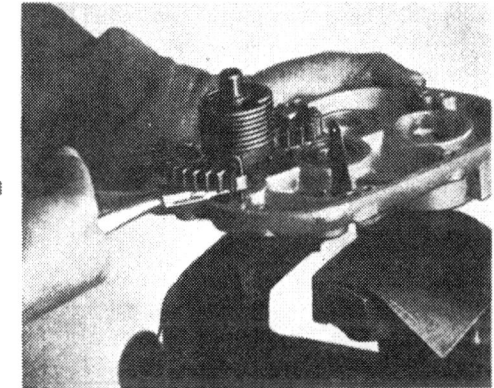
161

G 7 = Desmontar y montar el conjunto impulsor del eje flexible del velocímetro

Aflojar el tornillo de fijación de 9 mm, y después mediante la aplicación de dos desatornilladores metidos opuestamente y debajo del borde del casquillo, hacer palanca y sacarlo juntamente con el engrane impulsor. (En la R 27, este tornillo está perforado en su eje longitudinal y el casquillo está hendido con el fin de perfeccionar la ventilación de la caja de cambio.)

Fig. 162

G 8 = Desmontar y montar el contacto indicador del neutro

Desatornillar la tuerca hexagonal de 10 mm del perno que sujeta la muelle del contacto y quitar la arandela dentada, la arandela plana así como en caso necesario la arandela aisladora. El perno de contacto y el casquillo aislador están cubiertos con un preparado especial y, por esta razón deberán renovarse de la misma manera. Comprobar o bién reajustar la posición de la muelle del contacto mediante el calibrador 5096.

Fig. 163

162

Después de haber colocado la tapa en su lugar, comprobar en posición neutral si la lámpara de prueba, colocada entre la conexión y tierra, enciende y se apaga en las siguientes posiciones. En caso necesario reajustar la muelle del contacto.

163

H = Hinterradantrieb zerlegen, instandsetzen und zusammenbauen
(Hinterradantrieb ausgebaut)

Werkzeuge: Haltevorrichtung Matra 533, Meßuhr mit Halter zweiteilig 5042, Ringschlüssel 18/19, 16/17, 14/15, Pinsel, Tube Pariser Blau, Schlagdorn 5074 und 5016 mit Griff 5120, Belzerithammer, Kerbzahnschlüssel Matra 296, Doppelnutschlüssel Matra 506a, Montagebüchse Matra 290, Tiefenmaß, Flachzange, 2 Schraubenzieher.

Bild 164

H 1 = Kardanwelle und Schwinge von Antrieb ab- und anbauen

1. Bügel der Haltevorrichtung Matra 494 auf die zwei Zapfen des Stoßdämpferflansches aufsetzen und mit zugehörigem Nutschlüssel die Nutmutter abschrauben. Mutter, Unterlegscheibe, Stoßdämpferflansch und Ausgleichscheibe von Kardanwelle abnehmen.

Bild 165

2. Vier Muttern SW 14 der Verbindungsschrauben von Schwinge mit Hinterradantriebsgehäuse abdrehen und mit Unterlegscheiben ablegen. Antrieb von Schwinge abziehen.

Bild 166

3. Gewindedeckel von hinterem Kardanwellenende mittels Nutschlüssel Matra 506a abdrehen. Zum Gegenhalten Stoßdämpferflansch lose auf Welle und darauf Bügel der Haltevorrichtung Matra 494 aufstecken.

Bild 167

Kardanwelle und Gummiring vor Innenverzahnung abnehmen.

Achtung! Beim Zusammenbau Zahnlücken des Ritzelmitnehmers vor Aufstecken der Kardanwellen-Zahnkupplung mit Graphitfett vollstreichen.

Bild 168

H = Démontage, mise en état et remontage de la transmission arrière (la transmission étant déposée)

Outillage: Dispositif d'arrêt Matra 533, micromètre avec support en deux pièces 5042; clefs fermées 18/19, 16/17, 14/15; pinceau; tube de bleu à marquer; chassoir 5074 et 5016 avec manette 5120; maillet matière plastique; racagnac Matra 296; clef double Matra 506a; douille de montage Matra 290; pied à coulisse de profondeur; pince plate; 2 tournevis.

Fig. 164

H 1 = Désassembler et réassembler l'arbre-cardan avec le bras oscillant et le couple arrière

1. Placer l'étrier de l'appareil Matra 494, sur les deux doigts de la joue d'entraîneur, et, à l'aide de la tête appropriée, dévisser l'écrou à créneaux. Retirer l'écrou, sa rondelle, la joue et la rondelle d'espacement de l'arbre cardan.

Fig. 165

2. Dévisser 4 écrous SW 14 des goujons de liaison entre le carter de couple arrière et le bras oscillant, les retirer ainsi que leurs rondelles et séparer les deux pièces.

Fig. 166

3. Dévisser le couvercle fileté de l'extrémité arrière de l'arbre-cardan, au moyen de la clef Matra 506a. Pour maintenir l'arbre, replacer à son extrémité la joue d'entraînement et l'étrier du dispositif Matra 494.

Fig. 167

Sortir l'arbre et la bague caoutchouc de la denture intérieure.

Attention! Au remontage, avant d'introduire l'accouplement denté de l'arbre cardan, remplir de graisse graphitée les rainures correspondantes du moyeu d'accouplement.

Fig. 168

H = Dismantling, Overhauling and Reassembling Rear Wheel Drive (Rear Drive removed)

Tools: Supporting device Matra 533, dial gauge with support (two parts) 5042, Ring spanners 18/19, 16/17, 14/15, brush, tube paris blue, punch 5074 and 5016 with handle 5120, plastic mallet, ratchet wrench Matra 296, double-slotted spanner Matra 506a, assembling bush Matra 290, depth gauge, flat pliers, 2 screw drivers.

Fig. 164

H 1 = Removing and Refitting Propeller Shaft and Swing Fork

1. Set frame of supporting device Matra 494 on two pegs of shock absorber flange and screw off groove nut with suitable pin spanner. Take off nut, washer, shock absorber flange and adjusting washer from propeller shaft.

Fig. 165

2. Unscrew nuts (14 mm) of 4 studs connecting swing arm to rear drive housing and take off washers. Draw off drive from swing arm.

Fig. 166

3. Screw off threaded cover from rear end of propeller shaft with spanner Matra 506a. For holding up put shock absorber flange on shaft without fixing and set thereon frame of supporting device Matra 494.

Fig. 167

Take off propeller shaft and rubber ring before internally-toothed gear.

Caution! Grease tooth space of pinion dog with graphite grease before putting on of propeller shaft tooth coupling.

Fig. 168

H = Desarmar el cardán, repararlo y volverlo a armar (cardán desmontado)

Herramientas: Sujetador Matra 533, reloj de medición con soporte de dos piezas 5042, llaves anilla 18/19, 16/17, 14/15; brocha, tubo de pintura azul París, punzón de impacto 5074 y 5016 con manilla 5120, martillo plástico; llave estriada Matra 296, llave de doble ranura Matra 506a, casquillo de montaje Matra 290, calibrador de profundidad, pinzas planas, dos desatornilladores.

Fig. 164

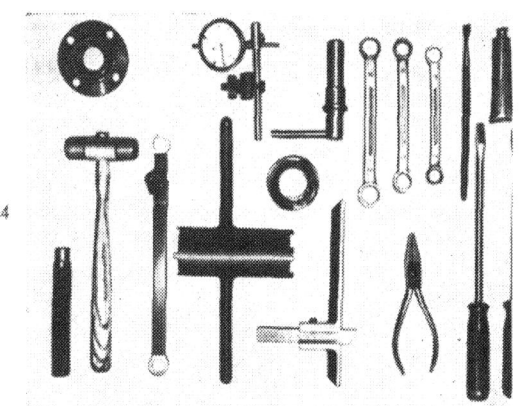

164

H 1 = Desmontar y montar el eje de transmisión del cardán y el balancín (horquilla oscilante):

1. Colocar el puente del sujetador Matra 494 en los dos pernos de la brida de acoplamiento y con la llave ranurada respectiva desatornillar la tuerca ranurada. Quitar la tuerca, la arandela plana, la brida y la arandela distanciadora del eje del cardán.

Fig. 165

165

2. Aflojar las cuatro tuercas de 14 mm de los tornillos que sujetan el balancín con la caja del cardán y quitarlas con sus arandelas. Retirar el cardán del balancín.

Fig. 166

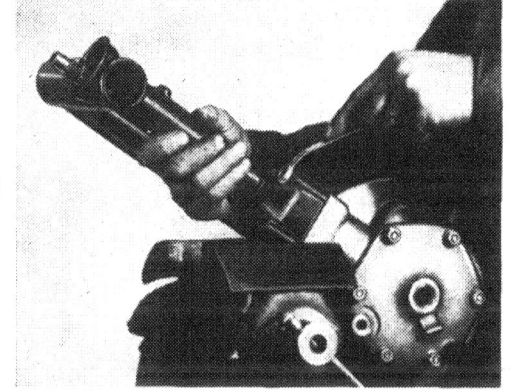

166

3. Desatornillar la tapa anular roscada del extremo posterior del eje de transmisión con ayuda de la llave ranurada Matra 506a. Para evitar que el eje gire, colóquese simplemente la brida sobre su eje y sobre ésta el puente del sujetador Matra 494.

Fig. 167

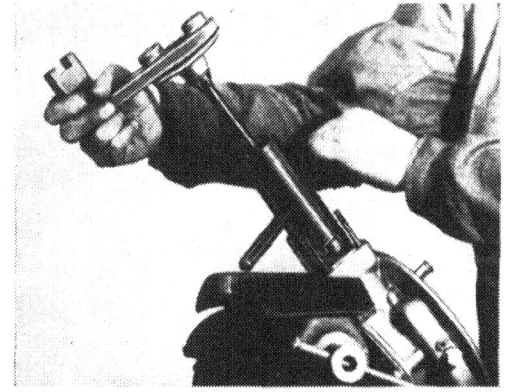

167

Quitar el eje de transmisión y el anillo de hule colocado en la campana con dentado interior.

¡Atención! Al armar el conjunto del eje cubrir con grasa grafitada los dientes del piñón de acoplamiento antes de llevar a cabo la unión del engranaje.

Fig. 168

168

H 2 = Hinterradgetriebe zerlegen, instandsetzen und zusammenbauen

1. Öl aus Antriebsgehäuse ablassen. Bremshebel und Zahnscheibe nach Lösen der Mutter SW 17 abnehmen und Bremsschlüssel aus Gehäuse drücken.

Bild 169

2. Befestigungsmuttern SW 14 für Gehäusedeckel mit Unterlegscheiben abnehmen. Hinterradgetriebe auf etwa 80° C anwärmen und Deckel mittels Dorn 5074 von innen her vom Gehäuse abklopfen.

Bild 170

Ausgleichscheibe zwischen Kugellager und Tellerradnabe nach etwaigem Abziehen des Kugellagers von der Nabe abnehmen.

Bild 171

Achtung! Bei Wiedereinbau achten, daß Achsialdichtring im Deckel unbeschädigt ist und Kugellagerstirnfläche ohne Beschriftung zur Dichtung steht.

Bild 172

Bei evtl. Auswechseln des Dichtringes, Blechkörpers mit Dichtmasse in Deckel einpressen, dabei aber nicht auf Dichtlippe drücken.

3. Splint der kerbverzahnten Mutter an Ritzelachse entfernen. Haltevorrichtung Matra 533 auf die 4 Stiftschrauben des Gehäuses und Zahnkupplung stecken und Mutter mittels Ratschenschlüssel Matra 296a abschrauben. Mutter, Unterlegscheibe, Zahnkupplungsnabe mit hinterem Gummiring und Gewindedeckel abnehmen.

Bild 173

H 2 = Démontage, mise en état et remontage du couple arrière

1. Vidanger le carter de couple de son huile. Enlever, après dévissage de l'écrou SW 17, le levier de frein et la rondelle dentée. Déchasser du carter la clef de frein.

Fig. 169

2. Dévisser les écrous de serrage du couvercle SW 14, les retirer avec leurs rondelles. Chauffer l'ensemble à 80° C environ et chasser le couvercle hors du carter, avec le chassoir 5074, depuis l'intérieur.

Fig. 170

Enlever la rondelle d'ajustage entre le moyeu de la couronne et le roulement, si ce dernier est éventuellement sorti du moyeu.

Fig. 171

Attention! Au remontage, s'assurer que le simmerring axial dans le couvercle n'a pas été endommagé et que c'est la face du roulement ne portant aucune inscription gravée qui vient s'appuyer sur le joint.

Fig. 172

En cas de remplacement du simmerring, chasser ce dernier dans le couvercle, après avoir enduit le corps en tôle d'un enduit pour joints, mais sans appuyer sur les lèvres d'étanchéité.

3. Retirer la goupille de l'écrou crénelé. Introduire le dispositif Matra 533 sur les 4 goujons du carter et sur les cannelures du moyeu d'accouplement et dévisser l'écrou au moyen du racagnac Matra 296a. Puis enlever l'écrou, sa rondelle, le moyeu d'accouplement avec la rondelle caoutchouc arrière et le couvercle fileté.

Fig. 173

H 2 = Dismantling, Overhauling and Reassembling Rear Wheel Drive.

1. Drain oil from housing. Take off brake operating lever and notched washer after unscrewing Nut SW 17. Press brake cam out of housing.

Fig. 169

2. Take off tightening nuts SW 14 and washers of housing cover. Heat up rear wheel drive to 180° F and drive off cover from inside with arbour 5074.

Fig. 170

Take off spacing shim between ball bearing and crown wheel hub after the ball bearing has been pulled off.

Fig. 171

Caution! When reassembling pay attention that oil seal ring in the cover is really undamaged. The bearing must be turned with its blank side towards oil seal ring.

Fig. 172

If the oil seal ring has to be replaced, press in sheet housing in cover with sealing glue. Do not press on sealing lip of oil seal ring.

3. Draw out split pin of serrated nut on axle of pinion. Set supporting device Matra 533 on 4 studs of housing and screw off nut by means of ratched spanner Matra 296a. Take off nut, shim thooth coupling hub with rear rubber ring and threaded cover.

Fig. 173

H 2 = Desarmar el sistema de transmisión del cardán, repararlo y volverlo a armar.

1. Vaciar de aceite la caja del cardán. Quitar la palanca del freno con su arandela dentada después de haber aflojado la tuerca de 17 mm y sacar a presión el excéntrico de las zapatas de la caja.

Fig. 169

2. Aflojar las tuercas de 14 mm que sujetan la tapa de la caja y quitarlas con sus arandelas. Calentar el cardán a 80° C aprox. y golpear para afuera la tapa mediante el punzón 5074 desde la parte inferior de la caja.

Fig. 170

En caso de haber quitado el cojinete de bolas retírese la arandela distanciadora que se encuentra entre éste último y el cubo de la corona.

Fig. 171

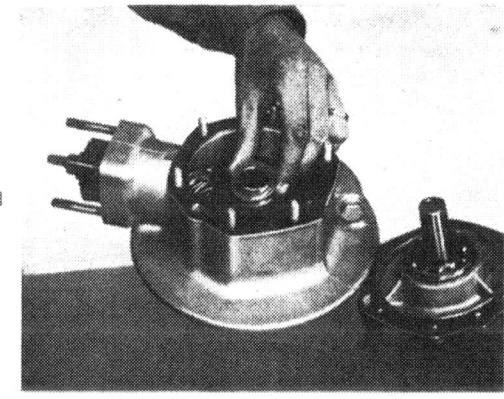

¡Atención! Poner cuidado al montar, de que el retén de aceite se encuentre en buenas condiciones y que la cara sin descripción del cojinete quede en contacto con dicho retén.

Fig. 172

En dado caso de cambiar el retén de aceite, montarlo a presión y cubrir la parte metálica con un preparado de cemento, teniendo cuidado de no ejercer presión en el borde elástico.

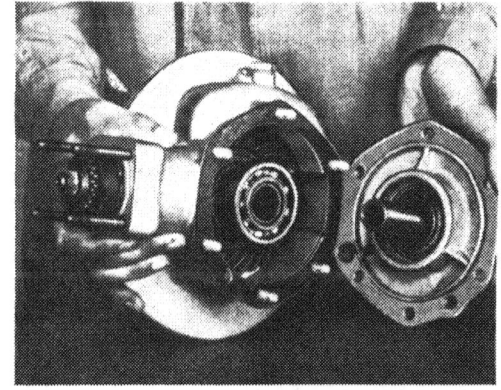

3. Quitar el pasador de la tuerca ranurada en el eje del piñón cónico. Meter el sujetador Matra 533 en los cuatro espárragos de la caja y al mismo tiempo en el piñón de acoplamiento y desatornillar la tuerca con la llave estriada Matra 296a. Quitar la tuerca, la arandela plana, el cubo del engrane de acoplamiento con el anillo de hule posterior y la tapa anular roscada.

Fig. 173

4. Gewindering samt Dichtung mittels Nutschlüssel Matra 506a ausdrehen. Ritzel samt Lagerung aus noch warmem Gehäuse ausziehen. **Bild 174**

Rollenlager-Innenring mit Rollenkäfig, Paßscheiben, Distanzrohr, Abstandbüchse, Abstandrohr, Abstandring und Doppelschrägkugellager nur bei Bedarf von Ritzelwelle abdrükken, dabei genau auf deren Anordnung achten.

Achtung! Beim Zusammenbau soll die innere Abstandbüchse zum Abstandring 0,2 mm Seitenspiel haben und das Schrägkugellager mit Kugeleinfüllöffnung vorn eingesetzt werden. **Bild 175**

5. Tellerrad mit Lager aus warmem Gehäuse ausklopfen, dazu vorher auf Mitnehmerverzahnung für den Laufradanschluß stets die Montagebüchse Matra 290 bzw. eine Verschlußglocke TL.Nr. 30 38 178 mit abgedrehtem Gewindestück zum Schutz für den Dichtring aufsetzen. Ebenso beim Einsetzen des Tellerrades. **Bild 176**

Kugellager von Tellerrad bei Bedarf mit 2 gegenüberliegend angesetzten Schraubenziehern gleichzeitig abdrücken. **Bild 177**

Achtung! Achsialdichtring im Gehäusedeckel, Dichtring auf Bremsseite und Dichtring im Gewindering müssen geschmeidig sein und einwandfreie Dichtflächen haben. Etwaiger neuer Dichtring auf Bremsseite muß 1,5 mm gleichmäßig tiefer als der Kugellagersitzgrund mit geeignetem Dorn eingepreßt werden.

Ritzel und Tellerrad sind stets zusammengehörig. Die Bezeichnung am Tellerrad z. B. 583 minus 20 gibt in der ersten Zahl die Zusammengehörigkeit und in der zweiten Zahl + oder −20 die Abweichung des Grundmaßes in 1/100 mm für den Ritzeleinbauabstand an. **Bild 178**

War z. B. ein Radsatz +10 eingebaut und das neue Ritzel hat +30, so ist zunächst eine zusätzliche Paßscheibe von 30−10 = 0,20 mm zwischen Rollenlageraußenring und Distanzrohr einzusetzen.

---

4. Enlever la douille filetée, avec le simmering, à l'aide de la clef Matra 506a. Extraire le pignon, avec ses roulements, du carter encore chaud. **Fig. 174**

La bague intérieure du roulement à galets, avec la cage à galets, les rondelles d'ajustage, le tube d'espacement, la douille d'espacement, les bagues d'espacement et le roulement à billes double, ne doivent être chassés hors de l'arbre qu'en cas de besoin et être remontés exactement dans la même disposition.

Attention! Au montage, la douille intérieure d'espacement doit avoir un jeu axial de 0,2 mm sur la bague d'espacement et le roulement à billes doit avoir son encoche de remplissage tournée vers l'avant. **Fig. 175**

5. Chasser au maillet, hors du carter chaud, la couronne avec son roulement après qu'on aura placé sur la denture d'entraînement de roue, pour protéger le simmerring, la douille de montage Matra 290 ou une cloche No. 30 38 178 dont on aura préalablement enlevé au tour la partie filetée. Procéder de même lors du montage de la couronne. **Fig. 176**

Au besoin, extraire le roulement de la couronne à l'aide de 2 tournevis appliqués face à face, en même temps. **Fig. 177**

Attention! Le simmerring axial dans le couvercle, celui du côté du frein et celui de la bague filetée doivent être souples et leurs lèvres doivent être en parfait état. Le simmerring éventuellement remplacé du côté du frein doit être chassé bien également, avec un chassoir approprié, 1,5 mm plus profond que le repos de siège du roulement.

Pignon et couronne sont appariés. L'inscription sur la couronne, p.ex. 583 moins 20 donne, pour le premier chiffre, la base de l'appariage et pour le second chiffre, en + ou en −20 l'écart avec la cote de base, en 1/100 mm, pour la distance de montage du pignon. **Fig. 178**

Si par exemple, une paire +était montée et que le nouveau pignon ait +30, il faudra ajouter une rondelle supplémentaire d'ajustage de 30−10 = 0,20 mm entre la bague extérieure du roulement et le tube d'espacement.

---

4. Screw off threaded ring with seal with the aid of spanner Matra 506a. Pull out pinion with bearing of still warm housing. **Fig. 174**

Press off inner race with roller cage, spacing shims, distance tube, spacing bush, distance ring, shims and double-row angular contact ball bearing from pinion axle only if necessary. Pay attention to the position.

Caution! When assembling the play between inner spacing bush and distance ring must amount to .008". The angular contact ball bearing has to be fitted with ball openings towards front. **Fig. 175**

5. Blow out crown wheel with bearing of heated up housing after having set the assembling bush Matra 290, or the bell shaped cover, part number 30 38 178 (threaded part turned off), on coupling toothing for the road wheel connection in order to protect the seal ring. This precaution is necessary also when crown wheel is reassembled. **Fig. 176**

If necessary press ball bearing out of crown wheel with 2 screw drivers. **Fig. 177**

Caution! Axial oil seal ring in housing cover, oil seal ring on brake side and seal ring in threaded ring must be supple and undamaged on contact surface. If a new oil seal ring on the brake side is to be fitted it has to be pressed in by means of a suitable arbour and its seat must lay .06" deeper than the bottom of ball bearing seat.

Pinion and crown wheel are always matching. The specification on the crown wheel for instances 583−20 means with the first number the identification of the gear set, with the second number +20 or −20 the deviation from the standard mesurement in 1/100 mm of the assembling distance of the pinion. **Fig. 178**

If for instance a gear set +10 has been removed and the new pinion is marked +30 an additional spacing shim of 30−10 = 0,20 mm or .008" has to be fitted between outside race ring of the ball bearing and distance tube.

4. Desatornillar el anillo roscado juntamente con su junta mediante la llave Matra 506a. Retirar el piñón con su cojinete de la todavía caliente caja.

Fig. 174

Solamente en caso necesario, desmontar bajo presión el anillo interior del cojinete de rodillos con todo y jaula, arandelas distanciadoras, tubo distanciador, buje distanciador, tubo compensador, anillos compensadores y el cojinete de bolas de doble hilera de modelo oblicuo, teniendo cuidado del órden de montaje.

¡Atención! En el montaje del conjunto hay que fijarse en que el buje distanciador interior tenga un juego axial de 0,2 mm con respecto al anillo compensador y que el cojinete de bolas de modelo oblicuo tenga la entrada para meter las bolas hacia adelante.

Fig. 175

5. Golpear hacia afuera la corona y el cojinete de la caja aún caliente, no olvidando poner siempre en el buje dentado de arrastre de la corona, que pone en movimiento la rueda, el casquillo de montaje Matra 290, o bién una campana de protección TL. Nr. 30 38 178 sin la parte roscada, como protección del retén de aceite. Proceder de la misma manera al montar la corona.

Fig. 176

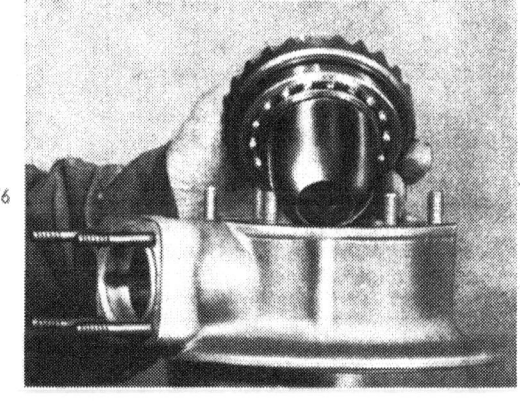

En caso necesario de quitar el cojinete de la corona, introducir por la parte de abajo y opuestamente dos desatornilladores y hacer palanca al mismo tiempo para poder retirar dicho cojinete.

Fig. 177

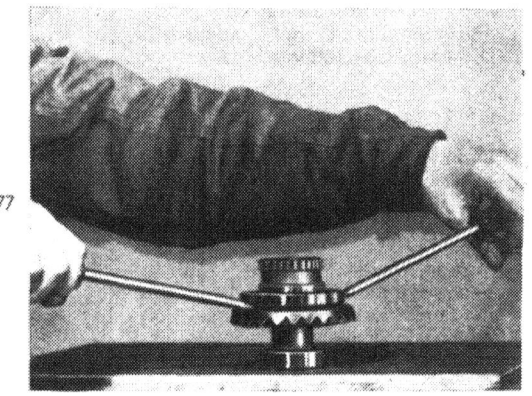

¡Atención! Los retenes de aceite destinados a la tapa de la caja, al lado del freno y al anillo roscado, deben encontrarse en perfectas condiciones con respecto a su elasticidad y a sus caras de contacto. En caso de montar un retén nuevo en el lado del freno, introdúzcase éste con un punzón adecuado y bajo presión uniforme hasta unos 1,5 mm más abajo del asiento del cojinete.

El piñón y la corona se elaboran y se suministran siempre por juegos. La numeración de la corona, p. ejem. 583 menos 20, indica para la primera cifra el juego correspondiente, mientras que el segundo ya sea +20 ó —20, indica la tolerancia de la medida base en 1/100 mm para el juego en el montaje del piñón.

Fig. 178

Si por ejemplo se trata de sustituir un juego cuya tolerancia es de +10, por uno nuevo con tolerancia +30, deberá introducirse en primer término una arandela distanciadora de 30—10 = 0,20 mm entre el anillo exterior del cojinete de rodillos y el tubo distanciador.

Bei altem Radsatz −10 und neuem Radsatz −30 ist zunächst eine 0,20 mm dünnere Paßscheibe einzusetzen.

Prüfung des Zahneingriffes auf Zahnflankenspiel 0,15−0,20 mm am Tellerrad-Außen-⌀ mittels Meßuhr und Vorrichtung nach Selbstanfertigungszeichnung 5042.

Bild 179

sowie auf **Tragbild am Zahnritzel** nach Einfärbung mit Pariser Blau für Klingelnbergverzahnung. Richtiges Tragbild der **Ritzelvorwärtsflanke** liegt in Zahnlängenmitte etwas näher zum starken Zahnende.

Bild 180

Liegt das Tragbild an der Vorwärtsflanke des Ritzels am starken Zahnende, dann Abstand des Ritzels von Tellerradmitte vergrößern

Bild 181a

und wenn es am schwachen Zahnende liegt, dann Ritzelabstand zur Tellerradmitte durch dünnere Paßscheiben am Rollenlageraußenring verkleinern.

Bild 181b

Das Zahnspiel ist im ersten Fall durch dickere und im zweiten Fall durch dünnere Paßscheiben zwischen Kugellager 16012 DIN 625 und Gehäuse zu berichtigen. Wegen der Lagerpressungen das Einsetzen und Herausnehmen der Räder nur bei angewärmtem Gehäuse vornehmen. Vor dem Aufsetzen des Gehäusedeckels Kugellager mit unbeschrifteter Seite zum Dichtring in den auf 80° C angewärmten Deckel einsetzen und erforderliches Seitenspiel 0,1 mm zwischen Kugellager und Tellerradnabe wie folgt ausmessen: Mit Tiefenmaß Abstand (a) von Gehäusetrennfläche mit aufgelegter Dichtung bis Tellerrad-Nabenbund

Bild 182

und hernach Abstand (b) von Kugellager bis Trennfläche Deckel

Bild 183

messen. Maß (a) abzüglich Maß (b) und abzüglich 0,1 mm Spiel ergibt die erforderliche Dicke der Paßscheibe zwischen Kugellager und Tellerradnabe.

Der Deckel darf eingebaut nicht drücken. Erwünschtes Seitenspiel 0,1 mm, maximal 0,2 mm.

Nach Einbau einer neuen Kardanwelle oder eines neuen Stoßdämpferflansches, sowie auch einer neuen Schwinge, Abstand zwischen beiden Stoßdämpferflanschen bei waagrechter Kardanwelle 30 + 1,5 mm durch Einsetzen einer entsprechenden Ausgleichscheibe unter Stoßdämpferflansch berichtigen. Siehe H 1/1.

Si l'ancienne paire avait −10 et la nouvelle −30 il faudra d'abord monter une nouvelle rondelle d'ajustage de 0,20 mm plus mince.

Essai de portée des dentures. Contrôler le **jeu entre les flancs** des dents. Il doit être 0,15 à 0,20 mm, mesuré au moyen du micromètre placé sur le montage 5042, au diamètre extérieur de la couronne.

Fig. 179

Contrôler également la **surface de portée sur les dents du pignon** après application de bleu à marquer, pour dentures Klingelnberg. La portée correcte du flanc avant de la dent du pignon se situe vers le milieu de la longueur de la dent, un peu plus près du grand diamètre.

Fig. 180

Si cette portée se situe au plus grand diamètre, la distance entre le pignon et la couronne doit être augmentée

Fig. 181a

et si elle se situe au petit diamètre, la distance du pignon au centre de la couronne doit être diminuée par l'adoption d'une rondelle d'ajustage plus mince sous la bague extérieure du roulement.

Fig. 181b

Le jeu entre les dents doit être alors corrigé, dans le premier cas par une rondelle plus épaisse et dans le deuxième cas par une rondelle plus mince, entre le roulement 16012 DIN 625 et le carter. En raison du serrage des roulements, ne monter ou démonter pignon ou couronne qu'avec le carter chaud.
Avant le montage du couvercle, placer le roulement, le côté non gravé contre le joint, dans le couvercle à 80° C et mesurer comme suit le jeu nécessaire de 0,1 mm entre le moyeu de la couronne et le roulement: avec le pied à coulisse de profondeur, relever la distance (a) de la surface jointive du carter, avec le joint, jusqu'à la face du moyeu de couronne,

Fig. 182

puis la distance (b) du roulement à la surface jointive du couvercle.

Fig. 183

La mesure (a) moins la mesure (b) moins 0,1 mm de jeu, donne l'épaisseur nécessaire de la rondelle d'ajustage entre le roulement et le moyeu de couronne.

Le couvercle, monté, ne doit pas appuyer. Le jeu préférable est 0,1 mm, maximum 0,2 mm.

Après montage d'un nouvel arbre cardan ou d'une nouvelle joue d'entraînement ou d'un nouveau bras oscillant, il faut ajuster l'écartement entre les deux joues d'entraînement, le cardan étant horizontal, à 30 ± 1,5 mm par l'emploi d'une rondelle d'égalisation appropriée sous le moyeu de la joue d'entraînement. Voir H 1/1.

If the old gear set had −10 and the new one is marked −30 a spacing shim thinner by 0,20 mm = .008" has to be fitted.

Measuring Backlash .006−.008 — on outer radius of crown wheel by means of dial gauge and shopmade device 5042.

Fig. 179

Checking Tooth Contact Pattern on drive pinion after coating gears (Klingelnberg toothing) with Paris blue. Correct tooth contact pattern is well centered on the drive flank but may be slightly toward the heel.

Fig. 180

If the tooth marking is too heavy on the heel of the tooth increase distance from pinion to crown wheel center.

Fig. 181a

If the tooth marking is too heavy on the toe of the tooth decrease pinion distance to ring gear center by inserting thinner spacing shims on roller bearing outside race.

Fig. 181b

The backlash has to be corrected in the first case by a thicker, in the second by a thinner spacing shim between ball bearing 16012 DIN 625 and housing. Due to the pinch fit of bearings removing and reassembling of gears should be executed only with heated up housing.
Before placing the housing cover fit ball bearing with blank side towards oil seal in cover heated up to 180° F.
Measure required lateral play of .004" between ball bearing and crown wheel boss as follows:
Distance (a) from parting line of housing with gasket on place to crown wheel hub collar by using a depth gauge.

Fig. 182

Then measure distance (b) from ball bearing to parting line of cover

Fig. 183

Distance (a) less distance (b) less .004" play give as result the thickness of spacing shim required between ball bearing and crown wheel hub.

The cover should not press in any way when fitted. Desired lateral play max. .004−.008".

After installing of a new propeller shaft or a new shockabsorber flange or a new swinging arm, adjust distance between 2 shockabsorber flanges with vertical propeller shaft at 1.18 ± .06" by fitting a corresponding spacing washer under shockabsorber flange. See H 1/1.

Al sustituir un juego viejo con −10, por uno nuevo con −30, deberá introducirse en primer término una arandela distanciadora en 0,20 mm más delgada.

Comprobación del juego entre flancos de los dientes de los engranes (0,15−0,20 mm), medido en el diámetro exterior de la corona mediante un reloj de medición y la herramienta especial de acuerdo con el dibujo 5042.

Fig. 179

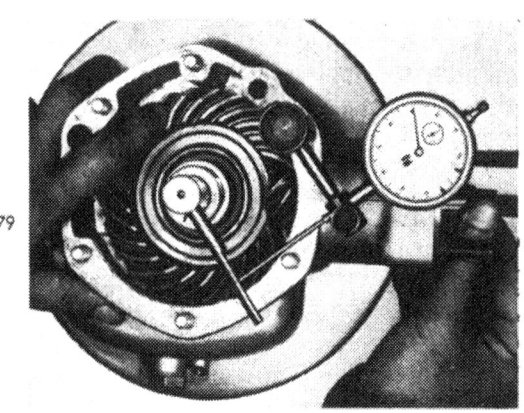

179

así como la verificación de la **superficie de contacto en los dientes des piñón**, resaltada por medio de la tintura azul París para los engranes tipo Klingelnberg. Una superficie de contacto correcta del flanco de empuje del piñón se encuentra a la mitad de la longitud del diente, más bién cargada un poco hacia el extremo más ancho.

Fig. 180

Si la superficie de contacto en el flanco de empuje del piñón está muy cargada hacia el extremo grueso, deberá aumentarse la distancia del centro de la corona al piñón

Fig. 181a

y en caso contrario

Fig. 181 b

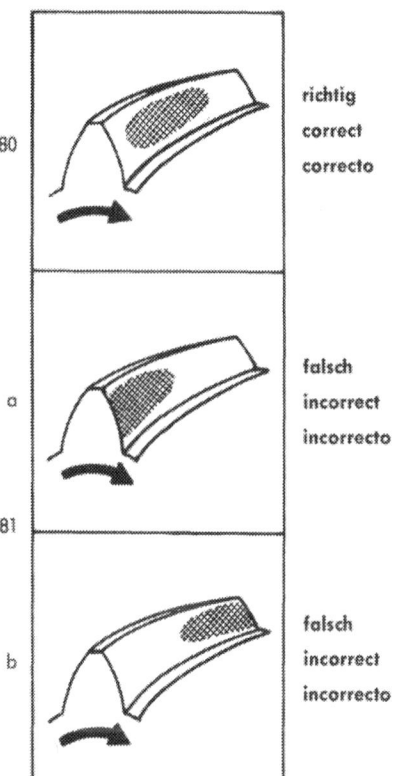

180 richtig / correct / correcto

181 a falsch / incorrect / incorrecto

b falsch / incorrect / incorrecto

disminuir dicha distancia por medio de una arandela distanciadora más delgada.
El juego entre dientes deberá corrigirse para el primer caso, con una arandela distanciadora más gruesa y para el segundo caso, con una arandela distanciadora más delgada, las cuales se colocan entre el cojinete de bolas 16012 DIN 625 de la corona y la caja. Por estar los cojinetes bajo presión es indispensable meter y sacar los engranes con la caja siempre en estado caliente.
Antes de colocar la tapa de la caja, introducir el cojinete de bolas con la superficie no descrita hacia el retén de aceite en la tapa calentada previamente a 80° C. y medir el requerido juego axial de 0,1 mm entre el cojinete de bolas y el cubo de la corona como sigue:

Medir con un calibrador de profundidad la distancia (a) de la cara de contacto de la caja con su junta puesta hasta el tope en el cubo de la corona

Fig. 182

182

y luego medir la distancia (b) entre el cojinete de bolas hasta la cara de contacto de la tapa.

Fig. 183

Medida (a), menos medida (b), menos 0,1 mm de juego da como resultado el espesor requerido de la arandela distanciadora que deberá introducirse entre el cojinete de bolas y el cubo de la corona.
La tapa montada no debe empujar. Juego axial ideal es 0,1 mm, como máximo 0,2 mm.
Después de haber montado un nuevo eje de transmisión del cardán o una brida nueva de acoplamiento o bien un nuevo balancín, deberá ajustarse la distancia entre las dos bridas con el eje del cardán en posición horizontal a 30 ± 1,5 mm por medio de una arandela distanciadora adecuada que se coloca atrás de la brida de acoplamiento.

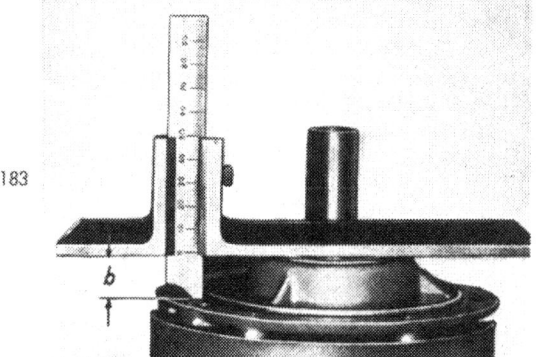

183

B = Bremsen und Laufräder
(Räder ausgebaut)

Werkzeuge: Einspeichlehre 5098/4, Abstandbüchse 98 mm lang zur Laufradlagerprüfung auf Steckachse, Steckschlüssel SW 9, Zapfenschlüssel Matra 518, Dorn 5074, Montagebüchse 5079, 1 Stück Kreide, Speichenspanner, Zentrierbock.
Bild 184

B 1 = Laufradlager aus- und einbauen, neu fetten

1. Vier Sechskantschrauben SW 9 an Radkappe ausdrehen. Auf die 4 Ausgleichscheiben an Schrauben auf Innenseite achten. Radkappe abnehmen, Druckhülse mit Filzring aus Nabe links herausnehmen. **Bild 185**

2. Zapfenschlüssel Matra 518 in den Schraubstock einspannen. Laufrad so auf Zapfenschlüssel aufstecken, daß der Verschlußdeckel in die Zapfen eingreift. Durch Drehen des Laufrades Verschlußdeckel ausschrauben. **Bild 186**

Kegelrollenlager-Innenring, Rollenkäfig, Paßring und Abstandsrohr aus Nabe nehmen.

3. Rechte Druckhülse mittels Dorn 5074 samt linkem Kegelrollenlager, Abstandshülse und rechten Kegelrollenlager-Außenring, aus Nabe vorsichtig ausklopfen. Rollenlager-Laufringe und Rollen dürfen nicht vertauscht werden. **Bild 187**

Achtung! Vor Wiedereinbau der Lager in die Nabe, Spielfreiheit der Lager prüfen. Hierzu Steckachse mit Spannbacken in Schraubstock einspannen, kompletten Lagersatz ohne Verschlußdeckel aufstecken, ein Abstandrohr von etwa 22 mm ⌀, 17,1 mm Bohrung und 80 mm Länge für Vorderradsteckachse bzw. 98 mm Länge für Hinterradsteckachse aufschieben und so mit Steckachsscheibe und Mutter festziehen. Richtige Lagereinstellung ist gegeben, wenn sich die Abstandhülse zwischen den beiden Kegelrollenlager-Außenringen ohne Seitenspiel mit mäßigem Druck im Rahmen des Durchmesserspieles verschieben läßt. Andernfalls anderen oder nachgearbeiteten Paßring einsetzen. **Bild 188**

Gereinigte Lagerung mit etwa 18 bis 20 gr. Shell-Retinax-A-Fett füllen.

B = Freins et roues
(roues déposées)

Outillage: Calibre de rayonnage 5098/4, douille d'écartement, longueur 98 mm, pour l'essai des roulements sur la broche, clef à tube SW 9, clef à ergots Matra 518, chassoir 5074, douille de montage 5079, 1 bâton de craie, clef à nipples, support de centrage.
Fig. 184

B 1 = Démontage, graissage et remontage des roulements de roue

1. Dévisser les 4 vis 6-pans SW 9 du chapeau de roue. Attention aux 4 rondelles d'égalisation, sur les vis, à l'intérieur. Enlever le chapeau et retirer du moyeu la douille d'appui gauche avec l'anneau en feutre.
Fig. 185

2. Placer à l'étau la clef à ergots Matra 518. Poser la roue sur la clef, les ergots de cette dernière engagés dans les trous du cache-poussière. Dévisser le cache-poussière en tournant la roue. **Fig. 186**

Sortir la bague de roulement intérieure du roulement conique, la cage de ce roulement, la rondelle d'ajustage et le tube d'écartement.

3. Chasser prudemment hors du moyeu, au maillet et à l'aide du chassoir 5074, ensemble: le roulement conique gauche, la douille d'écartement et la bague extérieure du roulement droit. Les bagues et les galets des roulements ne doivent pas être interchangés. **Fig. 187**

Attention! Avant le remontage des roulements dans le moyeu, il faut vérifier qu'ils ont un jeu normal. Pour cela, placer à l'étau, avec des mâchoires appropriées, la broche du moyeu, y disposer le jeu complet de roulements, sans cache-poussière, placer un tube d'écartement de 22 mm ⌀ env., de 17,1 mm de trou et de 80 mm de longueur pour la broche avant et de 98 mm de longueur pour la broche arrière et serrer ainsi avec l'écrou de broche. Le jeu normal est obtenu quand la douille d'écartement peut sans jeu axial entre les bagues extérieures des roulements, être mue avec une pression réduite dans le sens jeu en diamètre. Faute de quoi, il faut employer une autre rondelle d'ajustage ou éventuellement la retoucher.
Fig. 188

Nettoyer les roulement set les remplir de graisse Shell-Retinax A (20 gr.).

B = Brakes and Wheels
(Wheels Removed)

Tools: Spoke fitting gauge 5098/4, distance bush 98 mm long for checking wheel bearing on spindle, box spanner SW 9, pin spanner Matra 518, drift rod 5074, assembling bush 5079, piece of chalk, spoke spanner, centering support.
Fig. 184

B 1 = Removing and Refitting Wheel Bearings, Greasing

1. Unscrew 4 hex. screws SW 9 on wheel cap. Pay attention to 4 spacing washers on inside of screws. Take off wheel cap and remove thrust collar with felt ring out of left hub side. **Fig. 185**

2. Fix pin spanner Matra 518 in vice. Put wheel on pin spanner in a way that sealing cover engages in pins. Screw out sealing cover by rotating wheel.
Fig. 186

Take inner race of taper roller bearing, roller cage, spacing ring and distance bush out of hub.

3. Beat cautiously out of hub right thrust collar with left taper roller bearing, distance bush and right taper roller bearing outer race by means of drift rod 5074. Roller bearing races and rollers must not be interchanged. **Fig. 187**

Caution! Before refitting bearings to the hub check whether they are free from play. For that purpose fit spindle in vice by using tension jaws, put on complete bearing set without sealing cover. Further slide on a distance bush of about .86" diameter, .675" bore and 3.15" length for front wheel spindle, and 3.85" length for rear wheel spindle respectively and tighten with spindle disc and nut. Correct bearing fitting is given if the distance bush between the outer races of taper roller bearings may be moved in the diameter play without any lateral play under moderate pressure. Otherwise fit other or touched up spacing ring.
Fig. 188

Replenish cleaned bearing with about .70 ounces grease Shell-Retinax A.

B = Frenos y Ruedas (Ruedas desmontadas)

Herramientas: Calibrador para enrayar las ruedas 5098/4, casquillo distanciador de 98 mm para la comprobación de los cojinetes de la rueda. Llave tubular de 9 mm, llave de pernos Matra 518, punzón 5074, casquillo de montaje 5079, gis, tensor de radios, caballete para centrar.

Fig. 184

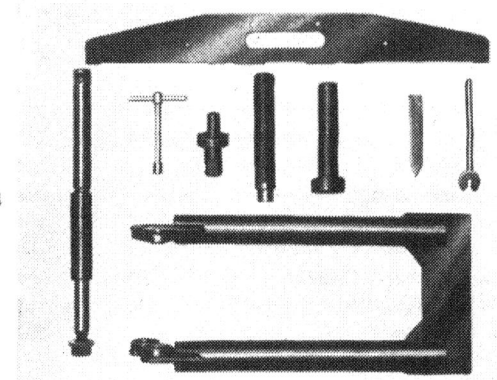

184

B 1 = Desmontar, engrasar y montar los cojinetes de la rueda

1. Aflojar los cuatro tornillos hexagonales de 9 mm de la tapa de la rueda. Tener cuidado de no perder las cuatro arandelas distanciadoras en la parte interior de la tapa. Quitar dicha tapa y sacar el casquillo metido a presión con el anillo de fieltro de la parte izquierda del cubo.

Fig. 185

185

2. Fijar la llave de pernos Matra 518 en el tornillo de banco. Montar la rueda sobre la llave de pernos de tal manera que los pernos encajen en los agujeros de la tapa roscada que sujeta el cojinete. La tapa sujeta-cojinete se desatornillará al darle vuelta a la rueda.

Fig. 186

186

Sacar el anillo interior con la jaula de rodillos cónicos del cojinete, el anillo compensador y el tubo distanciador del cubo.

3. Utilizando el punzón 5074, golpear cuidadosamente hacia afuera el casquillo metido a presión de la parte derecha junto con el cojinete de rodillos cónicos izquierdo, el casquillo distanciador y el anillo exterior del cojinete derecho. Los anillos y los rodillos no deberán revolverse.

Fig. 187

187

¡Atención! Al volver a montar los cojinetes en el cubo (masa) comprobar que no tengan juego. Para esto fijar el eje de la rueda en el tornillo de banco el cual deberá estar equipado de mordazas de cobre, colocar el juego completo de cojinetes sin la tapa roscada, comprendiendo entre ellos el conjunto de piezas distanciadoras. Meter un tubo distanciador de 22 mm ⌀ exterior aprox. con taladro de 17,1 mm y 80 mm de long. para el eje de la rueda delantera, y 98 mm para la rueda trasera y apretar con la arandela y la tuerca puestas. El ajuste de los cojinetes resulta correcto, si el casquillo distanciador entre los dos anillos exteriores de los cojinetes se deja desplazar radialmente y con presión moderada pero sin juego axial.
En caso contrario colocar un nuevo anillo compensador o rectificar el mismo.

Fig. 188

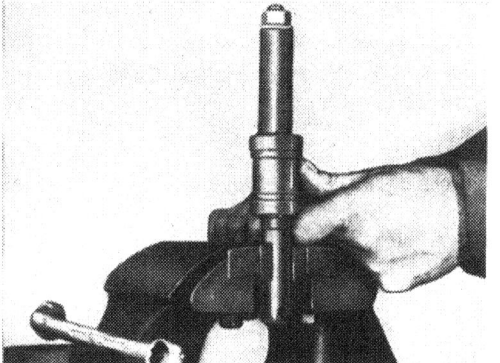

188

Llenar los cojinetes limpios y el conjunto de piezas distanciadoras con unos 10–20 gramos de grasa Shell Retinax A.

B 2 = Bremsbelag erneuern

Sind die Bremsbackenbeläge so abgenützt, daß in Kürze die Kupfernieten zum Tragen kommen, dann neue Beläge aufnieten. Sind die Bremstrommeln riefig, rauh oder durch Neueinspeichung oder starkes Speichennachziehen unrund geworden, dann Bremstrommeln vorsichtig nachdrehen. Der Bremshebel muß in Ruhestellung nach rückwärts stehen, er darf in maximaler Bremsstellung noch nicht rechtwinkelig zum Bremszug stehen.

Bild 189

B 2 = Remplacement des garnitures de frein

Si les garnitures sont usées à tel point que les rivets de cuivre doivent sous peu porter sur le tambour, il faut les remplacer. Si la surface du tambour est rayée, endommagée ou si le tambour est ovalisé par suite d'un nouveau rayonnage ou d'une tension très forte des rayons, il faut retoucher prudemment le tambour au tour. Le levier de frein doit, en position de repos, être assez en arrière pour assurer la position de freinage maximum quand la commande est à l'équerre du levier.

Fig. 189

B 2 = Replacing Brake Linings

In the case that the brake linings are spent so much that the copper rivets will bear shortly fit new linings. If the Brake drums are rough, grooved or have become untrue by fitting new spokes or tensioning spokes the drum inside must be cautiously turned out. In neutral position the brake lever has to point backwards. In maximal brake position the lever must stand right-angled to the brake cable.

Fig. 189

B 3 = Laufräder einspeichen

1. Radnabe samt Lagerung mit Bremstrommelseite auf Werkbank legen. Ein sich kreuzendes Speichenpaar mit Unterlegeplättchen so durch die Nabe schieben, daß die etwas tiefer stehende Speiche die Gegenspeiche unten, etwa im ersten Drittel ihrer Länge kreuzt.

Bild 190

Felge so auflegen, daß die eingepreßten Nippelaufnahmelöcher, die mit einem Winkel von 18° (zum Radmittelpunkt bezogen) genau in Richtung der in die Nabe eingeführten Speichen zeigen. Dabei muß die etwas höher liegende Speiche in das höher liegende Aufnahmeloch der Felge treffen. Andernfalls Felge wenden. In gleicher Weise werden die übrigen Speichenpaare eingefädelt und mit Nippel versehen.

Bild 191

2. Nippel gleichmäßig anspannen und dabei mit der an Bremstrommelseite angesetzten Radeinspeichlehre 5098 (Selbstanfertigung) den Seitenabstand der Felge zur Nabe prüfen.

Bild 192

Maximaler Durchmesserschlag 1 mm, seitlicher Schlag 0,2 mm (gemessen am Felgenhorn).

Achtung! Etwa vorstehende Speichenenden abschleifen. Räder nach 6000 km Laufzeit nachspannen.

Bild 193

B 3 = Rayonnage des roues

1. Poser le moyeu, roulements montés, sur l'établi, le côté du frein en bas. Placer dans le moyeu une paire de rayons se croisant, avec les plaquettes, de telle manière que le rayon se trouvant un peu plus bas croise l'autre par en-dessous, vers le premier tiers de la longueur.

Fig. 190

Placer la jante de façon que les logements de nipples, qui sont emboutis dans la jante avec un angle de 18°, se trouvent exactement dans le prolongement des deux rayons qui y sont introduits. Ainsi, le rayon se dirigeant le plus haut doit atteindre au logement placé le plus haut dans la jante. Si non, retourner la jante. Monter de même manière les autres rayons et visser les nipples.

Fig. 191

2. Tendre également les rayons, puis contrôler la position de la jante sur le moyeu, à l'aide de la jauge de rayonnage 5098, appliquée du côté du frein.

Fig. 192

Faux-rond max. en diamètre, 1 mm, voilage latéral max. 0,2 mm (mesurés au bord de la jante).

Attention! Les bouts des rayons débordant des nipples doivent être meulés. Retendre les rayonnages après 6000 Km.

Fig. 193

B 3 = Fitting Wheel Spokes

1. Place wheel hub with bearing on bench with brake drum turned downwards. Push one crossing pair of spokes with washers trough hub so that the lower spoke crosses the counter spoke below in about the first third of its length.

Fig. 190

Place the rim in a way that the nipple holes pressed into the rim point exactly with 18° (wheel centre) to the spokes already entered into the hub. Hereby the higher situated spoke has to meet the higher nipple hole of the rim. Otherwise change rim position. The other spoke pairs are fitted in just the same way and screwed with nipples.

Fig. 191

2. Tighten nipples regularly and check lateral position from rim to hub by using spoke fitting gauge 5098 (shop-made). The gauge must be applied on the brake drum side.

Fig. 192

Maximal eccentricity beat .04", lateral beat .008" (measured on rim bead).

Caution! Grind down protruding spoke ends. Retighten spokes after 4000 miles.

Fig. 193

B 2 = Renovar los forros

Tan pronto como los remaches de los forros lleguen en contacto con el tambor, es indispensable renovarlos. Y en caso de que los tambores estén rayados o ásperos rectificar el tambor cuidadosamente, igualmente si se haya llevado a cabo un enrayado completo o se hayan tensado los radios. En éste último caso los tambores se ovalan. La palanca del freno deberá, en posición normal, ver hacia atrás, de manera que al apretar al máximo el freno, ésta quede en ángulo recto con el cable.

Fig. 189

189

B 3 = Enrayar las ruedas

1. Colocar el cubo (masa) de la rueda, armado interiormente, en el banco de trabajo, de manera que el tambor quede hacia abajo. Introducir en los agujeros del cubo una pareja de radios con sus respectivas placas de apoyo, procurando que el radio inferior cruce al opuesto por abajo y a una distancia aproximada de un tercio de su longitud.

Fig. 190

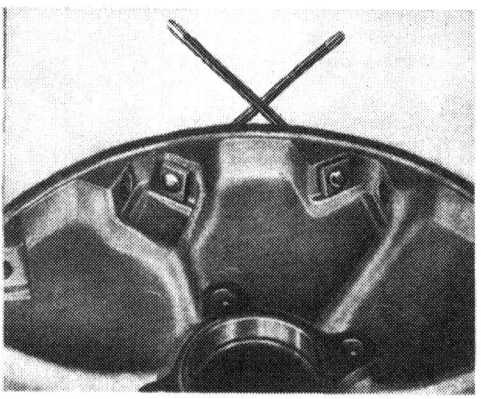
190

Colocar la llanta (rim) en tal posición, que los agujeros para los niples (cabecillas roscadas), que forman un ángulo de 18° con respecto al diámetro, queden exactamente en dirección de los radios colocados en el cubo. Para eso, el radio superior, deberá encontrar su respectivo agujero superior de la llanta (rim). De no ser así voltear la llanta. Este procedimiento se repetirá para los demás radios.

Fig. 191

191

2. Tensar los niples uniformemente y al mismo tiempo comprobar mediante el calibrador 5098, el desplazamiento axial de la llanta (rim) con respecto al cubo. El citado calibrador deberá aplicarse en el lado del tambor de freno.

Fig. 192

192

Excentricidad máxima 1 mm, y juego lateral 0,2 mm medidos en el borde ([ceja] de la llanta).

¡Atención! Limar los extremos de los radios que pudieran sobresalir de los niples. Después de un recorrido de 6000 km tensar nuevamente los radios.

Fig. 193

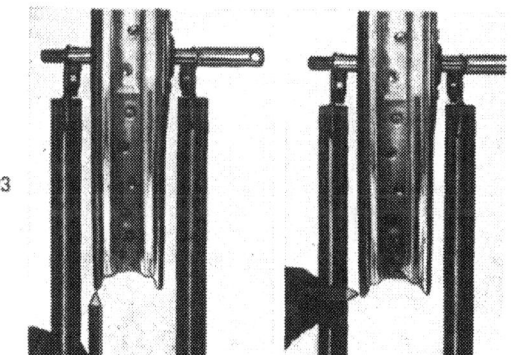
193

L = Lenkung und Federbeine (Laufrad ausgebaut)

Werkzeuge: Zapfenschlüssel Matra 286, Spannvorrichtung 5094, Maulschlüssel SW 24, SW 19, SW 17, SW 14, SW 10, SW 9, Kombi-Zange, Ringschlüssel 24, 17, 14, 10, Bordwerkzeugschlüssel 36/41, Montagedorn Matra 519, Dowidatklemmschlüssel 31 mm. **Bild 194**

L 1 = Federbeine aus- und einbauen

1. Motorrad auf Kippständer stellen und Motor unter Ölwanne aufbocken.
2. Muttern SW 17 der Befestigungsschrauben an Gabel und an Schwinge abschrauben, Schrauben ausdrücken und mit Unterlegscheiben ablegen, vorderes Federbein abnehmen. **Bild 195**

Auf Federverkleidung des Federbeines Zugteller der Federmontagevorrichtung 5094 (Selbstanfertigung) stülpen. Oberes Federbein-Befestigungsauge in Schraubstock einspannen, durch Hebel der Vorrichtung und unteres Federbeinauge Bolzen durchstecken.
Hebel schwenken bis er von selbst bei zusammengedrücktem Federbein stehen bleibt. Mit dem Maulschlüssel SW 9 am Zweikant der Stoßdämpferstange diese aus oberem Federbeinauge ausschrauben. **Bild 196**

Nach Lösen der Federspannung die obere Federverkleidung, Feder, Gummipufferringe und untere Federverkleidung zur Abnahme frei.

Abbau der hinteren Federbeine: Federspannhebel auf „Solofahrt" stellen und bei herunterhängendem Schwingarm Federbeinbefestigung oben (Zapfenschlüssel Matra 286 und Ringschlüssel SW 17 mit Schraubenzieher) und unten lösen und Federbein nach unten abnehmen. **Bild 197**

3. Zum Ausbau des Stoßdämpfers unteres Federbeinauge in Schraubstock mit Einspannbacken einspannen. Obere Stoßdämpferschutzkappe abziehen und Stoßdämpfer mit Dowidat Spannschlüssel Nr. 31-10 (32,5 mm ⌀ für R 27, 30,5 mm ⌀ für R 26) oben angesetzt, ausschrauben. **Bild 198**

Stoßdämpfer nicht legen. In senkrechter Stellung lagern.

4. Metallgummilager in Federbeinaugen nur bei Bedarf auspressen.

Achtung! Vor Wiedereinbau Federlänge bzw. Federdruck (s.S.26) prüfen. Stoßdämpfer muß auf Zug schwerer und auf Druck leichter gehen, aber in beiden Fällen jeweils gleichförmig.
Vorsicht! Stoßdämpfer darf in zusammengedrückter Endstellung höchstens mit 500 gr Druck belastet werden, sonst könnten innere Schäden auftreten.
Erfordert Zug und Druck gleich geringe Kraft oder zeigt sich ruckweise Bewegung, so liegen Undichtheiten vor, die ein Auswechseln der Stoßdämpfer erfordern. Beim Einbau die Federbeine für Solomaschine in obere und für Seitenwagenmaschine in untere Gabelanschlußbohrungen einsetzen.

L = Direction et jambages à ressort (roue déposée)

Outillage: Clef à ergot Matra 286, appareil de montage des ressorts 5094, clefs à fourche SW 24, SW 19, SW 17, SW 14, SW 10, SW 9, pince combinée, clefs fermées 24, 17, 14, 10, clef 36/41 de la trousse, outil de montage Matra 519, clef à collier. **Fig. 194**

L 1 = Démontage et remontage des jambages à ressort

1. Mettre la moto sur la béquille et placer une cale sous le moteur.
2. Dévisser les écrous SW 17 de fixation à la fourche et au bras oscillant, déchasser les vis et les retirer avec les rondelles, déposer le jambage à ressort avant. **Fig. 195**

Placer la coupelle de tension de l'appareil 5094 sur le tube de protection du ressort. Serrer à l'étau l'oeillet supérieur de fixation du jambage. Enfiler l'axe à travers le levier de l'appareil et l'oeillet inférieur de fixation du jambage. Agir sur le levier jusqu'à son arrêt, le jambage totalement comprimé. Avec une clef à fourche SW 9 appliquée aux deux pans de la tige d'amortisseur, dévisser celle-ci de l'oeillet. **Fig. 196**

Après détente du ressort, la protection supérieure, le ressort, la butée caoutchouc et la protection inférieure du ressort pourront être enlevés.

Dépose des jambages à ressort arrière: Mettre le levier de réglage sur position «solo» et, le bras oscillant pendant vers le bas, dévisser la fixation supérieure du jambage (clef à ergot Matra 286, clef fermée OC 17 et tournevis), puis la fixation inférieure et enlever le jambage vers le bas. **Fig. 197**

3. Pour démonter l'amortisseur, serrer dans l'étau muni de mâchoires l'oeillet inférieur de fixation. Retirer la protection supérieure de l'amortisseur et dévisser ce dernier, serré dans la clef à collier (Dowidat No. 31-10, 32,5 mm ⌀ pour R 27, 30,5 mm ⌀ pour R 26). **Fig. 198**

Ne pas déposer l'amortisseur à plat. Le laisser seulement debout.

4. N'extraire qu'en cas de nécessité les silentblocs des oeillets du jambage.

Attention! Avant remontage, contrôler la longueur des ressorts, resp. leur force (voir page 26).
L'amortisseur doit coulisser dur à la traction et plus facilement à la pression, mais dans les deux sens sans à-coup et régulièrement.
Important! Dans sa position complètement comprimée l'amortisseur ne doit jamais être chargé de plus de 500 gr. de pression, sous peine de dégâts. Si la compression et l'extension nécessitent le même effort réduit ou si le mouvement s'opère avec des à-coups, il y a défaut d'étanchéité et l'amortisseur doit être remplacé. Au montage de l'amortisseur, monter l'oeillet supérieur dans le trou le plus haut de la fourche pour solo et le plus bas pour side-car.

L = Steering and Suspension Units (Wheel Removed)

Tools: Pin wrench Matra 286, tension device 5094, open ended spanners SW 24, SW 19, SW 17, SW 14, SW 10, SW 9, cutting pliers, ring spanners 24, 17, 14, 10, tool kit spanner 36/41, assembly tool Matra 519, Dowidat clamping spanner. **Fig. 194**

L 1 = Removing and Refitting suspension units

1. Jack up motorcycle with central stand and support engine under oil sump.
2. Unscrew nuts SW 17 on tightening bolts of fork and swing arms, take off bolts with washers, remove front suspension unit. **Fig. 195**

Put draw plate of spring mounting device 5094 (shop-made) on spring covering tube. Clamp upper tightening eye of suspension unit in vice and enter pin through lever of device and lower eye of suspension unit. Move lever until it stops of itself with compressed suspension unit. Screw shockabsorber bar out of upper suspension unit eye by applying open ended spanner SW 9 on two-edge part. **Fig. 196**

After releasing spring tension the upper cover tube, spring, rubber rings and lower cover tube are free for being taken off.

Removal of rear suspension units: Set spring adjustment levers into "solo driving" position, and with the swinging arm pending down loosen spring leg fastening above (pin wrench Matra 286 and ring wrench SW 17 with screwdriver) and below, and remove spring leg (suspension unit) downward. **Fig. 197**

3. To remove the shock absorber clamp lower eye of suspension unit in vice by using jaws. Take off shockabsorber protection cover and screw out shock absorber using Dowidat clamping spanner Nr. 31-10 (32.5 mm ⌀ for R 27, 30.5 mm ⌀ for R 26) applied on top. **Fig. 198**

Do not lay down shockabsorber but keep them in vertical position.

4. Press out metal-rubber bearings in eyes of suspension unit only if necessary.

Caution! Before reassembling check length and pressure of spring respectively (see page 27). The higher tensile force as well as the lower pressure force should be constant over the whole length. In compressed position no pressure over 1 lbs. should be exercised on the shockabsorber otherwise interior defects might be caused.
If pull and pressure require the same low force or if there are jerking motions the shockabsorber is leaky and requires replacement. For solo motorcycles place suspension units in upper fork connection drill hole, for sidecar outfits in lower hole.

L = Dirección y montantes elásticos
(Rueda desmontada)

Herramientas: Llave de perno Matra 286, tensor 5094, Llaves de 24 mm, 19 mm, 17 mm, 14 mm, 10 mm, 9 mm, Pinzas, Llaves anilla de 24 mm, 17, 14, 10, Llave de la dotación de herramientas 36/41, Punzón de montaje Matra 519, Llave especial Dowidat.

Fig. 194

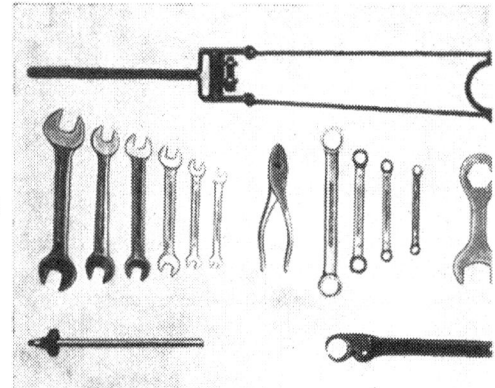

L 1 = Desmontar y montar los montantes elásticos (suspensión)

1. Apóyese la motocicleta sobre el caballete central y sobre un bloque de madera colocado en el cárter.
2. Desatornillar las tuercas de 17 mm, tanto en la horquilla como en el balancín, de sus respectivos tornillos de sujeción, sacar éstos últimos con sus arandelas y quitar el montante elástico delantero.

Fig. 195

Colocar el platillo tensor, según dibujo 5094, sobre el tubo protector del muelle. Fijar la unión superior del montante elástico con su parte plana (con agujero en el tornillo de banco y hacer pasar un solo perno a través de los agujeros de la palanca de dicha herramienta y de la unión inferior del montante elástico.
Bajar la palanca que oprime el resorte, hasta que ésta se puede atorada por sí misma. Desatornillar la varilla del amortiguador de la unión superior del montante elástico con una llave de 9 mm.

Fig. 196

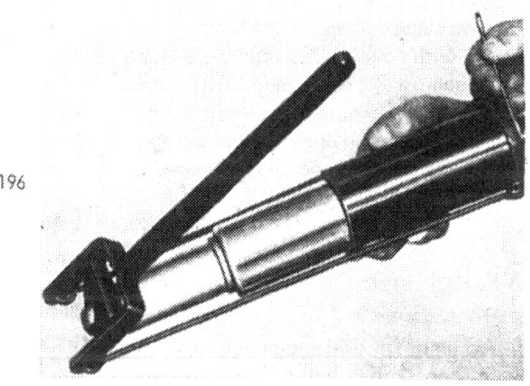

Después de haber quitado la tensión del resorte, quedan las siguientes partes libres: el guardapolvos superior, el resorte, los anillos de hule, y el guardapolvos inferior.
Desmontar los brazos telescópicos traseros: colocar la palanca tensora de los resortes en la posición «marcha en sólo». Mientras el brazo oscilante cuelga hacia abajo, se separa la sujeción superior e inferior del brazo telescópico respectivo (llave de vástago Matra 286 y llave anular SW 17 con destornillador). A continuación, se saca el brazo telescópico, tirando de él hacia abajo.

Fig. 197

3. Para desmontar el amortiguador, deberá fijarse la unión inferior en el tornillo de banco, con mordazas de cobre, y retirar la cubierta protectora del extremo superior del amortiguador. Luego desatornillar éste último con la llave especial Dowidat No. 31–10 (32,5 mm ⌀ para R 27, 30,5 mm ⌀ para R 26) con aplicación en la parte superior.

Fig. 198

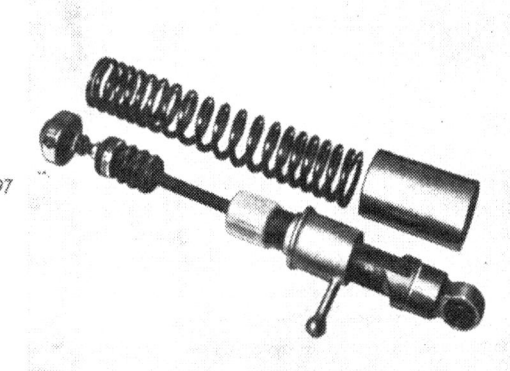

No acostar los amortiguadores, más bien almacenarlos en posición vertical.

4. Nadamás en caso necesario, sacar a presión las anillos amortiguadores de los agujeros de las uniones de los montantes elásticos.

> **¡Atención!** Comprobar, antes del montaje, la longitud o bien la tensión del resorte (véase pág. 27).
> Al sacar la varilla del amortiguador se requiere mayor fuerza que al meterla, pero en ambos casos los movimientos deberán ser uniformes.
> **¡Cuidado!** No apretar con una fuerza mayor de 500 grms. el amortiguador en su posición de compresión final, ya que pueden sobrevenir daños internos en caso contrario. Si para los movimientos de ida y vuelta de la varilla se requiere una fuerza igual, o si éstos no son uniformes, es decir que se atoren, existen fugas en el interior que indican que el amortiguador sea reemplazado. Al colocar los montantes elásticos, utilizar los agujeros superiores de la horquilla para «solo» y los inferiores para «side-car».

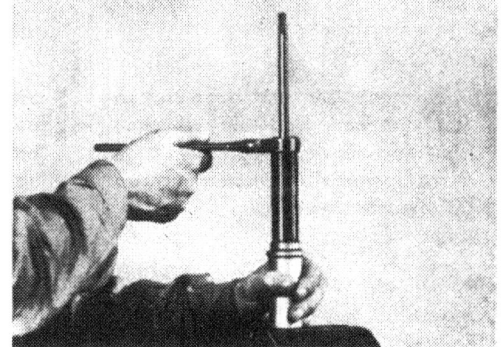

L 2 = Vorderradschwinge aus- und einbauen (Laufrad und Federbeine ausgebaut)

1. Vorderradschutzblech abschrauben.

2. Hutmutter SW 24 auf linker Radseite abdrehen, in Schwingenbolzen Führungsdorn Matra 519 eindrehen und zusammen ausziehen bzw. ausklopfen.

Bild 199

Schwinge abnehmen, dabei auf freiwerdende Paßscheibe links und rechts achten.

3. Lagerdichtung, Druckbüchse und Kegelrollenlager-Innenlaufring mit Rollenkäfig links und rechts mit Finger herausnehmen. Kegelrollenlager-Außenlaufring nur im Schadensfall mittels handelsüblichen Innenauszieher ausziehen und wenn nicht vorhanden, mittels Dornes von Gegenseite ausklopfen. In letzterem Fall ist auch die Grund-Abdeckscheibe wegen der beim Lagerausbau erlittenen Beschädigungen auszuwechseln. Kegelrollenlager-Laufringe und Rollen untereinander nicht verwechseln.

Bild 200

Achtung! Die Schwingenlagerung soll in der Gabel beim Einsetzen nur 0,1 mm Seitenspiel haben, andernfalls dickere Paßscheiben einsetzen.

Bild 201

Achtung! Kegelrollenlager beim Zusammenbau mit Shell-Retinax-A-Fett füllen. Zum Einführen des Schwingenbolzens Montagedorn Matra 519 in das Innengewinde des Bolzens und die Rändelmutter des Montagedornes in das Gewinde der Gabel einschrauben.

Bild 202

Schwingenbolzen und Hutmutter so fest anziehen, daß die Schwinge ohne Rad aus der waagrechten Lage durch Eigengewicht langsam um etwa 50° herunterschwenkt.

Bild 203

L 2 = Dépose et pose du bras oscillant avant (roue et jambages à ressort déposés)

1. Déposer le garde-boue avant.

2. Dévisser le chapeau SW 24, du côté gauche, introduire sur l'axe du bras oscillant la broche de guidage Matra 519 et les déchasser ensemble au maillet.

Fig. 199

Retirer le bras oscillant en veillant aux rondelles d'ajustage gauche et droite libérées.

3. Retirer avec le doigt la bague d'étanchéité, la douille de pression et les bagues de roulements intérieures gauche et droite. Les bagues extérieures des roulements ne doivent être démontées que si elles sont endommagées. Utiliser alors un extracteur intérieur du commerce, ou, à défaut, les déchasser depuis le côté opposé, à l'aide d'un chassoir. Dans ce dernier cas, il faudra remplacer la rondelle intérieure d'appui de siège, endommagée par le démontage. Les bagues de roulements et les galets ne doivent pas être interchangés entre eux.

Fig. 200

Attention! Le roulement d'articulation remonté, ne doit avoir dans la fourche qu'un jeu de 0,1 mm. Si ce n'est pas le cas, il faudra employer des rondelles d'ajustage plus fortes.

Fig. 201

Nettoyer les roulements et les remplir de graisse Shell-Retinax A. Au montage de l'axe d'articulation, visser la broche de guidage Matra 519 dans le filetage intérieur de l'axe et l'écrou moleté de la broche de montage dans le filetage de la fourche.

Fig. 202

Visser l'axe d'articulation et le chapeau assez fermement pour que le bras oscillant, sans la roue, placé dans la position horizontale, descende lentement, par son propre poids, jusqu'à une inclinaison de 50° environ.

Fig. 203

L 2 = Removing and Refitting Front Swing Arms (Wheel and Suspension Units Removed)

1. Unscrew front mud guard.

2. Screw off nut SW 24 on left side, screw guide rod Matra 519 in swing arm pin and pull or beat out together.

Fig. 199

Take off swing arm. Pay attention to spacing washers on left and right side.

3. Take out with one finger bearing gasket, thrust bush and inner race of taper roller bearing with roller cage on left and right side. Pull out outer race of taper roller bearing only if there is question of a damage. Then use a commercial type puller. If not available beat out outer race with drive rod from other side. In this latter case also the bottom cover plate must be replaced because of damages occured on removing the bearing. Do not interchange races of taper roller bearing and rollers.

Fig. 200

Caution! The swing arm bearing should have only .004" lateral play on fitting in the fork, otherwise fit thicker spacing washers.

Fig. 201

On reassembling replenish taper roller bearing with grease Shell-Retinax A. For leading in of swing arm pivot screw assembling rod Matra 519 in the inner thread of pivot and knurl nut of assembling rod in thread of fork.

Fig. 202

Tighten swing arm pivot and nut so strongly that the swing arms without wheel slew down by its own weight by about 50° out of horizontal position.

Fig. 203

L 2 = Desmontar y montar el balancín (horquilla oscilante) de la rueda delantera.
Rueda y montantes elásticos desmontados)

1. Desatornillar el guardabarros (salpicadera) delantero.

2. Desatornillar la tuerca de caperuza de 24 mm por el costado izq. de la rueda, y atornillar al mismo tiempo el punzón guía Matra 519 en el extremo roscado del eje de la horquilla y golpearlo hacia afuera.

Fig. 199

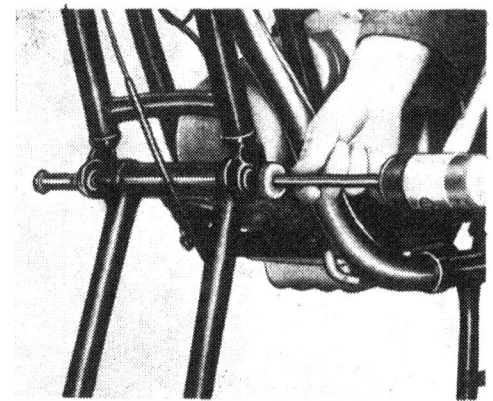

Quitar el balancín teniendo cuidado de no perder las arandelas distanciadoras de ambos lados.

3. Sacar con la mano el retén de grasa del cojinete, el casquillo metido a presión y el anillo interior del cojinete con su jaula de rodillos cónicos a izq. y der. Extraer los anillos exteriores de los cojinetes, sólo en caso de que se encuentren deteriorados, ya sea con ayuda de un extractor para interiores de tipo comercial o bien golpearlos hacia afuera con un punzón desde el extremo opuesto. En éste último caso deberán sustituirse también las arandelas situadas en el fondo del alojamiento del cojinete, ya que siempre sufren daños durante esta maniobra. No deberán revolverse los juegos de anillos y de rodillos cónicos.

Fig. 200

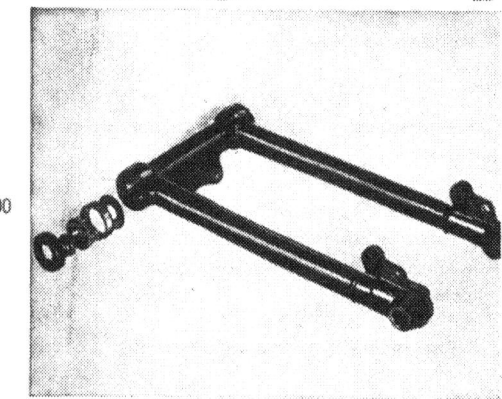

¡**Atención!** El conjunto del balancín, deberá al ser montado en la horquilla, tener sólo un juego axial de 0,1 mm, de otra manera colocar unas arandelas distanciadoras mas gruesas.

Fig. 201

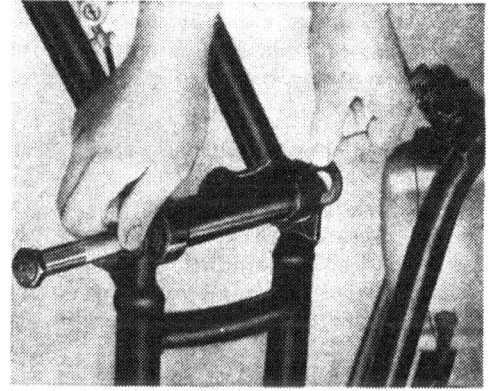

¡**Atención!** Al montar, llenar los cojinetes de rodillos cónicos con grasa Shell-Retinax A. Para introducir el eje del balancín, atorníllese al punzón de montaje Matra 519 en la rosca del eje y la tuerca moleteada del citado punzón en la rosca de la horquilla.

Fig. 202

Apretar el eje del balancín y su tuerca de caperuza, hasta que — estando desmontada la rueda delantera — el balancín descienda lentamente, de la posición horizontal, por efecto de su propio peso (50° aprox. de la posición horizontal).

Fig. 203

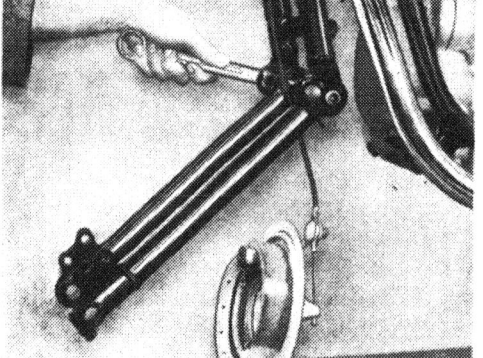

L 3 = Vorderradgabel aus- und einbauen

1. **Lenkungsdämpfer aus- u. einbauen:**
Splint aus Lenkungsdämpferschraube unten entfernen. Dämpferschraube an Knebel oben ausschrauben und unten Druckplatte, sowie oben Sicherungskappe und Sicherungsscheibe abnehmen. **Bild 204**

Mutter SW 14 von Halteschraube SW 19 abdrehen und Dämpfungsscheibe samt Federscheibe, Unterlegscheiben sowie Gummiringen abnehmen. **Bild 205**

2. **Scheinwerfer abheben und wieder anbauen:**
Abblendschalter am linken und Blinkerschalter am rechten Lenkergriff an unterer Befestigungsschraube mittels Schraubenzieher von Lenkstange lösen. **Bild 206**

Kabelbaum etwas aus Scheinwerfer herausziehen.
Scheinwerfer-Befestigungsschrauben SW 14 ausdrehen, dabei auf Gummilagerungen achten. Scheinwerfer vorsichtig nach unten hängen lassen, bzw. abstützen.

3. **Lenker und obere Gabelführung abbauen:**
Lenker von oberer Gabelführung lösen (zwei Muttern SW 17 mit Federscheiben), auf Kraftstoffbehälter einen sauberen Lappen legen, Lenker abheben und auf Kraftstoffbehälter legen.
Obere Mutter SW 36 von Gabelführungsrohr und zwei Gabelfestigungsschrauben SW 19 an oberer Gabelführung abschrauben.

4. **Gabel aus Rahmen ausbauen:**
Paßscheibe über unterer Mutter abheben und untere Mutter SW 41 abschrauben. Auf Lagerkugeln von unterem Lager achten. Gabel aus Rahmen nehmen und oben Schutzkappe sowie äußeren Kugellager-Laufring mit Kugeln abnehmen. **Bild 207**

Achtung! Zum Einbau je Lager 23 Kugeln mit Fett in Laufring einkleben. **Bild 208**

Nach Gabeleinbau Lagerpassung durch Anziehen der unteren SW 41 und oberen Mutter SW 36 so einstellen, daß die Gabel durch Eigengewicht bei leichtem Ausschwenken aus Mittelstellung beiderseits in die Endstellung fällt.
Der Scheinwerfer ist später (siehe Elektroanhang) neu einzustellen.

L 3 = Dépose et pose de la fourche avant

1. **Dépose et pose du frein de direction.**
Retirer la goupille au bas de la tige du frein de direction, dévisser la tige par l'écrou à volant et retirer, en bas, le disque de pression et, en haut le chapeau et la rondelle d'arrêt. **Fig. 204**

Dévisser l'écrou SW 14 de la vis d'arrêt SW 19 et retirer le disque de frein avec la rondelle à ressort, les rondelles intermédiaires et les bagues caoutchouc. **Fig. 205**

2. **Dépose et pose du phare:**
Dégager du guidon le commutateur phare-code à la poignée gauche et la commande des clignotants à la poignée droite en desserrant la vis inférieure de fixation au moyen d'un tournevis. **Fig. 206**

Retirer un peu du phare le faisceau des câbles.
Dévisser les deux vis de fixation SW 14 du phare, en prenant garde aux rondelles caoutchouc. Dégager prudemment le phare par en bas et le laisser suspendu ou le supporter.

3. **Dépose du guidon et de l'entretoise supérieure de fourche:**
Dégager le guidon de l'entretoise supérieure (deux écrous SW 17 avec rondelles à ressort), placer un chiffon propre sur le réservoir, dégager le guidon et le poser sur le réservoir.
Dévisser l'écrou supérieur SW 36 du tube de direction et les deux vis SW 19 de l'entretoise supérieure.

4. **Dépose de la fourche:**
Enlever la rondelle d'ajustage sur l'écrou inférieur SW 41 et dévisser ce dernier. Attention aux billes du roulement inférieur. Sortir la fourche du tube de cadre et retirer la protection supérieure ainsi que la bague extérieure de roulement, avec les billes. **Fig. 207**

Attention! Au montage, munir chaque roulement de 23 billes de 5,5 mm ⌀, collées à la graisse. **Fig. 208**

Aprés remontage de la fourche, régler les roulements, par l'écrou inférieur SW 14 et supérieur SW 36 de telle sorte que si l'on écarte légèrement la fourche de sa position médiane, elle tombe sous son propre poids, à fond à gauche et à droite.
Le phare est ensuite à régler à nouveau (voir partie électrique).

L 3 = Removing and Refitting Front Fork

1. **Removing and Refitting Steering Damper:**
Draw split pin at the bottom end out of steering damper screw. Unscrew damper screw on lock handle above and take off pressure plate below. Further remove lock cap and lock washer on top. **Fig. 204**

Unscrew Nut SW 14 from clamping screw SW 19 and take off damper plate with spring washer, intermediate washers and rubber rings. **Fig. 205**

2. **Removing and Remounting Head Lamp:**
Detach dimmer switch from left, and blinker switch from right handlebar grip by loosening the lower retaining screw with a screwdriver. **Fig. 206**

Draw wiring somewhat out of head lamp. Unscrew head lamp fixing screws SW 14. Hereby pay attention to the rubber bearings. Let head lamp cautiously hang in this position or support it.

3. **Removing Handle Bar and upper Fork Guide:**
Remove handlebar from upper fork guide (two SW 17 nuts with lock washers), cover petrol tank with clean rag, lift off handle bar and put it on petrol tank.
Unscrew upper nut SW 36 from steering tube and 2 fork tightening screws SW 19 on upper fork guide.

4. **Removing Fork from Frame:**
Remove spacing washer above lower nut and unscrew lower nut SW 41. Pay attention to bearing balls of lower bearing. Withdraw fork from frame, take off protection cap at the top and race of ball bearing with balls. **Fig. 207**

Caution! When reassembling stick by means of grease 23 balls into each race ring. **Fig. 208**
After refitting fork adjust bearing fit by tightening lower nut SW 41 and upper nut SW 36 so that the fork falls in extreme position by its own weight on both sides if it is slightly turned out of central position.
The head lamp has to be readjusted later on (see group "Electrical Equipment").

L 3 = Desmontar y montar la horquilla delantera

1. **Desmontar y montar el amortiguador o freno de la dirección:**

   Quitar el pasador (chaveta) del extremo inferior del tornillo largo del amortiguador (estabilizador). Desatornillar éste último desde su cabezal cromado y al mismo tiempo sacar la placa de presión inferior así como el guardapolvos cromado y la arandela guía en la parte superior.
   Fig. 204

   Quitar la tuerca de 14 mm del tornillo de sujeción de 19 mm y retirar la placa forrada junto con la arandela ondulada, arandelas planas y los anillos de goma.
   Fig. 205

2. **Desmontar y montar el faro:**

   Desmontar del manubrio el conmutador de las luces de carretera y cruce en el puño izquierdo y el conmutador para los intermitentes en el puño derecho, quitando el tornillo inferior de sujeción mediante un destornillador.
   Fig. 206

   Sacar un poco el conjunto de cables del faro. Aflojar los tornillos de 14 mm que sujetan el faro, teniendo cuidado de las arandelas de goma. Dejar colgar cuidadosamente el faro o soportarlo.

3. **Desmontar el manubrio junto y la placa triangular de la horquilla:**

   Desmontar el manubrio de la placa triangular superior de la horquilla (dos tuercas SW 17 con arandelas de muelle), colocar un trapo limpio encima del depósito de la gasolina, quitar el manubrio y ponerlo en el depósito (tanque).

   Desatornillar la tuerca superior de 36 mm del tubo de la dirección así como los dos tornillos de 19 mm que unen la placa triangular a la horquilla.

4. **Desmontar la horquilla del cuadro:**

   Quitar la arandela de ajuste de la parte superior de la tuerca principal de 41 mm y desatornillar ésta última. Tenir cuidado en las bolas del cojinete inferior. Sacar la horquilla del cuadro y quitar el guardapolvos así como el cono superior con sus bolas.
   Fig. 207

   ¡Atención! Fijar con grasa 23 bolas en cada cojinete.
   Fig. 208

   Después de haber montado la horquilla, ajustar los cojinetes por medio de las dos tuercas de 41 mm y de 36 mm respectivamente, de manera que al apretar dichas tuercas el manubrio gire por su propio peso hacia cada lado al golpear ligeramente cualquiera de los extremos del manubrio de atrás hacia adelante o viceversa.

   El faro deberá ajustarse al final (véase la parte eléctrica que se encuentra a continuación).

204

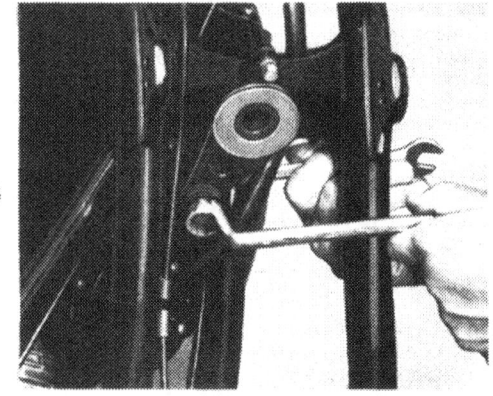
205

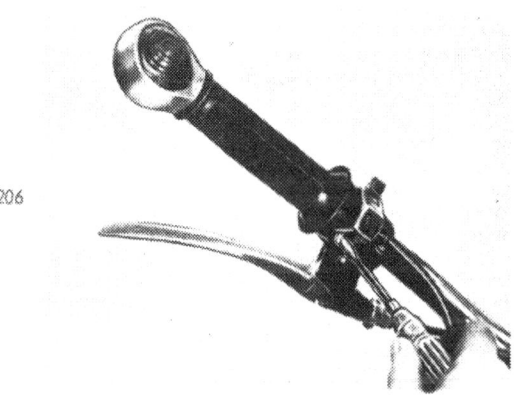
206

207

208

E = Elektrische Anlage

Beschreibung

Die elektrische Anlage besteht aus der Lichtmaschine bzw. der Zündlichtmaschine, der Batterie, der Beleuchtungsanlage, dem Signalhorn und der Leerlaufanzeige.

Die Lichtmaschine LJ/CJE/60/6/1800/R 5 (für Baumuster R 27) mit angebautem Kondensator für den Zünd-Unterbrecher, erreicht ihre Nennleistung von 60 Watt bei 1800 U/min, die Höchstleistung von 90 Watt bei 2140 U/min. Der Spannungsregler für 6 V Nennspannung, die Zündspule, der Unterbrecher mit Fliehkraftversteller sind von der Lichtmaschine getrennt (Bild 209).

Die Zündlichtmaschine ZLZ 60/6/1600/1/L (für Baumuster R 26) erreicht ihre Nennleistung von 60 Watt bei 1600 U/min und die Höchstleistung von 90 Watt ab 2000 U/min. An die Lichtmaschine angebaut sind Kondensator für Zünd-Unterbrecher, Spannungsregler für 6 V Nennspannung, Zündspule und Unterbrecher nebst Fliehkraftregler (Bild 210).

Die Nennleistung dieser mit Kurbelwellendrehzahl angetriebenen Nebenschluß-Dynamos wird demnach erreicht bei einer Fahrgeschwindigkeit bei

	Solo-Übersetzung		Seitenwagen-Übersetzung	
	R 27	R 26	R 27	R 26
im 1. Gang mit ca. km/h	9	8	8	7
im 2. Gang mit ca. km/h	17	15	15	13
im 3. Gang mit ca. km/h	23	20	20	18
im 4. Gang mit ca. km/h	34	30	28	25

Der Strom für die Zündung wird beim Anfahren von der Batterie und nach erreichter Nenndrehzahl von der Lichtmaschine als Primärstrom geliefert, vom Unterbrecher gesteuert zur Zündspule und von dort auf Zündspannung transformiert zur Zündkerze geleitet. Bei Ausfall der Batterie kann die Zündung durch Anschieben des Motorrades bei eingeschaltetem zweiten oder ersten Gang in Betrieb gesetzt werden, wobei zweckmäßig die Batterie vorher abzuklemmen ist. Die Zündung ist auf Spätzündung 7° v.o.T. bei Leerlauf eingestellt und wird vom Fliehkraftregler allmählich um 35° KW auf 42° v.o.T. Frühzündung bei einer Motordrehzahl von etwa 3800 U/min bei R 27 und etwa 3000 U/min bei R 26 verstellt.

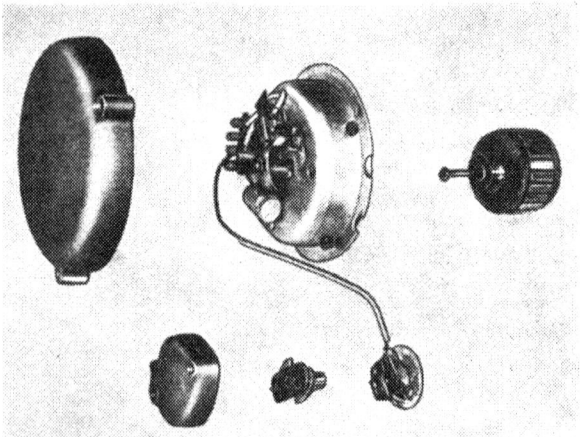

Fig. 209

Die Batterie hat eine Nennspannung von 6 Volt und eine Kapazität von 9 Ah. Sie dient als Spannungsquelle bei Stillstand des Motorrades und bei niederen Drehzahlen, da die Zündlichtmaschine erst ab 1800 bzw. 1600 U/min die Anlage speist. Im normalen Fahrbetrieb wird die Batterie von der Zündlichtmaschine aufgeladen und gilt dann als Verbraucher.

Die Beleuchtungsanlage

Der Scheinwerfer LE/MTA/160 mit Biluxlampe 6 V, 35/35 W und elektrischem Abblendschalter am Lenker, Standleuchte, Ladeleuchte und Leerlaufleuchte je 6 V, 2 W, Tacholeuchte 6 V, 0,6 oder 1,2 W ist an der Vorderradgabel in Gummi gelagert. In ihm ist auch der Licht- und Zündschalter, die Rotscheibe für das Ladelicht, die Grünscheibe für das Leerlauflicht und der Tachometer eingebaut.

E = Equipement électrique

Description

L'équipement électrique comporte la dynamo, soit la magnéto-dynamo, la batterie, l'équipement d'éclairage, l'avertisseur et le contrôle de point-mort.

La dynamo LJ/CJE/60/6/1800/R 5 (pour modèle R 27) avec le condensateur pour le rupteur d'allumage incorporé, atteint sa puissance nominale de 60 Watt à 1800 t/min. et le maximum de 90 Watt à 2140 t/min. Le régulateur de tension, pour la tension nominale de 6 V, la bobine d'allumage, le rupteur avec régulateur automatique d'avance, sont séparés de la dynamo (Fig. 209).

La magnéto-dynamo ZLZ 60/6/1600/1/L (pour modèle R 26) atteint sa puissance nominale de 60 Watt à 1600 t/min. et le maximum de 90 Watt à 2000 t/min. Le condensateur pour le rupteur d'allumage, le régulateur de tension pour tension nominale de 6 V, la bobine d'allumage et le rupteur avec régulateur automatique d'avance, sont incorporés à la dynamo (Fig. 210).

Ainsi, la puissance nominale de la dynamo est atteinte en roulant aux vitesses suivantes:

	Rapports solo		Rapports side-car	
	R 27	R 26	R 27	R 26
En 1ère. vitesse à env. km/h	9	8	8	7
En 2ème. vitesse à env. km/h	17	15	15	13
En 3ème. vitesse à env. km/h	23	20	20	18
En 4ème. vitesse à env. km/h	34	30	28	25

Le courant primaire de l'allumage est fourni, au départ, par la batterie, puis, lorsque le régime nominal est atteint, par la dynamo. Sous la commande du rupteur, il est porté, dans la bobine, à la tension d'allumage et conduit à la bougie. On peut mettre en marche, si la dynamo est accidentellement hors de service, en poussant la moto, la 2e. ou 1e. vitesse étant engagée et la batterie ayant été déconnectée au préalable. L'allumage est calé, au ralenti, avec l'avance de 7° avant le PMH et se trouve réglé progressivement par le dispositif d'avance automatique, d'une course de 35°, jusqu'au maximum qui est donc de 42° avant PMH dès un régime de 3800 t/min. env. pour R 27 et 3000 t/min. env. pour R 26.

La batterie a une tension nominale de 6 volts et une capacité de 9 Ah. Elle sert de source de courant à l'arrêt ou lorsque le moteur tourne à bas régime, puisque ce n'est que dès 1800 et 1600 t/min. respectivement, que la dynamo peut remplir sa fonction. En fonctionnement normal, la batterie est chargée par la dynamo et utilise donc du courant.

L'installation d'éclairage

Le phare LE/MTA/160, avec lampe Bilux 6 V, 35/35 W et commutateur électrique phare-code au guidon, feu de position et lampes-témoins de charge d'une part et de point-mort, d'autre part, de 6 V, 2 W; éclairage de compteur 6 V, 0,6 ou 12 W, est fixé sur caoutchouc à la fourche avant. Il comporte aussi le commutateur d'éclairage et interrupteur d'allumage, la lunette rouge de contrôle de charge et verte pour le témoin de point-mort. Le compteur y est également incorporé.

E = Electrical Equipment

Description

The electrical equipment consists of the generator, the battery, the lighting equipment, the horn and the neutral indicator.

The generator LJ/CJE/60/6/1800/R 5 (for model R 27) with built-in condenser for the contact breaker, produces its rated output of 60 watts at 1,800 r.p.m. and the peak output of 90 watts at 2,140 r.p.m. The voltage regulator for a rated tension of 6 volts, the ignition coil and the centrifugal advance unit are separate from the generator (Fig. 209).

The magneto-generator ZLZ 60/6/1600/1/L (for model R 26) produces its rated output of 60 watts at 1,600 r.p.m. and the peak output of 90 watts at 2,000 r.p.m. To this generator the following items are fitted: Condenser for contact breaker, voltage regulator for a rated tension of 6 volts, ignition coil, contact breaker and centrifugal advance unit (Fig. 210).

The rated output of this shunt-type generator driven at crankshaft speed is therefore obtained at the following driving speeds:

	with "solo" bevel gear ratio		with "sidecar" bevel gear ratio	
	R 27	R 26	R 27	R 26
in 1st at approx. mph	5.6	5	5	4.4
in 2nd at approx. mph	10.5	9.3	9.3	8
in 3rd at approx. mph	14.3	12.4	12.4	11.2
in 4th at approx. mph	21	18.6	17.4	15.5

When starting ignition current is supplied by the battery. After having reached the nominal r.p.m.-rate current supply comes directly from the generator as a primary current. This primary current is controlled by the contact breaker, led to the ignition coil, where it is transformed in ignition tension, and arrives then at the sparking plug. In case of battery failure the ignition can be started by pulling on the motorcycle with gears in first or second after having disconnected the battery previously. The ignition is adjusted for initial advance 7° before TDC when idling and is regulated over 35° up to 42° before TDC max. advance by the centrifugal governor at about at an engine speed of approx. 3,800 r.p.m. on R 27 and approx. 3,000 r.p.m. on R 26.

Fig. 210

The Battery has a nominal tension of 6 V and a capacity of 9 ampere hours. It serves as a tension source while the vehicle is parked or driven at a low speed as the generator supplies current only at 1800 and 1600 r.p.m., respectively. When the motorcycle is running at normal speeds, the battery is charged by the dynamo thus being converted into a consumer.

Lighting System

The **head lamp** LE/MTA/160, including Bilux Bulb 6 V, 35/35 W, and electrical dimmer switch on handle bar, parking lamp, charge indicating lamp and neutral indicator of 6 V, 2 W each, speedometer illumination of 6 V, 0,6 or 1,2 W is held in the fork by rubbercushioned bearings. Furthermore the head lamp contains the light and ignition switch, the speedometer, the red and green cover glass for charge indication and neutral position.
The dimmer switch is placed on the left side of the handle bar.

E = Instalación eléctrica

Descripción

La instalación eléctrica consta de la dínamo de alumbrado, resp. de encendido y alumbrado, de la batería, del equipo de iluminación, del claxon y del señalizador de marcha en vacío.

La dínamo de alumbrado LJ/CJE/60/6/1800/R 5 (para los modelos R 27), con un condensador acoplado para el ruptor del encendido, alcanza su potencia nominal de 60 W a 1800 rpm., su potencia máxima de 90 W a 2140 rpm. El regulador de tensión para 6 V de tensión nominal, la bobina de encendido, el ruptor y su regulador centrífugo están separados de la dínamo de alumbrado (Fig. 209).

La dínamo de encendido y alumbrado ZLZ 60/6/1600/1/L (para los modelos R 26) alcanza su potencia nominal de 60 W a 1600 rpm. y su potencia máxima de 90 W a partir de 2000 rpm. El condensador para el ruptor de encendido, el regulador de tensión para 6 V de tensión nominal, la bobina de encendido y el ruptor con su regulador centrífugo se hallan acoplados a la dínamo de alumbrado (Fig. 210).

Es decir, que esta dínamo en derivación, accionada por el cigüeñal a igual número de revoluciones, alcanza su potencia nominal a una velocidad de

	transmisión sin sidecar		transmisión con sidecar	
	R 27	R 26	R 27	R 26
en 1ª marcha, aprox. km/h.	9	8	8	7
en 2ª marcha, aprox. km/h.	17	15	15	13
en 3ª marcha, aprox. km/h.	23	20	20	18
en 4ª marcha, aprox. km/h.	34	30	28	25

Al iniciarse la marcha, la corriente para el encendido se suministra primeramente de la batería y una vez alcanzada la potencia nominal, entonces de la dínamo como corriente primaria, la cual pasa directamente al interruptor y este la manda a la bobina para ser transformada en alta tensión que recibe finalmente la bujía. En caso de que la batería esté descargada, puede todavía lograrse el encendido de la bujía empujando la motocicleta, ya sea en la segunda o en la primera velocidad, para esto se aconseja desconectar previamente la batería. El encendido está ajustado a 7° antes P. M. S. para el encendido retrasado con marcha en vacío y se regula automática y sucesivamente hasta alcanzar un recorrido neto de 35° del cigüeñal, que sumado al anterior, resulta un avance total de 42° a 3800 rpm. del motor R 27, respectivamente 3000 rpm. del motor R 26.

La batería tiene una tensión nominal de 6 voltios y una capacidad de 9 amperios hora. Esta sirve como fuente de energía cuando la motocicleta se encuentra estacionada o cuando el número de revoluciones es muy bajo, ya que la dínamo alimenta el sistema solamente a partir de 1800 y 1600 rpm. respectivamente. En condiciones normales de marcha, la batería es cargada por la dínamo.

La instalación del alumbrado

El faro LE/MTA/160, con bombilla (foco) Bilux de 6 V, 35/35 W y conmutador eléctrico para alta y baja montado en el manubrio, luz de estacionamiento, las dos luces de control, para la descarga de la batería y el punto muerto de 6 V, 2 W cada una, así como la iluminación del velocímetro de 6 V, 0,6 ó 1,2 W, se encuentra montado en amortiguadores de goma en la horquilla delantera. Incorporados se encuentran además el conmutador del encendido y de las luces, y la mica dividida en rojo y verde para las luces de control de la descarga de la batería y el punto muerto respectivamente, así como el velocímetro.

Der Zündlichtschalter hat folgende Schaltstellungen:

1. **Zündschlüssel in Mittelstellung eingedrückt** = Zündung eingeschaltet, d. h. im Schaltkasten ist die bewegliche Kontaktfeder an Klemme 51 gelegt. Damit ist die Batterie mit der Klemme 15 der Zündspule verbunden. Das rote Ladelicht brennt und erlischt nach dem Anwerfen des Motors, was dann anzeigt, daß die Lichtmaschine in Ordnung und mit der Batterie verbunden ist. Die Stromversorgung der Anlage übernimmt die Lichtmaschine.

2. **Zündschlüssel nach rechts geschwenkt** = Nachtfahrbeleuchtung eingeschaltet. Unter Spannung stehen über Kontakt 56 die weiße Leitung zur Biluxlampe und damit je nach Stellung des Abblendschalters die Leitung rot für Fernlicht bzw. schwarz für Abblendlicht, sowie die Leitung für Tacholicht, über Schleifkontakt und Klemme 58 die Leitung schwarz zum Schlußlicht und Seitenwagen.

3. **Zündschlüssel nach links geschwenkt** = Standbeleuchtung. Zündung eingeschaltet, bewegliche Kontaktfeder wie unter 1. Unter Spannung stehen über Kontakt 57 die Leitung zum Standlicht und über Schleifkontakt und Klemme 58 das Schlußlicht und die Seitenwagenbeleuchtung.

4. **Zündschlüssel links abgezogen** = Parkbeleuchtung. Die Zündung ist durch Kurzschließen ausgeschaltet. Die Standbeleuchtung bleibt eingeschaltet.

5. **Zündschlüssel in Mittelstellung abgezogen** = Ausgeschaltet. Zündung und alle Stromabnehmer sind abgeschaltet.

Die Schluß-Brems-Kennzeichenleuchte besitzt eine Zweifadenlampe 6 V, 5/20 W, sowie eine Kugellampe 6 V, 5 W für Kennzeichenlicht. Der Bremslichtschalter, ein federnder Kontakt sitzt neben dem Fußbremshebel, von dem aus er betätigt wird.

Die Blinkleuchten Hella Bl 81 — sofern zur Ausstattung gehörend — sind an den Lenkerenden angeordnet bzw. bei Seitenwagenbetrieb eine davon auf dem Kotflügel des Seitenwagens. Der Blinkgeber befindet sich im Scheinwerfer, der Blinkerschalter am rechten Lenkergriff; darüber ist der **Lichthupendruckknopf** angeordnet.

Eine Steckdose kann auf Wunsch am Rahmen links neben der Sattelstütze angebracht werden, an der die Seitenwagenbeleuchtung oder eine Handlampe angeschlossen wird. Die Steckdose muß guten Masseschluß zum Rahmen haben. Das Kabel ist am oberen Anschluß der fünfpoligen Kabelverbindungsklemme im Batteriekasten anzuschließen.

Das Signalhorn Bosch HF 6 am Rahmen vorn unter dem Kraftstofftank angeordnet und wird durch einen Druckknopfschalter der im Abblendschalter miteingebaut ist, betätigt.

Der Leerlaufkontakt im Getriebe schaltet durch einen Kontaktstift auf der Schaltkurvenscheibe und eine Kontaktfeder in Leerlaufstellung eine grüne Leerlaufleuchte am Scheinwerfer ein.

Positions du commutateur d'éclairage:

1. **Clef de contact enfoncée en position médiane** = contact d'allumage établi, c. à d. que le contact mobile du commutateur touche la borne 51. Ainsi, la batterie est reliée à la borne 15 de la bobine d'allumage. La lampe rouge de contrôle de charge est éclairée puis s'éteint après la mise en marche du moteur, ce qui indique que la dynamo fonctionne normalement et se trouve reliée à la batterie. La dynamo assure le courant nécessaire à l'installation.

2. **Clef de contact tournée vers la droite** = éclairage pour circulation de nuit. Sont sous tension, par le contact 56: le câble blanc pour la lampe Bilux et selon position du commutateur pharecode, le câble rouge pour le phare ou noir pour le code; le câble pour l'éclairage du compteur; par le contact coulissant et la borne 58, le câble noir pour le feu arrière et l'éclairage du side-car.

3. **Clef de contact tournée vers la gauche** = feux de position. Allumage en circuit, contact mobile comme sous 1. Sont sous tension, par le contact 57, le câble pour feu de position et par le contact coulissant et la borne 58, le feu arrière et l'éclairage de side-car.

4. **Clef de contact retirée dans sa position à gauche** = feux de parc. L'allumage est hors service. Les feux de position restent en service.

5. **Clef de contact retirée dans sa position médiane** = contact coupé.
L'allumage et tous les circuits de courant sont coupés.

Le feu arrière combiné avec stop et feu de police contient une lampe à 2 filaments 6 V, 5/20 W ainsi qu'une lampe sphérique 6 V, 5 W, pour feu de police. Le contacteur à ressort du stop se trouve près de la pédale de frein, qui le commande.

Les clignotants Hella Bl 81 — pour autant qu'ils sont compris dans l'équipement — sont placés aux extrémités du guidon, pour solo et, pour side-car, un au bout du guidon et un sur l'aile du side-car. Le clignoteur est dans le phare, la commande à la poignée droite du guidon, avec le bouton d'avertisseur optique.

Une prise de courant peut, sur désir, être placée sous la selle, à gauche, pour y raccorder l'éclairage de side-car ou une balladeuse. La prise doit avoir sur le cadre un bon contact de masse. Son câble doit être raccordé à la borne supérieure de la réglette à 5 contacts, dans le coffre de batterie.

Le claxon Bosch HF 6 est fixé au cadre, à l'avant, sous le réservoir d'essence. Il est commandé par un bouton incorporé au commutateur phare-code.

Le contact de point-mort dans la boîte comporte un ergot de contact, sur le disque de guidage et un ressort de contact dans la position du point-mort, par l'entremise desquels une lampe verte s'allume sur le phare.

Switch Positions of Ignition Key in Head Lamp:

1. **Ignition Key inserted in middle position** = Ignition switched on i. e. the movable contact spring in switch box touches terminal 51. Herewith the battery is connected to terminal 15 of ignition coil. When after starting the red warning light goes out at inscreasing speed, it is a sign that the dynamo is in order and will charge the battery. The current supply for the entire electric system is taken over by the dynamo.

2. **Ignition Key turned to right** = lighting for night time driving is switched on. Through contact 56 current is supplied to the following leads: White cable for Bilux bulb and herewith, depending on position of dimmer switch, red cable for normal driving light or black cable for dimmed light, furthermore cable for speedometer illumination and through sliding contact and terminal 58 black cable to tail and side-car light.

3. **Ignition Key turned to right** = city light. Ignition switched on, movable contact spring as indicated under 1. Current is supplied to the lead to parking light through contact 57 and lead to tail and sidecar light through sliding contact and terminal 58.

4. **Ignition switch turned to left and withdrawn** = parking light. Ignition is switched off by short-circuiting. Parking light is switched on.

5. **Ignition Key in middle position and withdrawn** = cut out.
   Ignition and all other electrical accessories are cut out.

The **tail, stop, and license plate light** is provided with a two-filament bulb 6 V 5/20 W and a round-bulb lamp 6 V, 5 watts for license plate light. The brake light switch (spring pull switch) is situated beside the foot brake lever and is operated by the same.

The blinker lights Hella Bl 81, if installed, are located on the handlebar ends, on the sidecar outfits is one of them installed on the sidecar fender. The blinker flasher unit is located in the headlamp, the blinker switch is mounted on the right handlebar grip; above it, is located the **headlight flasher button.**

If desired it is possible to install **a socket** on the left frame side beside the saddle support to which the sidecar lighting or a hand lamp may be connected. The socket must have good earth connection to the frame. The cable must be connected to the upper contact of the fivepole cable connecting terminal in battery case.

The Horn Bosch HF 6 is installed at the front of frame below the petrol tank. It is operated by a push button switch being fitted in the dimmer switch.

The neutral contact in the transmission switches on the green neutral light in head lamp. The switch is operated by a contact pin on the cam plate and a contact spring.

El conmutador del encendido y de las luces tiene las siguientes funciones:

1. **Llave de contacto metida y en la posición central** = encendido conectado, el muelle movible del contacto toca el borne 51. Con esto, la batería se encuentra conectado al borne 15 de la bobina de encendido. La luz roja, indicadora de la descarga de la batería, se apaga al funcionar el motor, lo cual indica que la dínamo funciona correctamente, suministrando corriente a la batería y al mismo tiempo a todo el sistema eléctrico.

2. **Llave de contacto hecha girar hacia la derecha** = sistema de alumbrado y el encendido conectados. Con esto se encuentran bajo tensión los cables siguientes: desde el cable 56, que conduce inicialmente la corriente a través del cable blanco a la bombilla Bilux, se divide, por medio del conmutador colocado en el manubrio, en los cables rojo y negro que conectan las lucas alta y baja respectivamente. Igualmente el cable para la luz del velocímetro y el cable negro, que a través del contacto 58, está destinado para la luz piloto trasera y las luces del side-car.

3. **Llave de contacto hecha girar hacia la izquierda** = alumbrado de estacionamiento y el encendido conectados. Con esto se encuentran bajo tensión el cable que va a la luz de estacionamiento a través del contacto 57 y el cable para la luz piloto trasera y las luces del side-car a través del contacto 58 que se encuenta localizado en el extremo opuesto de la muelle movible.

4. **Llave de contacto sacada, después de hecha girar hacia la izq.** = luces de estacionamiento conectadas.
   El encendido se encuentra en corto circuito. La hues de estacionamiento quedan conectadas.

5. **Llave de contacto sacada en su posición central** = se encuentra todo el sistema desconectado. El encendido y los demás consumidores de corriente están desconectados.

La luz de posición trasera, de freno y de la matrícula lleva una bombilla de doble filamento de 6 V, 5/20 W y una pombilla exférica de 6 V, 5 W para la luz de la matrícula. El conmutador de la luz de «pare» (stop), constituido por un contacto de muelle, se encuentra situado al lado del pedal del freno, desde el cual es accionado.

Las luces intermitentes Hella Bl 81 se hallan dispuestas en los extremos del manillar, siempre que se incluyan en el equipo de serie. En caso de servicio con sidecar, une de ellas se halla montada en el guardabarros del sidecar. El emisor de señales se halla instalado en el faro, el interruptor intermitente en el mango del manillar derecho; encima, se encuentra instalado el **pulsador para las ráfagas de luz.**

Un tomacorrientes (accesorio sobre pedido) quede ser colocado en el lado izquierdo del cuadro y abajo del asiento, desde es cual se conectan las luces del side-car o una lámpara de mano. Dicho tomacorriente debe tener buen contacto a tierra. El cable correspondiente se conectará al borne superior de la placa de conexiones de 5 polos que se encuentra alojado en la caja de la batería.

El claxon Bosch HF 6 va montada en la parte delantera del cuadro y abajo del depósito de la gasolina, el cual es accionado desde el botón que se encuentra en el conmutador de la luz de alta y baja.

El contacto para la luz indicadora del punto muerto en la caja de cambio cierra el circuito, únicamente cuando el perno de la leva selectora roza la muelle en la posición de punto muerto, prendiendo al instante la luz verde en el faro.

Instandhaltung der elektrischen Anlage

Zur Aufrechterhaltung der Betriebssicherheit der elektrischen Anlage ist erforderlich, daß alle nicht gelöteten Verbindungen an den Klemmen der Geräte sauber gehalten und von Zeit zu Zeit auf Festsitz geprüft werden, sowie die Unterbrecherkontakte des Zünders und des Spannungsreglers einwandfrei sind. Ferner ist zu achten, daß Kabelbaum und Einzelkabel nicht scheuern oder sich verklemmen können.

1. **Die Batterie** ist etwa alle vier Wochen (in Tropen noch öfter) auf Flüssigkeitszustand zu prüfen, bei Bedarf ist destilliertes Wasser nachzufüllen. Säure darf nur nachgefüllt werden, wenn Säure verschüttet wurde.

   Wird das Fahrzeug längere Zeit stillgesetzt, so ist die Batterie auszubauen und in Abständen von sechs Wochen aufzuladen, nachdem sie vorher über eine Glühlampe 6 V, 5 W entladen wurde.

   Bei längerer langsamer Nachtfahrt ist darauf zu achten, daß mit genügend hoher Motordrehzahl, evtl. mit kleinerem Gang gefahren wird, damit die Lichtmaschine genügend Ladestrom erzeugt.

   In neuen Batterien reine Akkumulatorensäure vom spezifischen Gewicht 1,28 (in Tropen 1,23) bis 6 mm über Plattenoberkante einfüllen und fünf Stunden stehen lassen. Hat sich der Säurespiegel gesenkt, dann wieder Säure nachfüllen.

   Akkumulatorensäure wird hergestellt, indem man in zwei Teile destilliertes Wasser einen Teil konzentrierte reine Schwefelsäure vorsichtig hinzugibt. Niemals umgekehrt! Das spezifische Gewicht nach Abkühlen der Mischung feststellen und durch vorsichtige Zugabe von Säure oder destilliertem Wasser berichtigen. Erst wenn diese Akkumulatorensäure völlig abgekühlt ist, darf sie in die Batterie eingefüllt werden. Da sie sich dabei nun erwärmt, muß die Batterie fünf Stunden stehen, ehe mit der Aufladung begonnen wird. Während des Ladevorganges an einer ortsfesten Anlage dürfen die Verschlußstopfen nicht eingeschraubt sein.

   Das Ladegerät und die Batterie sind mit ihren +Polen bzw. ihren —Polen zu verbinden. Die Ladung dauert etwa 12 bis 14 Stunden und ist beendet, wenn die Spannung je Zelle 2,7 V d. i. Gesamt $3 \times 2,7 = 8,1$ V beträgt.

   Die einzelnen Zellen müssen bei dieser Spannung gleichmäßig gasen. Die Säuredichte muß wie bei Erstauffüllung 1,28 (1,23) betragen.

   Nach dieser Erstaufladung die Batterie mittels einer 6 V/5 W-Glühlampe entladen bis die Glühlampe nur noch dunkel brennt. Anschließend Batterie wieder wie vorbeschrieben laden. Abschließend mit Säurestandprüfer überschüssige Säure bis auf 6 mm über oberen Plattenrand absaugen.

2. **Die Lichtmaschine** bzw. **Zündlichtmaschine** ist nach etwa 10 000 km von angesammeltem Kohlenstaub durch Auswischen mit einem sauberen benzingetränkten Leinenlappen zu reinigen. Abgenützte Kohlen durch Original-Kohlen ersetzen. Die Kohlen müssen in ihren Führungen leicht gleiten und von den Bürstenfedern mit 300 bis 400 gr auf den Kollektor gedrückt werden.

   Kollektor auf saubere, glatte und fettfreie Oberfläche prüfen, evtl. mit benzingetränktem Lappen abwischen oder bei Verschleiß in einer Spezialwerkstatt nacharbeiten lassen. Die Kollektoroberfläche muß genau rund laufen. Max. zulässiger Schlag, gemessen nach Anbau des Ankers an die Kurbelwelle, 0,04 mm.

Entretien de l'équipement électrique

Pour le maintien de la sécurité de fonctionnement de l'équipement électrique il est nécessaire que toutes les connections non soudées aux bornes soient maintenues propres et que leur serrage soit contrôlé de temps à autre. Les contacts du rupteur et du régulateur de tension doivent être en parfait état. Eviter que les câbles ne frottent dans les faisceaux de câbles, sans quoi il pourrait se coller.

1. **La batterie** doit être contrôlée, au point de vue du niveau du liquide, toutes les 4 semaines (plus souvent encore dans les pays chauds) et le niveau doit être rétabli, au besoin, avec de l'eau distillée. Il ne faut remettre de l'acide que si ce dernier a été renversé.

   Si le véhicule doit être immobilisé pour une période plus longue, il faut, à intervalles de 6 semaines, décharger la batterie par une ampoule 6 V, 5 W et la recharger.

   Lors de longs parcours de nuit, à vitesse réduite, il faut donc veiller à maintenir un régime assez élevé du moteur, au besoin en engageant une des vitesses inférieures, afin que la batterie reçoive un courant de charge suffisant.

   Remplir une batterie neuve avec un acide propre pour accumulateurs, de poids spécifique 1,28 (pays chauds 1,23), jusqu'à 6 mm au-dessus du niveau supérieur des plaques et laisser reposer 5 heures. Si le niveau de l'acide a baissé, compléter.

   On prépare l'acide pour accumulateurs en ajoutant à deux parties d'eau distillée, prudemment, une partie d'acide sulfurique concentré, pur. Ne jamais procéder inversément! Après refroidissement du mélange, mesurer le poids spécifique et le corriger par de prudentes adjonctions d'acide ou d'eau distillée. Ce n'est que lorsque le liquide est totalement refroidi qu'on peut le verser dans la batterie. Comme ce remplissage cause un nouvel échauffement, la batterie doit reposer ensuite 5 heures avant qu'on commence à la charger. Pendant la charge, effectuée par un chargeur fixe, les bouchons des éléments ne doivent pas être vissés.

   Le chargeur et la batterie doivent être reliés par leurs pôles + et resp. leurs pôles —. La charge dure quelques 12 à 14 heures. Elle est terminée quand la tension de chaque élément atteint 2,7 V soit, au total, $3 \times 2,7 = 8,1$ V.

   A cette tension, les éléments doivent bouillonner également. Le poids spécifique doit être, comme au premier remplissage, de 1,28 (1,23).

   Après cette première charge, décharger la batterie au moyen d'une ampoule 6 V, 5 W jusqu'à ce que le filament ne soit plus que rouge sombre. Puis, recharger la batterie comme prescrit ci-dessus. Finalement à l'aide de la pipette pèse-acide, enlever l'acide dépassant le niveau prescrit, de 6 mm au-dessus du haut des plaques.

2. **La dynamo** doit être débarrassée après 10 000 km de l'accumulation des poussières de charbon en la nettoyant avec un chiffon imbibé de benzine. Remplacer les balais usés par des balais d'origine. Ils doivent coulisser sans effort dans leur guide et le ressort doit les appliquer sur le collecteur avec une pression de 300 à 400 gr.

   Vérifier que le collecteur soit propre, lisse et sa surface non grasse. Nettoyer avec un chiffon imbibé de benzine ou, en cas d'usure, le faire retoucher par un atelier spécialisé. La surface du collecteur doit tourner exactement ronde. Faux-rond maximum du collecteur après montage sur le vilebrequin, 0,04 mm.

Maintenance of the electrical equipment

In order to maintain the reliability of the electrical system it is necessary that the non-soldered connections on terminals of the entire system are kept in clean condition. From time to time it should be checked whether terminal screws are tight and the breaker and cut-out regulator contacts are in good order. Furthermore attention has to be paid that cable sets or single cables do not chafe or jam.

1. **Battery**

   Inspect battery every 4 weeks (in the tropics at shorter intervals); if the liquid level is too low top up with distilled water. Do not add electrolyte except if some has been spilled accidentally.

   If the motorcycle is taken out of use for longer time the battery must be removed. It has to be recharged at intervals of about 6 weeks after having been discharged previously by means of a 6 V 5 W bulb.

   During long night-time trips at slow speeds caution should be used to always maintain adequate engine revolutions by shifting, if necessary, into a lower gear so sufficient charging current will be produced by the generator. New batteries must be filled with pure battery acid of 1,28 specific gravity (in the tropics 1,23) up to .24" over the upper edge of lead plates. After 5 hours when the acid level has dropped top-up to the above indicated level. Electrolyte can be obtained by mixing 2 parts distilled water with 1 part chemically pure sulphuric acid. The acid must in every case be added to the distilled water, never proceed in the reverse order. The exact specific gravity is to be checked after the liquid has cooled down. Thereupon specific gravity is to be corrected by adding carefully acid or distilled water. The liquid must not be filled into the battery unless it has cooled down completely. Since pouring in will heat it again, the battery should be charged only 5 hours later. During charging at the station the vent plugs must not be screwed in.

   Then connect battery (+ to + and − to −) to charging equipment and charge about 12 to 14 hours. Charging is terminated when the tension of each cell amounts to 2,7 volts i.e. a total of 3×2,7 volts = 8,1 volts. With this voltage cells must show equal gas development and the specific gravity of electrolyte should be again 1.28 (1.23).

   After having executed this first charging, proceed to discharge battery by means of a 6 V 5 W bulb until it lights only slightly. Thereafter recharge battery as already described. Finally suck off acid in excess until level reaches exactly .24" above upper edge of lead plates.

2. **Dynamo (Generator)**

   At intervals of about 6000 miles any deposits of carbon dust should be wiped off the dynamo, using a clean cloth wet with petrol. Worn out carbon brushes should be replaced. The carbon brushes must move freely in their holders and should be pressed against the commutator with .69—.9 lbs. by the carbon springs.

   Inspect commutator for clean, smooth and grease-free surface, eventually wipe with a clean cloth slightly dampened with dry-cleaning solvent or, if worn, have it refaced by a competent electrical service shop. The commutator surface must run exactly true. Max. allowable runout on commutator measured upon installing armature on crankshaft end 0.04 mm. = .0016".

Mantenimiento del sistema eléctrico

Para conservar la seguridad en el funcionamiento del sistema eléctrico, es necesario que todas las conexiones no soldadas en los contactos de las diferentes placas de conexiones se mantengan limpias y de vez en cuando sean controladas con respecto a su ajuste, así como los contactos del interruptor (ruptor) y del regulador de voltaje. Además hay que poner especial atención que el manojo de cables y los aislados no tengan rozamientos ni se atoren entre sí.

1. **La batería** deberá revisarse con respecto a su nivel aproximadamente cada 4 semanas (en los trópicos con mayor frecuencia) y, en caso necesario agregarle agua destilada. Completar el ácido faltante, solamente cuando éste se haya derramado.

   Si hubiera de retirarse algún tiempo del servicio normal la motocicleta, desmóntese la batería y cárguese cada 6 semanas, después de haberla descargado previamente con una bombilla (foco) de 6 V, 5 W.

   Al efectuar recorridos nocturnos de mayor duración a marcha lenta, es preciso cuidar de que el régimen de revoluciones del motor sea suficientemente elevado, a fin de que la dínamo de alumbrado produzca una cantidad suficiente de corriente de carga. De ser preciso se cambiará a una marcha menor. En baterías nuevas se aconseja verter ácido puro para acumuladores con un peso específico de 1,28 (en los trópicos 1,23) hasta un nivel de 6 mm arriba del borde de las placas y dejarla reposar cinco horas. En caso de que el nivel haya disminuido, reponerlo con ácido.

   El ácido para baterías se obtiene vertiendo cuidadosamente en dos partes de agua destilada una parte de ácido sulfúrico concentrado. Jamás obrar en sentido inverso! Determinar el peso específico con la solución en estado frío y corregir, ya sea con ácido o con agua destilada, hasta lograr el valor del peso específico. Solamente cuando la solución se encuentre completamente fría, podrá verterse en la batería. La reacción que se produce en el interior eleva la temperatura de la batería, con lo cual resulta indispensable dejarla reposar 5 horas antes de comenzar con la carga. Al efectuarse la carga, desde una instalación fija, los tapones deberán encontrarse afuera. El aparato cargador y la batería se conectarán con sus polos (+) y sus polos (−) respectivamente. La carga dura aprox. de 12—14 horas y se da por terminada cuando la tensión por celda sea de 2,7 V, es decir en total 3×2,7 = 8,1 V. Los gases deberán salir uniformemente de cada celda y la densidad del ácido deberá ser de 1,28 (1,23) como en el llenado inicial. Después del llenado inicial descargar la batería por medio de una bombilla de 6 V/5 W. En seguida volver a cargar la batería como descrito arriba. Extraer después el sobrante de ácido que se encuentre arriba del nivel de 6 mm del borde de las placas, por medio del densímetro.

2. **La dínamo (generador)** deberá limpiarse, cada 10 000 km con un trapo de lino limpio y humedecido en gasolina, del polvo desprendido de los carbones. Sustituir éstos últimos, siempre y cuando estén gastados completamente, por nuevos de fabricación original. Los carbones tienen que deslizarse libremente en sus guías y además ser oprimidos con una fuerza de 300 a 400 gramos por las muelles respectivas contra el rotor.

   Procurar que la superficie del colector esté limpio, liso y libre de grasa. En dado caso limpiarlo con gasolina o mandarlo rectificar en un taller especializado. El colector así rectificado deberá girar céntricamente, teniendo como juego radial máx. 0,04 mm. medido después de haber sido colocado en su lugar.

Als **Reglerschalter** wird beim Baumuster R 27 der mit einer *plombierten* Blechkappe versehene und von der Lichtmaschine getrennt angeordnete Bosch-Z-Regler, beim Baumuster R 26 der offen an die Lichtmaschine angebaute Bosch-F-Regler verwendet.

Beide Regler sind Einfeld-Zweikontaktregler. Der Bosch-Z-Regler hat jedoch zwei Anker, einen für den Regler und einen für den Schalter (Bild 211). Irgendwelche Einstellungen und Biegen von Federn am Regler sind nicht vorzunehmen, sondern nur Austausch bzw. Prüfung durch einen Bosch-Dienst.

Am Bosch-F-Regler dürfen lediglich Luftspalte und Kontakte gereinigt werden. Den Luftspalt (c) zwischen Spulenkörper und Anker (a) sowie den Luftspalt (d) nur mit steifen Papierstreifen, den Schaltkontakt (f) und die Reglerkontakte (b) mit dünnen Blechstreifen (höchstens 0,2 mm dick) säubern (Bild 212).

Régulateur. La R 27 comporte un régulateur Bosch Z, sous boîtier tôle plombé, séparé de la dynamo alors que la R 26 utilise un régulateur Bosch F, ouvert, incorporé à la dynamo.

Les deux régulateurs sont à champ unique et deux contacts. Le Bosch Z a cependant deux armatures, une pour le régulateur et une pour le commutateur (Fig. 211). Toute intervention, réglage ou coudage des ressorts, sur le régulateur, est à exclure. Recourir à un service Bosch pour réglage ou remplacement du régulateur.

Sur le régulateur Bosch F, il ne faut que nettoyer les espaces entre les contacts ou les contacts eux-mêmes: l'espace (c) entre le corps de bobine et l'armature (a) et l'espace (d) seulement avec une bandelette de papier fort, le contact de commutateur (f) et le contact de régulateur (b) avec une bandelette de tôle mince (épaisseur max. 0,2 mm) (Fig. 212).

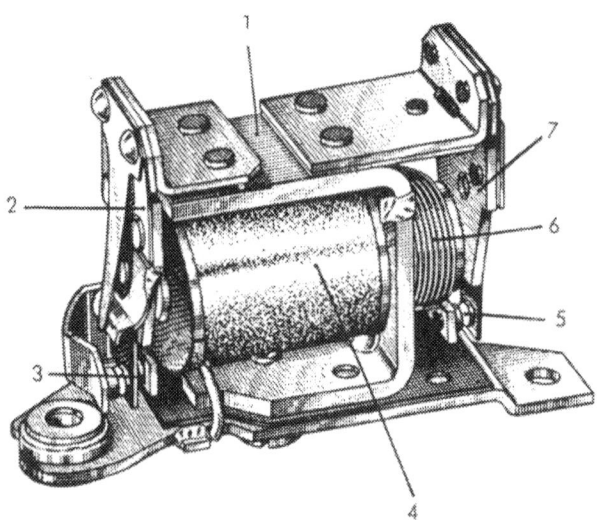

Fig. 211: Bosch-Reglerschalter RS/ZBS
 Régulateur de tension Bosch RS/ZBS
 Bosch RS/ZBS voltage regulator
 Regulador de voltaje Bosch RS/ZBS

1. Magnetbügel
 Etrier de l'aimant
 Magnet "U" bow
 Arco del imán

2. Regleranker
 Induit du régulateur
 Regulator armature
 Inducido del regulador

3. Reglerkontakte
 Contacts du régulateur
 Regulator contact points
 Contactos del regulador

4. Spannungswicklung
 Bobine de tension
 Voltage regulator coil
 Devanado de voltaje

5. Schalterkontakte
 Contacts de l'interrupteur
 Circuit breaker points
 Contactos del interruptor

6. Stromwicklung
 Bobine d'intensité
 Current regulator coil
 Devanado de amperaje

7. Schalteranker
 Induit de l'interrupteur
 Circuit breaker armature
 Inducido del interruptor

Zündspule und Kondensator bedürfen keiner Wartung. Sie sind in Schadensfällen auszuwechseln.

Die Unterbrecherkontakte müssen stets sauber und trocken sein. Reinigung mit einem fettfreien glatten Blechstreifen, in Postkartenstärke, der zwischen die Kontakte geklemmt, hin- und hergezogen wird. Verschmorte Kontakte mit einer Kontaktfeile glätten oder ersetzen. Der Unterbrecherabstand beträgt 0,4 mm.

Der Unterbrecherhebel muß sich auf seiner Achse leicht bewegen. In den Schmierfilz für den Nocken ist von Zeit zu Zeit Boschfett Ft 1 V 4 (eventuell Heißlagerfett) leicht einzureiben. Achten, daß an Kontakte kein Fett kommt.

Die Fliehgewichte des Zündzeitpunktverstellers müssen sich leicht um ihren Drehpunkt ausschwenken lassen und durch den Federzug in die Ruhelage zurückfallen.

La bobine d'allumage et le condensateur ne nécessitent pas d'entretien. En cas de dommage, ils sont à remplacer.

Les contacts du rupteur doivent être maintenus propres et secs. Les nettoyer avec une tôle mince et lisse, non grasse, de l'épaisseur d'une carte postale, introduite entre les contacts et à laquelle on imprime un mouvement de va-et-vient. Les contacts endommagés doivent être repolis avec une lime de contacts ou remplacés. L'écartement du rupteur doit être 0,4 mm.

Le linguet du rupteur doit tourner librement sur son axe. Le feutre de graissage de la came doit être, de temps en temps, enduit légèrement de graisse Bosch Ft 1 V 4 (éventuellement, graisse de roulements à haute température). Veiller à ce qu'il ne parvienne pas de graisse aux contacts.

Les masselottes du régulateur d'avance doivent pivoter facilement autour de leur articulation et retomber en position de repos sous l'effet du ressort.

The model R 27 possesses as **regulator and cut-out unit** the BOSCH-Z-regulator, provided with a sealed sheet-metal cap and mounted separately from the generator, whereas the model R 26 is equipped with the BOSCH-F-regulator. Both regulators are of the single-field, double contact type.

The BOSCH-Z-regulator however features two armatures, one for the regulator and one for the cutout relay (Fig. 211). Never try to perform adjustments by bending springs, etc., but always recur to a BOSCH service station for inspection and replacement of worn parts.

On the BOSCH-F-regulator, only the gaps and contacts may be cleaned. Clean the gap (c) between coil body and armature (a) and the gap (d) with a stiff paper strip, the cutout contact (f) and the regulator contacts (b) with a thin tin strip (max. thickness .2 mm. = .008") (Fig. 212).

En los modelos R 27 se utiliza el **interruptor regulador** Bosch-Z, provisto de una cubierta de chapa precintada y dispuesto separadamente de la dínamo de alumbrado. En los modelos R 26 se emplea el regulador Bosch-F, acoplado abiertamente a la dínamo de alumbrado. En ambos casos se trata de reguladores de dos contactos y un campo. Sin embargo, el regulador Bosch-Z tiene dos inducidos, uno para el regulador y otro para el interruptor (Fig. 211). En el regulador no deberán efectuarse ajustes o doblamientos de ninguna clase. El recambio de las piezas y el control deberán ser confiados a un taller autorizado Bosch.

En el regulador Bosch-F sólo pueden ser efectuados trabajos de limpieza de las ranuras de aire y de los contactos. La rendija de aire (c) entre el cuerpo de la bobina y el inducido (a) así como la rendija (d) sólo pueden ser limpiadas con un trozo de papel rígido, el contacto de conmutación (f) y los contactos reguladores (b) con una tira de hojalata delgada (0,2 mm de espesor como máximo) (Fig. 212).

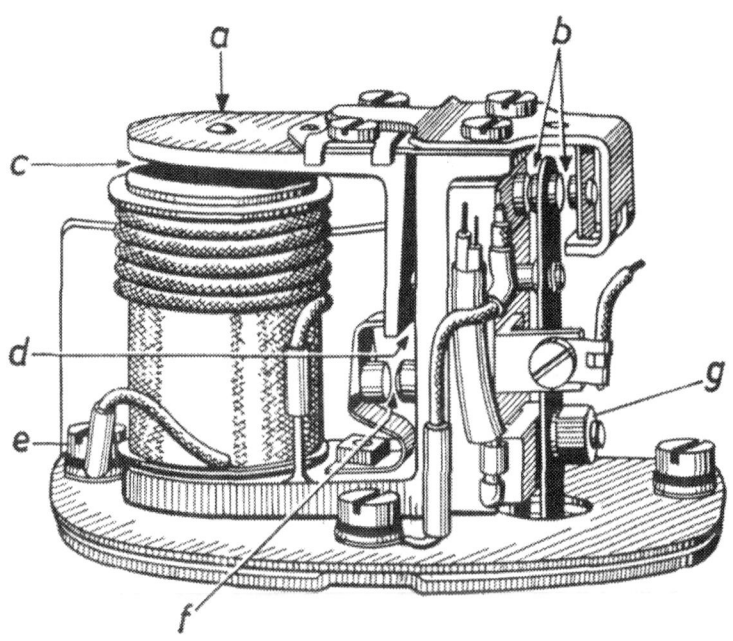

Fig. 212 Bosch-Reglerschalter 6/60 6B Bosch 6/60 6B voltage regulator
Régulateur de tension Bosch 6/60 6B   Regulador de voltaje Bosch 6/60 6B

Ignition coil and condenser do not need any maintenance. If these units are defective, they must be replaced.

Breaker contacts must be always clean and dry. For cleaning insert a clean, smooth and grease-free tin strip, approximately as thick as a postcard, between the contacts and move it to and fro. Burnt out or rough contacts must be smoothened with a contact file or have to be replaced. The breaker contact gap amounts to .016".

The contact breaker arm must move freely on the axle. Furthermore the cam lubricating felt should be slightly rubbed with Bosch grease Ft 1 V 4 (or heat resisting grease) from time to time. Take care that contacts are kept free from grease.

Also the fly weights must turn freely on their fulcrum pins and return to their stationary position by the restraining force of springs.

La bobina del encendido y el condensador no requieren atención alguna. Simplemente se sustituyen por nuevos.

Los contactos del interruptor (platinos) deben estar siempre limpios y secos. La limpieza deberá efectuarse con una tira de lámina lisa y excenta de grasa, que se introduce bajo presión entre los platinos y en esta posición iniciar un movimiento de vaivén. Si los platinos están flameados, limpiarlos con una lima fina o en su defecto cambiarlos. La separación entre ellos es de 0,4 mm.

La palanquita del platino superior debe girar libremente sobre su eje. Además el fieltro lubricador para la leva se embadurnará ligeramente con grasa Bosch Ft 1 V 4 cada determinado tiempo (o grasa para altas temperaturas), teniendo cuidado de no ensuciar los contactos.

Los contrapesos del regulador centrífugo deberán moverse con facilidad sobre sus ejes y regresar a su posición de reposo mediante sus resortes.

3. **Scheinwerfer.** Hier ist vor allem der Schaltkasten (Bild 213) an seinen Kontakten auf Korrosionsansätze sorgfältig zu prüfen bzw. zu reinigen.

Die im Scheinwerfer liegenden Leitungen sind auf Scheuerstellen und gute Anschlußverbindungen zu prüfen. Das Zündschloß soll öfter eingefettet werden, um das Eindringen von Wasser zu verhindern. Dabei achten, daß an Kontakte und Leuchten kein Fett kommen darf.

3. **Phare.** Ici, il faut veiller avant tout à ce qu'il ne se produise pas de corrosion aux contacts du commutateur (Fig. 213). Eventuellement, les nettoyer.

Les conducteurs se trouvant dans le phare sont à vérifier aux points de vue de leur bonne fixation et de leur bonne liaison électrique. Pour empêcher l'accès de l'eau, il faut graisser souvent l'entrée de la clef, mais en veillant à ce que la graisse ne pénètre pas dans les contacts.

Fig. 213

Zündschloß

Contact d'allumage

Fig. 213

Ignition switch

Conmutador del encendido

Die Scheinwerfereinstellung (Bild 214) für Fern- und Abblendlicht ist von großer Bedeutung und muß deshalb bei Überholungen nachgestellt werden.
An einer hellfarbigen Wand in Höhe der Scheinwerfermitte ein Kreuz anbringen, das Motorrad mit Fahrer belastet auf 5 m Abstand von Wand zum Scheinwerfer stellen, dann muß bei eingeschaltetem Fernlicht das Einstellkreuz in der Mitte der hell bestrahlten Wandfläche stehen. Bei eingeschaltetem Abblendlicht muß die obere Grenze der hell erleuchteten Wand 5 cm unterhalb des Einstellkreuzes stehen, andernfalls ist der Scheinwerfer auf dieses Maß nachzustellen.
Bei Anbau eines Seitenwagens ist dieser zusätzlich mit einer Person zu belasten.

Le réglage de la position du phare (Fig. 214) est d'une grande importance et doit, par conséquent, être repris à chaque révision.
Tracer une croix, à la hauteur du milieu du phare, sur une paroi de couleur claire et placer la moto, son conducteur en selle, à une distance de 5 m, entre la paroi et le phare. Si l'on allume alors le projecteur, la croix doit se trouver au milieu de l'espace éclairé. En code, la limite supérieure de la surface éclairée doit se trouver 5 cm en-dessous de la croix de réglage.
A défaut, il faut régler le phare pour obtenir cette mesure. Si un side-car est accouplé, il faut le charger d'un passager, en plus du pilote, pour le réglage.

4. **Lampen**

Im Scheinwerfer:

Biluxlampe	6 V, 35/35 W	
Standlicht	6 V, 2 W	**Bild 215**
Tacholicht	6 V, 0,6 oder 1,2 W	
Ladelicht	6 V, 2 W	**Bild 216**
Leerlauflicht	6 V, 2 W	

4. **Ampoules**

Dans le phare:

Lampe Bilux	6 V, 35/35 W	
Feu de position	6 V, 2 W	**Fig. 215**
Lampe du compteur de vitesse	6 V, 0,6 ou 1,2 W	
Ampoule de contrôle de charge	6 V, 2 W	**Fig. 216**
Ampoule témoin de point mort	6 V, 2 W	

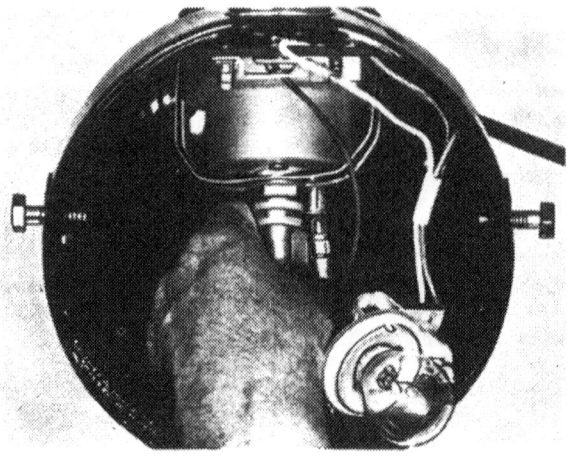

Fig. 215

Bilux-Stand- und Tacholampe wechseln

Remplacement des lampes Bilux, feu de position, éclairage compteur

Replacing of Bilux, pilot and speedometer lamps

Sustituir las lámparas Bilux, luz de población y alumbrado del velocímetro

3. **Headlamp.** First of all parts inspect the contacts of switch box (Fig. 213) and remove corrosion carefully.

Check all leads situated in the headlamp for chafing marks and good connections. The ignition lock however should be greased at intervals in order to prevent the ingress of water. Hereby take care to keep contacts and bulbs free from grease.

3. **Faro.** Aquí deberá, especialmente la placa de conexiones (Fig. 213), de comprobarse el estado que guardan los contactos con respecto a sedimentos corrosivos, los cuales en caso de presentar algunas huellas, limpiarlos perfectamente.

Los cables alojados dentro del faro tienen que revisarse periódicamente para descubrir posibles rozamientos y falsos contactos. El conmutador del faro deberá engrasarse cada determinado tiempo para evitar la infiltración del agua, teniendo cuidado de no engrasar los contactos.

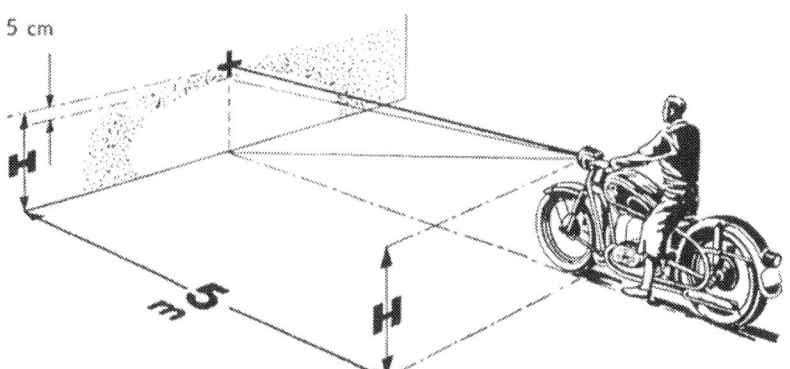

Fig. 214

Scheinwerfer einstellen

Réglage du phare

Headlamp adjustment

Ajuste del faro

The adjustment of the main driving and dimmed beam is very important and must therefore be checked on overhauling (Fig. 214).
Make a cross on a light-coloured wall at a height corresponding to the centre of headlamp, place motorcycle loaded with driver 16 ft. from the wall, measured from headlamp, and switch on main driving light. With this position the adjusting cross must appear in the centre of the bright spot. After switching to dimmed beam the upper border line of the lighted surface has to be 2" below the cross centre. If not, adjust headlamp. When checking a sidecar-outfit charge sidecar additionally with one person.

4. **Lamps**

In headlamp:

Bilux lamp	6 V, 35/35 W	
Pilot lamp	6 V, 2 W	**Fig. 215**
Speedometer light	6 V, 0,6 or 1,2 W	
Ignition warning light	6 V, 2 W	**Fig. 216**
Neutral indicator light	6 V, 2 W	

El ajuste del faro para las luces de alta y baja es de suma importancia para no deslumbrar los vehículos que circulan en dirección opuesta, por lo tanto es preciso revisar el ajuste del faro en cada reparación: (Fig. 214).
Forma de ajustar el faro: A este fin se trazará en una pared de color claro una cruz a la altura del centro del faro. La motocicleta se situará a 5 metros de distancia de la pared, apoyada sobre sus ruedas y con el conductor montado en ella. Una vez encendida la luz de crretera, oriéntese el faro de manera que la cruz de referencia quede en el centro de la mancha de luz de carretera, oriéntese el faro de manera que la cruce, compruébese si el límite superior de la mancha de luz a descendido en la pared a 5 cm, como mínimo, por debajo de la citada luz de referencia. Cuando la motocicleta se utilice con side-car, est ajuste del faro se realizará con el conductor y el side-carista en sus respectivos puestos.

4. **Luces**

En el faro:

Bombilla Bilux	6 V, 35/35 W	
Luz de población	6 V, 2 W	**Fig. 215**
Luz para iluminación del velocímetro	6 V, 0,6 ó 1,2 W	
Luz indicadora de la carga de la batería, de	6 V, 2 W	**Fig. 216**
Luz indicadora de punto muerto	6 V, 2 W	

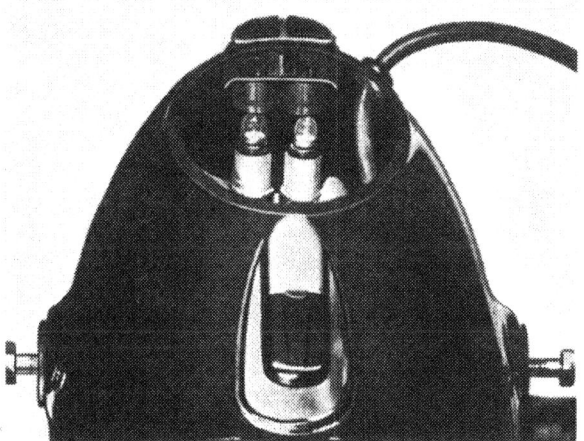

Fig. 216
Lade- und Leerlaufleuchte wechseln
Remplacement des lampes contrôle de charge et témoin P. M.
Replacing lamps for ignition warning and neutral indicator lights
Sustituir las lámparas para indicadores de la carga y del punto muerto

Bild — Fig. 217

Schluß- und Bremsleuchte, Lampen wechseln. Schluß- und Bremslicht Zweifadenlampe 6 V, 5/20 W, Kennzeichenbeleuchtung Kugellampe 6 V, 5 W.

Remplacement de la lampe arrière et stop 6 V, 5/20 W et de la lampe d'éclairage de plaque 6 V, 5 W.

Replacing tail and stop lamp. Tail-stop light twin-filament bulb, 6 V, 5/20 W. License plate illumination round-bulb lamp, 6 V, 5 W.

Sustituir las lámparas de posición trasera y de freno. Luz de posición y de freno: lámpara de dos filamentos 6 V, 5/20 W. Luz de la matrícula: lámpara esférica 6 V, 5 W.

5. **Blinkleuchten.** Der Blinkgeber ist im Scheinwerfer eingebaut. Die Soffittenlampe einer Blinkleuchte kann nach Abnehmen einer gewölbten Kunststoffscheibe (2 Schlitzschrauben) und durch Zurückdrücken der federnden Halterung herausgenommen werden; evtl. auch den Verschlußstopfen aus dem Gehäuse herausschrauben. Zum Ausbau der Blinkleuchte, z. B. um den Gasdrehgriff abzuziehen und zu schmieren, sind folgende Arbeiten notwendig:

1. Kunststoffscheibe, Verschlußstopfen und Soffittenlampe ausbauen.

2. Isolierten Kontakthalter für Soffitte samt Feder und Leitung aus dem Lenkerende herausziehen und durch Lösen der Madenschraube von der Leitung trennen.

3. Schraube zum Klemmkonus für Blinkergehäuse im Lenker mittels Schraubenziehers **etwas** lockern (Achtung! Nicht herausschrauben!) und kleinen Prellschlag auf das Ende des Schraubenziehers geben.

6. **Zündkerzen.** Für R 27 und R 26 Bosch W 240 T 1, Beru 240/14 oder Champion L 85. Elektrodenabstand 0,6 mm. Bei Bedarf Zündkerze mit Reinigungsgerät säubern und Elektrodenabstand richtigstellen. Bei starkem Abbrand Kerze erneuern. Nach spätestens 18 000 km sollte die Zündkerze erneuert werden.

7. **Kabelbaum und Leitungen**

Bei diesen sind die einzelnen Leitungen auf Isolationszustand und gute Anschlußverbindungen zu untersuchen. Die Schutzschläuche und Gummihüllen müssen einwandfrei sein. Leitungen mit blankgescheuerten Stellen müssen ersetzt werden. Ein Isolierbandschutz darf nur im Notfall verwendet werden. Die Hochspannungskabel müssen absolut einwandfrei isoliert und die übergeschobenen Gummihüllen wasserdicht mit den Zündkerzensteckern verbunden sein.

5. **Clignotants.** Le clignoteur est incorporé dans le phare. La lampe soffitte de chaque clignotant peut être atteinte en enlevant le capuchon en verre synthétique (2 fis fendues) et en la dégageant de ses fixations à ressorts; éventuellement dévisser aussi du boîtier la fermeture. Pour déposer le feu clignotant, par ex. pour retirer et graisser la poignée tournante, il faut:

1. Enlever le capuchon synthétique, la fermeture et la lampe soffitte.

2. Retirer du guidon le socle isolant pour la lampe, avec ressorts et conducteur et, en dévissant la vis cylindrique, le dégager du conducteur.

3. Desserrer **un peu** la vis de serrage pour le boîtier du clignotant dans le guidon. Attention! ne pas la dévisser complètement! Donner un léger coup sur le manche du tournevis.

6. **Bougies.** Pour R 27 et R 26, Bosch W 240 T 1, Beru 240/14 ou Champion L 85. Ecartement des électrodes 0,6 mm. Selon besoin, nettoyer la bougie sur l'appareil approprié et régler l'écartement des électrodes. Une bougie fortement usée est à remplacer. Il faut remplacer la bougie au moins tous les 18.000 km.

7. **Faisceau de câbles et conducteurs**

Contrôler l'isolation et les bonnes connections de chaque conducteur. Les tubes et cosses caoutchouc doivent être en parfait état. Les conducteurs dont l'isolation est usée par places doident être remplacés. Une réparation de l'isolant à la toile isolante ne doit être considérée que comme moyen de fortune. Les conducteurs a haute tension, spécialement, doivent avoir une isolation pairfaite et leur cosse caoutchouc doit se raccorder de façon étanche à la prise de bougie.

Bild – Fig. 218

Seitenwagenleuchte, Lampe 6 V/3 W wechseln.

Remplacement de la lampe de position side-car, 6 V, 3 W.

Replacing sidecar lamp, 6 V/3 W bulb.

Sustituir la luz del sidecar, lámpara de 6 V/3 W.

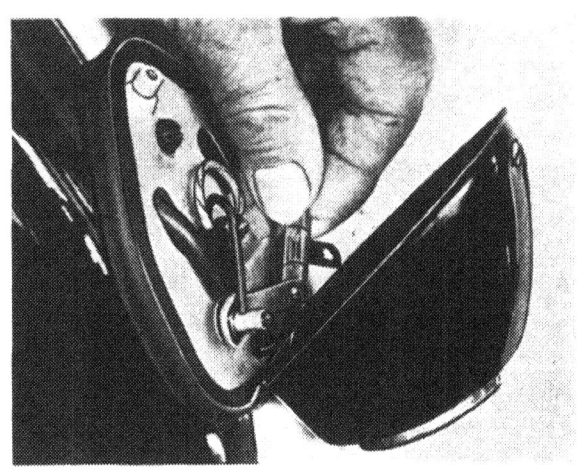

5. **Blinker Lights.** The blinker unit is installed in the headlamp. The bulb in a blinker can be removed by unfastening the convex plastic cover plate (2 screws) and pressing back on the spring bracket; if necessary unscrew the cover plug from the housing. To remove the blinker light-for example, in order to disassemble and lubricate the throttle twistgrip-the following steps are necessary:

1. Remove the plastic cover plate, cover plug, and the bulb.

2. Pull the insulated contact bracket for the bulb, together with the spring and electrical wiring, out of the end of the handlebar and disconnect the wiring by releasing the screw terminal.

3. Using a screwdriver, **slightly** loosen (note: do NOT screw out) and then tap lightly on the handle of the screwdriver.

6. **Spark Plugs.** For R 27 and R 26: Bosch W 240 T 1, Beru 240/14 or Champion L 85. Electrode gap .024" (.6 mm.). Clean spark plug, when necessary, in a sand-blast type cleaner and correct electrode gap. Badly burned plugs should be replaced. Replace spark plug in any way at least every 11,000 miles (18,000 km).

7. **Wiring Harness and Leads**

Inspect the various wires for proper insulation and connections. The covering hoses and rubber sleeves should be in correct condition. Leads with blank spots must be replaced. No insulation tape should be used, except in cases of emergency. Be sure the HT-ignition cables are absolutely well insulated and the rubber sleeves so slipped over as to insure a water tight connection to the spark plug adapters.

5. **Luces intermitentes.** El emisor de luces intermitentes está instalado en el faro. La lámpara sofita de una luz intermitente puede ser sacada después de haber quitado el disco ovalado de plástico (2 tornillos de ranura) y de haber apretado hacia atrás la sujeción elástica; de ser necesario, se saca también el tapón de cierre de la caja. Si se desea desmontar el reflector de intermitentes mismo, para sacar y engrasar por ejemplo el puño del acelerador, son necesarias las siguientes operaciones:

1. Desmontar el disco ovalado de plástico, el tapón de cierre y la lámpara sofita.

2. Extraer del extremo del manillar el portacontactos aislado para la lámpara sofita junto con el resorte y el cable, desenroscar el tornillo de espiga y separar el portacontactos del cable.

3. Aflojar **ligeramente** con ayuda de un desatornillador el tornillo del cono de retención para la caja de la luz intermitente (¡atención! el tornillo no debe ser desatornillado del todo) y aplicar un golpe ilgero sobre el mango del desatornillador.

6. **Bujías.** Los modelos R 27 y R 26 tienen bujías Bosch W 240 T 1, Beru 240/14 ó Champion L 85. Distancia entre los electrodos 0,6 mm. Si fuese preciso, se limpia la bujía con un dispositivo de limpieza y se ajusta la distancia entre los electrodos. Si los electrodos están demasiado quemados, se renueva la bujía. De todos modos, la bujía debe ser sustituida cada 18 000 km. lo más tarde.

7. **Manojo de cables y cables sueltos**

Verificar el aislamiento y la perfecta conexión de cada conductor. Los tubos de protección y los revestimientos de goma deben hallarse en perfecto estado. Los cables cuyo aislamiento presente señales de rozamiento deben ser sustituidos. La protección provisional mediante cinta aislante sólo es admisible en casos de emergencia. Los cables de alta tensión deben encontrarse perfectamente aislados, sus revestimientos de goma deben estar unidos a los enchufes de las bujías de forma hermética, para evitar el paso de agua.

Aufstellung der Leitungen (R 27)

Kabelbaum-Vorderteil

Farbe	mm²	von		nach	
rot	2,5	30/51	Scheinwerfer	30/51	Regler
blau	0,75	Lade-anzeige im	Scheinwerfer	D+	Regler
braun	1,5	31	Scheinwerfer	Masse	Regler
schw.-rot	1,5	15	Scheinwerfer	15	Zündspule
schw.-grün	1,0	15	Scheinwerfer		Signalhorn
schw.-grün	1,0	H	Scheinwerfer		Signalhorn
schw.-viol.	0,75	15	Scheinwerfer	1	5polige Klemme
schwarz	0,75	Leerlauf-anzeige	Scheinwerfer	2	5polige Klemme
schw.-weiß	0,75	58	Scheinwerfer	3	5polige Klemme
schwarz	1,5	1	Zündspule	1	Lichtmaschine
blau	2,5	D+61	Regler	61	Lichtmaschine
schw.-rot	1,5	DF	Regler	DF	Regler
rot	1,5	30/51	Regler	÷	Batterie
braun	1,5	31	Regler	4	5polige Klemme

Kabelbaum — hinteres Teil

schw.-viol.	0,75	Bremslichtschalter		1	5polige Klemme
schw.-viol.	0,75	Bremslichtschalter		5	5polige Klemme
schwarz	0,75	Leerlaufanzeigekontakt		2	5polige Klemme
braun	1,5	—	Batterie	Masse	Motorgehäuse
braun	1,5	—	Batterie	4	5polige Klemme

Die 5polige Kabelverbindungsklemme (Kl. Nr. 5 oben) befindet sich im Batteriekasten.

Blinkanlage 5adriges Kabel

rot	0,75	30	Blinker-schalter	15	Blinkgeber/Scheinwerfer
grau	0,75	56 a	Blinker-schalter	56 a	Scheinwerfer/Biluxlampe
grün	0,75	54	Blinker-schalter	54	Blinkgeber/Scheinwerfer
schwarz	0,75	L	Blinker-schalter	2pol. Kabelverbind. Kl. im Scheinwerfer	
blau	0,75	R	Blinker-schalter		
rot	1,0	15	Zündschloß	15	Blinkgeber
blau	0,75	2pol. Kl. im Scheinwerfer		R	Blinkleuchte
schwarz	0,75	2pol. Kl. im Scheinwerfer		L	Blinkleuchte

Récapitulation des conducteurs (R 27)

Faisceau de câbles, partie avant.

Couleurs	mm²	de		à	
rouge	2,5	30/51	phare	30/51	régulateur
bleu	0,75	contrôle de charge	dans phare	D+	régulateur
brun	1,5	31	phare	masse	régulateur
noir-rouge	1,5	15	phare	15	bobine allumage
noir-vert	1,0	15	phare		claxon
noir-vert	1,0	H	phare		claxon
noir-violet	0,75	15	phare	1	réglette 5 pôles
noir	0,75	témoin de PM	phare	2	réglette 5 pôles
noir-blanc	0,75	58	phare	3	réglette 5 pôles
noir	1,5	1	bobine	1	dynamo
bleu	2,5	D+61	régulateur	61	dynamo
noir-rouge	1,5	DF	régulateur	DF	régulateur
rouge	1,5	30/51	régulateur	÷	batterie
brun	1,5	31	régulateur	4	réglette 5 pôles

Faisceau de câbles, partie arrière

noir-violet	0,75	contacteur de stop	1	réglette 5 pôles
noir-violet	0,75	contacteur de stop	5	réglette 5 pôles
noir	0,75	contact de PM	2	réglette 5 pôles
brun	1,5	— batterie	masse	carter mot.
brun	1,5	— batterie	4	réglette 5 pôles

La réglette 5 pôles (borne No. 5 en haut) se trouve dans le boîtier de batterie.

Equipement de clignotants

rouge	0,75	30	commande de clign.	15	clignoteur/phare
gris	0,75	56 a	commande de clign.	56 a	phare/lampe bilux
vert	0,75	54	commande de clign.	54	clignoteur/phare
noir	0,75	L	commande de clign.	liaison 2 pôles dans phare	
bleu	0,75	R	commande de clign.		
rouge	1,0	15	coupe-contact	15	clignoteur
bleu	0,75	liaison 2 pôles dans phare		R	clignotant
noir	0,75	liaison 2 pôles dans phare		L	clignotant

List of Wires (R 27)

Motorcycle wiring — Front harness

colour of lead	sq. mm.	from		to	
red	2.5	30/51	headlamp	30/51	regulator
blue	0.75	charging indicator in headlamp		D+	regulator
brown	1.5	31	headlamp	ground	regulator
black/red	1.5	15	headlamp	15	ignition coil
black/green	1.0	15	headlamp		horn
black/green	1.0	H	headlamp		horn
black/violet	0.75	15	headlamp	1	5-pole terminal
black	0.75	neutral indicator in headlamp		2	5-pole terminal
black/white	0.75	58	headlamp	3	5-pole terminal
black	1.5	1	ignition coil	1	generator
blue	2.5	D+61	regulator	61	generator
black/red	1.5	DF	regulator	DF	regulator
red	1.5	30/51	regulator	÷	battery
brown	1.5	31	regulator	4	5-pole terminal

Motorcycle wiring — Rear harness

black/violet	0.75	stop light switch	1	5-pole terminal
black/violet	0.75	stop light switch	5	5-pole terminal
black	0.75	neutral indicator contact	2	5-pole terminal
brown	1.5	— battery	ground	engine housing
brown	1.5	— battery	4	5-pole terminal

The 5-pole junction block (terminal No. 5 above) is located within the battery box.

Blinker System 5-stranded cable

red	0.75	30	blinker switch	15	flasher unit/headlamp
grey	0.75	56 a	blinker switch	56 a	headlamp/Bilux lamp
green	0.75	54	blinker switch	54	flasher unit/headlamp
black	0.75	L	blinker switch	2-pole terminal in headlamp	
blue	0.75	R	blinker switch		
red	1.0	15	ignition switch	15	flasher unit
blue	0.75	2-pole terminal in headlamp		R	blinker light
black	0.75	2-pole terminal in headlamp		L	blinker light

Relación de conductores (R 27)

Parte anterior del manojo de cables

Color	mm²	de		a	
rojo	2,5	30/51	faro	30/51	regulador
azul	0,75	indicador de carga en el	faro	D+	regulador
marrón	1,5	31	faro	masa	regulador
rojinegro	1,5	15	faro	15	bobina de encendido
verdinegro	1,0	15	faro		claxon
verdinegro	1,0	H	faro		claxon
negro y violeta	0,75	15	faro	1	borne de 5 polos
negro	0,75	indicador de punto muerto	faro	2	borne de 5 polos
blanqui-negro	0,75	58	faro	3	borne de 5 polos
negro	1,5	1	bobina de encendido	1	dínamo
azul	2,5	D+61	regulador	61	dínamo
rojinegro	1,5	DF	regulador	DF	regulador
rojo	1,5	30/51	regulador	÷	batería
marrón	1,5	31	regulador	4	borne de 5 polos

Parte posterior del manojo de cables

negro y violeta	0,75	interruptor de luces de freno	1	borne de 5 polos
negro y violeta	0,75	interruptor de luces de freno	5	borne de 5 polos
negro	0,75	contacto del indicador de punto muerto	2	borne de 5 polos
marrón	1,5	— batería	masa	caracasa del motor
marrón	1,5	— batería	4	borne de 5 polos

El borne de conexión de cables con 5 pales (borne no. 5 arriba) se encuentra en la caja de la batería.

Equipo de luces intermitentes cable de 5 conductores

rojo	0,75	30	conmutador intermitente	15	emisor de señales intermitentes/faro
gris	0,75	56 a	conmutador intermitente	56 a	faro/lámpara Bilux
verde	0,75	54	conmutador intermitente	54	emisor de señales intermitentes/faro
negro	0,75	L	conmutador intermitente	borne de conexión bipolar en el faro	
azul	0,75	R	conmutador intermitente		
rojo	1,0	15	cerradura de encendido	15	emisor de señales intermitentes
azul	0,75	borne de conexión bipolar en el faro		R	lámpara intermitente
negro	0,75	borne de conexión bipolar en el faro		L	lámpara intermitente

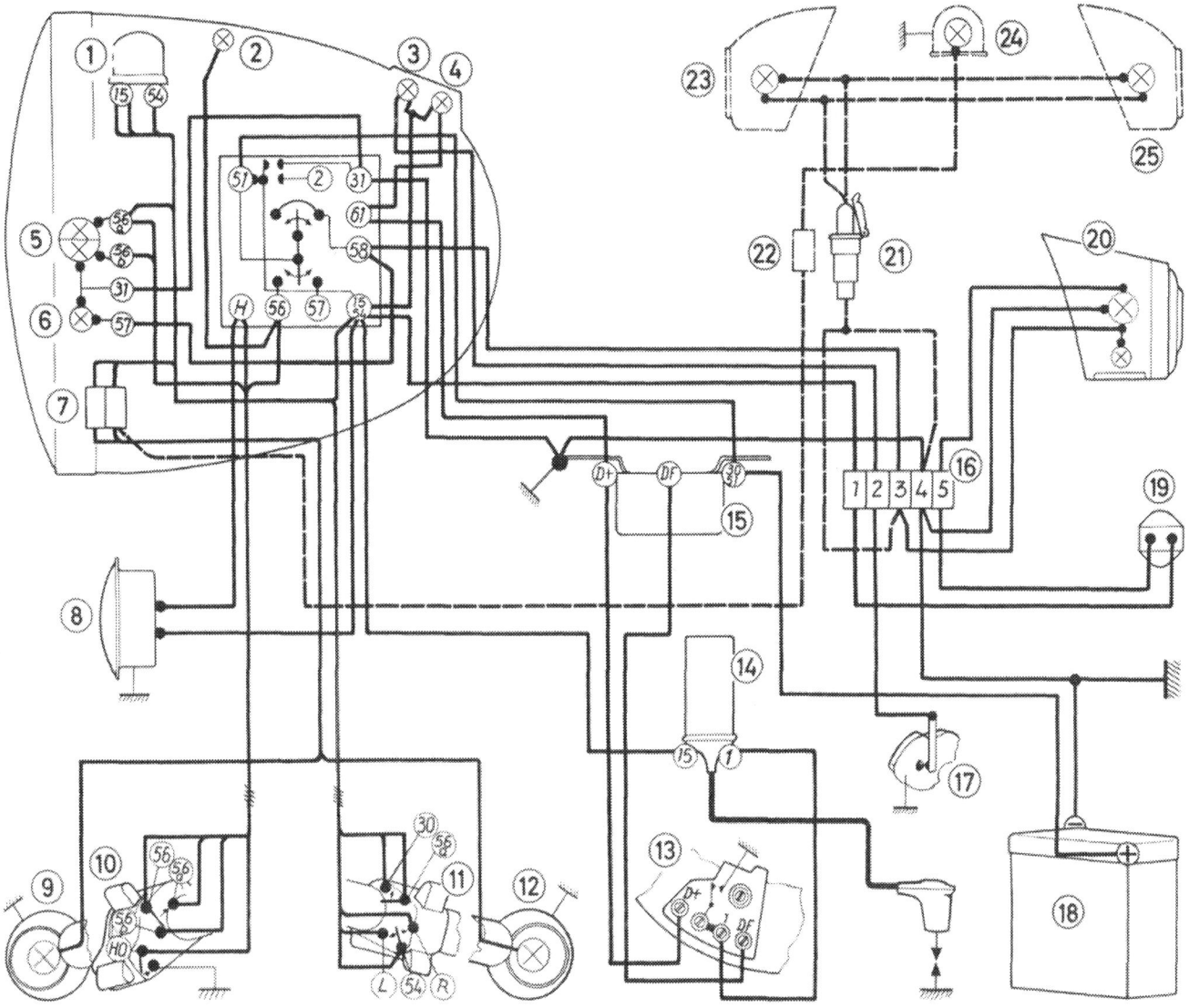

Stromlaufplan R 27

1 = Blinkgeber
2 = Tachometer-Beleuchtung
3 = Leerlauf-Anzeigeleuchte
4 = Ladekontroll-Leuchte
5 = Biluxlampe
6 = Standlicht
7 = Kabelverbindungs-
   klemme 2-polig
8 = Signal-Horn
9 = Blinkleuchte links
10 = Abblend-Schalter
11 = Lichthupen/Blinker-
   Schalter
12 = Blinkleuchte rechts
13 = Lichtmaschinen-
   Anschlüsse
15 = Regler-Schalter
16 = Kabelverbindungs-
   klemme 5-polig
17 = Leerlaufkontakt
   am Getriebe
18 = Batterie
19 = Bremslicht-Schalter
20 = Schluß/Brems/Kenn-
   zeichen-Leuchte

Seitenwagen:
21 = Steckdose
22 = Kabelsteckverbindung
   1-polig
23 = Positionsleuchte vorn
24 = Blinkleuchte
25 = Positionsleuchte hinten

Schéma des connections électriques R 27

1 = Clignoteur
2 = Eclairage du compteur
3 = Témoin de point mort
4 = Témoin de charge
5 = Lampe Bilux
6 = Feu du parc
7 = Jonction de câbles,
   2 bornes
8 = Claxon
9 = Clignotant gauche
10 = Commutateur
   phare-code
11 = Commutateur de
   direction et d'avertisseur
   optique
12 = Clignotant droit
13 = Bornes de la dynamo
15 = Régulateur
16 = Réglette de connections
   5 bornes
17 = Contact de point mort
   dans la boîte
18 = Batterie
19 = Contacteur de stop
20 = Feu arrière, stop et de
   police
Side-car:
21 = Prise de courant
22 = Jonction de câbles,
   3 bornes
23 = Feu de position avant
24 = Clignotant
25 = Feu de position arrière

Wiring Diagram R 27

1 = Directional signal
   flasher
2 = Speedometer dial light
3 = Neutral indicator lamp
4 = Generator charge
   indicator lamp
5 = Bilux lamp
6 = Parking light
7 = Junction block (2-pole)
8 = Horn
9 = Directional signal
   lamp, left
10 = Dipper switch
11 = Switch for headlamp
   flasher and directional
   signal lights
12 = Directional signal
   lamp, right
13 = Generator connections
15 = Voltage regulator
16 = Junction block (5-pole)
17 = Neutral indicator
   contact on transmission
18 = Battery
19 = Stop light switch
20 = Tail, Stop & License
   plate light
Side-car:
21 = Plug socket
22 = Junction block (3-pole)
23 = Position light, front
24 = Directional signal light
25 = Position light, rear

Esquema elétrico de la motocicleta R 27   Fig. 219

1 = Mecanismo de intermitencias
2 = Luz del velocímetro
3 = Luz indicadora del
   punto muerto
4 = Indicador luminoso de
   descarga de la batería
5 = Lámpara Bilux
6 = Luz de población
7 = Terminal de empalme, bipolar
8 = Claxon
9 = Lus intermitente izquierda
10 = Conmutador para las luces
   de carretera y de cruce
11 = Conmutador para el botón de
   ráfagas de luz/intermitentes
12 = Luz intermitente derecha
13 = Conexiones de la dínamo
15 = Regulador
16 = Terminal de empalme,
   pentapolar
17 = Contacto para punto
   muerto en el cambio
18 = Batería
19 = Interruptor de la luz de "pare"
20 = Luces trasera, de "pare"
   y para iluminación de
   la placa de la matrícula
Sidecar:
21 = Tomacorrientes
22 = Terminal de empalme tripolar
23 = Luz delantera de posición
24 = Luz intermitente
25 = Luz trasera de posición

Aufstellung der Leitungen (R 26)
Kabelbaum-Vorderteil

Farbe	mm²	von	nach
rot	2,5	51 Scheinwerfer	51 Lichtmaschine
schw.-rot	1,5	15 Scheinwerfer	15 Lichtmaschine
braun	1,5	31 Scheinwerfer	31 Lichtmaschine (Masse)
blau	0,75	Ladekontrollleuchte	61 Lichtmaschine
schw.-grün	0,75	15 Scheinwerfer	Horn
schw.-grün	0,75	H Scheinwerfer	Horn
schwarz	0,75	Leerlaufleuchte	5polige Klemme
schw.-viol.	0,75	15 Scheinwerfer	5polige Klemme
schwarz	0,75	58 Scheinwerfer	5polige Klemme
braun	0,75	31 Scheinwerfer	5polige Klemme
schwarz	1,5	30 Batterie (+)	30 Lichtmaschine
schwarz (Einzelkabel)	0,75	5polige Klemme	Steckdose

Kabelbaum — hinteres Teil

Farbe	mm²	von	nach
schwarz	0,75	5polige Klemme	Leerlaufkontakt im Getriebe
schw.-viol.	0,75	5polige Klemme	Bremslichtschalter
schw.-viol.	0,75	5polige Klemme	Bremslichtschalter
schwarz	1,5	31 Batterie (—)	Getriebe-Masse

Die 5polige Kabelverbindungsklemme befindet sich im Batteriekasten.

Récapitulation des conducteurs (R 26)
Faisceau de câbles, partie avant.

Couleur	mm²	de	à
rouge	2,5	51 phare	51 dynamo
noir-rouge	1,5	15 phare	15 dynamo
brun	1,5	31 phare	31 dynamo (masse)
bleu	0,75	contrôle de charge	61 dynamo
noir-vert	0,75	15 phare	claxon
noir-vert	0,75	H phare	claxon
noir	0,75	témoin de PM	réglette 5 pôles
noir-violet	0,75	15 phare	réglette 5 pôles
noir	0,75	58 phare	réglette 5 pôles
brun	0,75	31 phare	réglette 5 pôles
noir	1,5	30 B batterie +	30 dynamo
noir *)	0,75	réglette 5 pôles	prise de courant

*) câble séparé

Faisceau de câbles, partie arrière.

Couleur	mm²	de	à
noir	0,75	réglette 5 pôles	contact de PM (Boîte)
noir-violet	0,75	réglette 5 pôles	contacteur de stop
noir-violet	0,75	réglette 5 pôles	contacteur de stop
noir	1,5	31 batterie —	masse boîte vitesses

La réglette 5 pôles se trouve dans le boîtier de batterie.

List of Wires (R 26)
Motorcycle wiring — Front harness

Colour of lead	sq.mm	from	to
red	2.5	51 headlamp	51 generator
black-red	1.5	15 headlamp	15 generator
brown	1.5	31 headlamp	31 generator (ground)
blue	0.75	charging indicator	61 generator
black-green	0.75	15 headlamp	horn
black-green	0.75	H headlamp	horn
black	0.75	neutral indicator	5-pole terminal
black-violet	0.75	15 headlamp	5-pole terminal
black	0.75	58 headlamp	5-pole terminal
brown	0.75	31 headlamp	5-pole terminal
black	1.5	30 B battery (+)	30 generator
black (single wire)	0.75	5-pole terminal	plug socket (jack)

Motorcycle wiring — Rear harness

Colour of lead	sq.mm	from	to
black	0.75	5-pole terminal	neutral contact in transmission
black-violet	0.75	5-pole terminal	stop light switch
black-violet	0.75	5-pole terminal	stop light switch
black	1.5	31 battery (—)	transmission-ground (earth)

The 5-pole jonction block is located within the battery box.

Relación de conductores (R 26)
Parte anterior del manojo de cables

Color	mm²	de	a
rojo	2,5	51 faro	51 dínamo
rojinegro	1,5	15 faro	15 dínamo
marrón	1,5	31 faro	31 dínamo (masa)
azul	0,75	luz de control de carga	61 dínamo
verdinegro	0,75	15 faro	claxon
verdinegro	0,75	H faro	claxon
negro	0,75	luz indicadora de punto muerto	borne de 5 polos
negro y violeta	0,75	15 faro	borne de 5 polos
negro	0,75	58 faro	borne de 5 polos
marrón	0,75	31 faro	borne de 5 polos
negro	1,5	30 batería (+)	30 dínamo
negro	0,75	borne de 5 polos	caja de enchufe

Parte posterior del manojo de cables

Color	mm²	de	a
negro	0,75	borne de 5 polos	luz indicadora de punto muerto
negro y violeta	0,75	borne de 5 polos	interruptor de la luz de freno
negro y violeta	0,75	borne de 5 polos	interruptor de la luz de freno
negro	1,5	31 batería (—)	engranaje-masa

El borne de conexión de cables con 5 polos se encuentra en la caja de la batería.

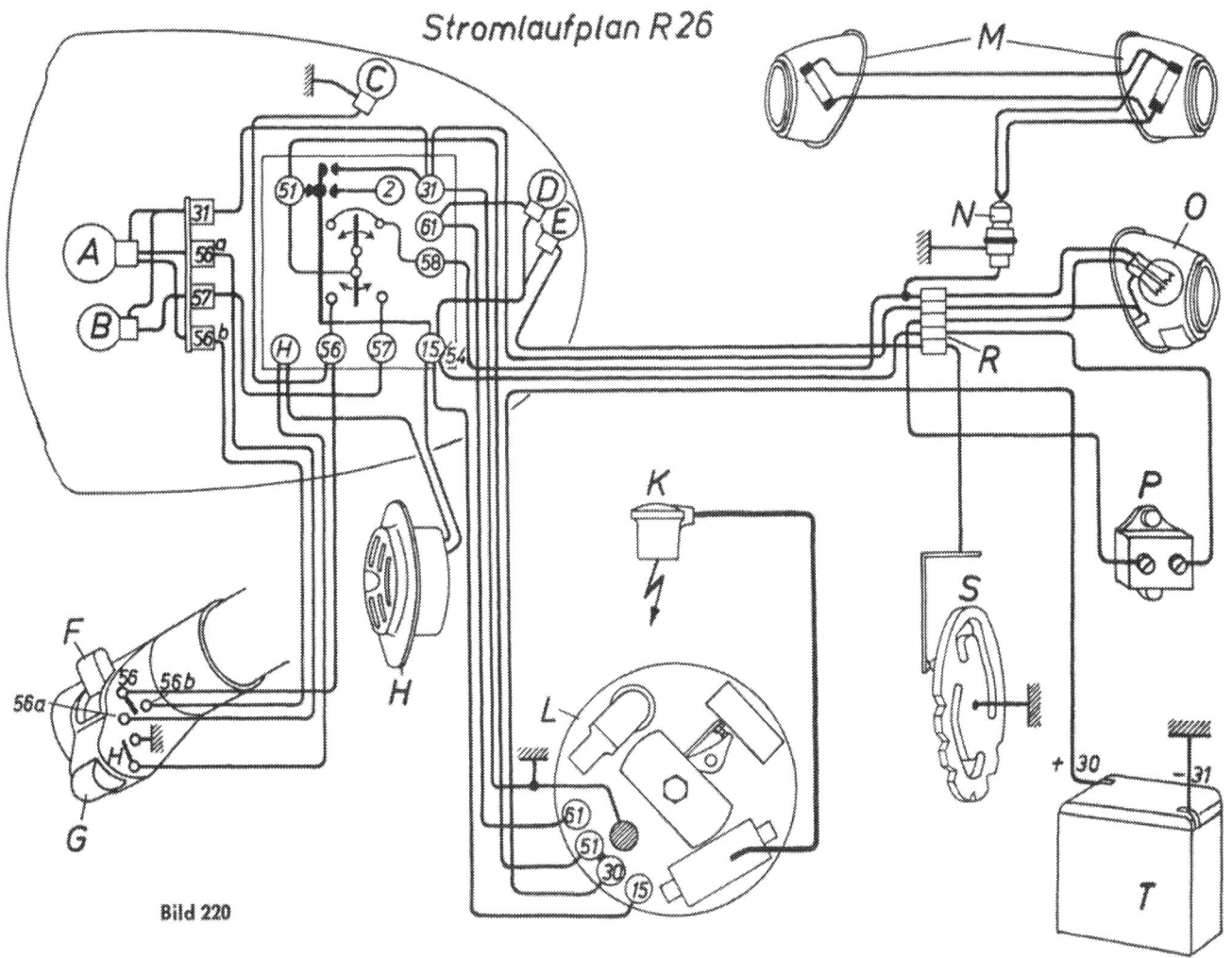

Bild 220

Stromlaufplan	Schéma des connexions	Wiring Diagram	Esquema de la instalación eléctrica
A = Biluxlampe	A = Ampoule Bilux	A = Bilux lamp	A = Lámpara Bilux
B = Standlicht	B = Veilleuse	B = Pilot bulb	B = Luz de población
C = Tachometerlicht	C = Eclairage du compteur	C = Speedometer light	C = Luz del velocímetro
D = Ladekontrolleuchte	D = Eclairage du voyant de contrôle de charge	D = Ignition warning light	D = Luz indicadora de la carga de la batería
E = Leerlaufanzeige	E = Eclairage du voyant de point mort	E = Neutral indicator	E = Luz indicadora del punto muerto
F = Abblendschalter	F = Commutateur phare-code	F = Dimmer switch	F = Conmutador para las luces de carretera y cruce
G = Horndrücker	G = Bouton d'avertisseur	G = Horn button	
H = Signalhorn	H = Avertisseur	H = Electric horn	G = Botón del claxon
K = Zündkerze	K = Bougie	K = Spark plug	H = Claxon
L = Lichtmaschine	L = Dynamo	L = Dynamo	K = Bujía
M = Seitenwagenleuchten	M = Eclairage du side-car	M = Side car lights	L = Dínamo
N = Steckdose	N = Prise de courant	N = Plug socket	M = Luces del sidecar
O = Brems-Schlußlicht	O = Feu AR-stop	O = Stop-tail light	N = Tomacorrientes
P = Bremslichtschalter	P = Contact du feu stop	P = Stop light switch	O = Luz de «pare»
R = Kabelklemme	R = Plots de connexion	R = Terminal block	P = Interruptor de la luz de «pare»
S = Leerlaufkontakt	S = Contact de l'indicateur de point mort	S = Neutral contact	R = Terminal de cables
T = Batterie	T = Batterie	T = Battery	S = Contacto para la luz indicadora del punto muerto
			T = Batería

Störungen, deren Auffindung und Beseitigung

Vor allen Arbeiten an der elektrischen Anlage ist die Batterie abzuklemmen, soweit deren Einschaltung zu bestimmten Prüfungen nicht nötig ist.

1. Zündstörungen

Wenn der Motor nicht anspringt oder während der Fahrt stehenbleibt, so ist, falls genügend Kraftstoff vorhanden und der Vergaser sowie die Zündkerze in Ordnung sind, der Fehler in der Zündanlage zu suchen. Dazu ist die Zündanlage zu überprüfen, was in folgender Weise geschieht:

Kerze herausschrauben, Zündkabel aus dem Kerzenstecker entfernen, Kabel in etwa 5 mm Abstand von einer Zylinderrippe halten und Motor durchdrehen. Es müssen Funken vom Kabel zur Zylinderrippe überspringen.

Ist dies nicht der Fall, so können folgende Störungsursachen vorliegen:

Fehler	Abhilfe
a) Zündschlüssel rastet nicht richtig ein. Die bewegliche Kontaktfeder im Schaltkasten wird vom Massekontakt nicht abgehoben.	Ist der Fehler im Schaltkasten nicht zu beheben, so kann notfalls das schwarz-rote Kabel aus der Klemme 15/54 im Scheinwerfer ausgeklemmt u. in die Klemme 30 eingeklemmt werden oder auch eine kurze Verbindungsleitung zwischen Klemme 15 der Zündspule und + Batterie gelegt werden. In beiden Fällen läßt sich der Motor mit dem Zündschlüssel nicht abstellen.
b) Zündkabel beschädigt oder hat Masseschluß.	Zündkabel erneuern.
c) Unterbrecherkontakte verschmutzt, oxydiert oder verschmort.	Schutzhaube abschrauben und beide Kontakte mit Kontaktfeile säubern. Hierauf Unterbrecherabstand prüfen. Derselbe darf nur 0,4 mm betragen.
d) Starkes Kontaktfeuer bzw. stark verbrannte Kontakte infolge eines defekten Kondensators.	Kondensator ersetzen (Reparatur nicht möglich) und Kontakte mit Kontaktfeile glätten oder ersetzen. Unterbrecherabstand wie unter (c) einstellen.
e) Unterbrecherhebel klemmt.	Lagerbüchse und Lagerbolzen des Unterbrecherhebels reinigen und mit Bosch-Fett Ft v 4 einfetten.
f) Unterbrecherhebel wird vom Nocken nicht mehr abgehoben. Schleifklötzchen am Unterbrecherhebel abgenützt.	Unterbrecherhebel erneuern und Unterbrecherabstand wie unter (c) einstellen.
g) Zündspule schlägt nach außen gegen einen Metallteil durch.	Zündspule erneuern. Bei R 26 im Notfall Zündspule durch Bestreichen mit Schellack isolieren. Metallteile in der Nähe der Spule, auf die der Zündfunke überspringt, ebenfalls mit Schellack bestreichen.

Dérangements, localisation et élimination

Avant tout travail sur l'équipement électrique, il faut déconnecter la batterie, pour autant que sa présence ne soit pas absolument indispensable pour un essai déterminé.

1. Pannes d'allumage

Si le moteur ne part pas, ou s'il s'arrête en cours de fonctionnement et que l'alimentation en essence soit normale, le carburateur et la bougie en état, il faut rechercher le défaut du côté de l'allumage. Contrôler l'équipement d'allumage comme suit:

Dévisser la bougie, détacher le câble d'allumage de la prise de bougie, tenir le bout du câble à une distance de 5 mm environ d'une ailette du cylindre et faire turner le moteur au kick-starter. Des étincelles doivent jaillir entre le câble et l'ailette.

Si ce n'est pas le cas, différentens causes sont à envisager:

Défaut	Remède
a) la clef de contact ne vient pas en position correcte. Le ressort de contact dans le commutateur n'est pas dégagé de la masse.	Si le défaut dans le commutateur ne peut être réparé sur place, un dépannage provisoire consiste à déconnecter le câble rouge/noir de la borne 15/54 dans le phare et de le fixer à la borne 30 ou encore à établir la liaison, par un câble, entre la borne 15 de la bobine d'allumage et la borne + de la batterie. Dans les deux cas, on ne pourra plus arrêter le moteur par la clef de contact.
b) Le câble de bougie est endommagé ou en court-circuit avec la masse.	Remplacer le câble.
c) Contacts du rupteur sales, oxydés ou rongés.	Enlever le couvercle et raviver les contacts avec une lime spéciale. Ensuite, contrôler l'écartement: il doit être de 0,4 mm.
d) Fortes étincelles aux contacts, donc contacts brûlés fortement par suite d'un défaut du condensateur.	Remplacer le condensateur (réparation impossible) et raviver les contacts à la lime spéciale ou les remplacer. Contrôler l'ouverture comme sous c).
e) Le linguet du rupteur colle ou grippe.	Nettoyer et graisser très légèrement avec graisse Bosch Ft 1 v 4 la douille du linguet et son pivot.
f) Le linguet du rupteur n'est plus actionné par la came. Le poussoir du linguet est usé.	Remplacer le linguet du rupteur et régler comme sous c) l'ouverture des contacts.
g) Fuite de la bobine vers une partie métallique proche.	Remplacer la bobine d'allumage. Pour R 26, au besoin enforcer l'isolation de la bobine en enduisant de laque. Isoler également les parties métalliques proches, vers lesquelles l'étincelle pourrait jaillir, par le même enduit.

Locating and Rectifying of possible Troubles

Before beginning repair or maintenance work on the electrical equipment, disconnect battery, except in cases where it will be absolutely necessary for certain tests.

1. Ignition troubles

If the engine fails to start or suddenly stops though there is enough fuel and carburettor as well as sparking plug functions properly, the cause of the failure is likely to be in the ignition system. To find out the trouble, examine ignition system as follows:

Unscrew sparking plug, withdraw HT-cable from sparking plug terminal, and hold cable in about .2" distance from a cylinder rib while cranking the engine. Sparks must flash over now from cable to cylinder rib.

If there is no spark, the trouble may be due to one of the following causes:

Probable faults	Remedy
a) Ignition key does not engage properly. Movable contact spring in switch box fails to come away from earth contact.	If the trouble can not be remedied in the switch box either disconnect black and red cable from terminal 15/54 in head lamp and connect it with terminal 30 or arrange a short connection lead between terminal 15 of ignition coil and + pole of battery. In both cases ignition and engine cannot be switched off with ignition key.
b) Ignition cable defective or has connection to earth.	Install new ignition cable.
c) Breaker contacts dirty, oxidized or burnt.	Screw off dynamo front cover, and clean and smoothen contacts with contact file. Check contact gap. (.16").
d) Heavy contact firing i.e. excessively burnt contacts due to defective condenser.	Replace condenser (cannot be repaired) and smoothen contacts with contact file or replace contacts. Adjust gap as under (c).
e) Contact breaker arm jams.	Clean bearing bush and pin of contact breaker arm and grease slightly with Bosch grease Ft 1 v 4.
f) Cam fails to lift breaker arm. Rubbing block on arm is worn.	Replace breaker arm, adjust breaker gap as indicated under (c).
g) Tension leakage from ignition coil to some outer metal body near the coil.	Renew ignition coil. On R 26 in an emergency case insulate ignition coil by treating it with shellac. Brush also metal parts around the coil to prevent flashing over.

Fallas, su localización y su eliminación

Antes de empezar cualquier trabajo en la instalación eléctrica hay que desconectar la batería, con excepción de aquellos casos en donde su conexión se necesita para determinados pruebas.

1. Fallas del encendido

Si el motor no quiere arrancar o éste se para durante la marcha, no obstante de tener suficiente gasolina y encontrarse el carburador y la bujía en perfectas condiciones de trabajo, entonces el defecto reside únicamente en el sistema del encendido. Lógicamente deberá efectuarse la revisión del encendido de la siguiente manera:

Sacar la bujía, lo mismo que el cable del capuchón. En estas condiciones mantener dicho cable a unos 5 mm del cilindro y hacer girar el motor, con la cual deberá saltar la chispa.
De no ser así, la falla es debida a una de las causas siguientes:

Defectos	Eliminación
a) La llave de contacto no encaja completamente. La muelle movible de la placa de conexiones no se desprende del contacto de tierra.	Si el defecto en la placa de conexiones no puede ser eliminado, es posible desconectar el cable rojo y negro de la terminal 15/54 del faro y conectarlo en la terminal 30 o bien efectuar la conexión provisional entre la terminal 15 de la bobina de encendido y el polo (+) de la batería. En ambos casos no es posible parar el motor con la llave de contacto.
b) El cable de la bujía deteriorado o tiene corto circuito	Sustituir el cable.
c) Contactos del interruptor (platinos) sucios, oxidados o flameados.	Desatornillar la tapa guardapolvos de la dinamo y limpiar los dos contactos con una lima fina. En seguida comprobar la separación de los mismos (0,4 mm).
d) Una chispa intensiva entre los platinos, indicada por el aspecto flameado entre los mismos es producido por un condensador defectuoso.	Sustituir el condensador (no puede ser reparado) y limar suavemente los contactos o cambiarlos. Calibrar la separación de los contactos como indicado en (c).
e) La palanquita del interruptor (platino) se atora.	Limpiar el casquillo y el eje de la palanquita del interruptor y lubricarlos ligeramente con grasa Bosch Ft 1 v 4.
f) La palanquita del interruptor (platino) ya no es accionada por la leva, en este caso el apoyo de fibra se encuentra desgastado.	Sustituir la palanquita y calibrar la distancia de los platinos como indicado en (c).
g) La chispa de la bobina salta a tierra en un punto cualquiera.	Sustituir la bobina de encendido por una nueva. En los modelos R 26 sólo de ser necesario aislar la bobina cubriéndola con «Schellack», hacer lo mismo con los puntos metálicos en donde brincó la corriente.

Fehler	Abhilfe
h) Zündspule defekt.	erneuern (kann nicht repariert werden).
i) Automatische Zündverstellung arbeitet nicht.	Welle und Nockenbohrung reinigen und einfetten mit Bosch-Fett Ft 1 v 30. Fliehgewichte und Federn prüfen und einfetten.
k) Setzt die Zündung nur bei hohen Drehzahlen aus, so können Isoliersteine der Zündkerzen durch Bleibelag verunreinigt sein.	Bei verbleiten Kraftstoffen kann sich mit der Zeit ein Bleibelag am Kerzenstein niederschlagen. Dieser ist bei kalter Kerze nicht leitend, bei heißer (über 500° C) jedoch leitend. Beste Abhilfe: Kerzen erneuern.
oder Unterbrecherfeder leicht verkantet sein, deshalb läuft der Unterbrecherhebel mit seiner Büchse an der Unterlage oder an der Sicherungsscheibe an und wird gebremst.	Unterbrecherfeder parallel zur Maschine ausrichten.

2. Störungen an der Lichtmaschine

Verstellungen an der lackgesicherten Sechskantmutter sowie Verbiegen der Kontaktfedern des Reglers heben die Garantieverpflichtungen auf. Sie sollen deshalb nur von Bosch-Werkstätten ausgeführt werden.

3. Behelfsmäßige Prüfung der Lichtmaschine:

Volles Licht einschalten, Horn betätigen.

Das Licht darf beim Betätigen des Horns nur wenig nachlassen. Andernfalls muß die Batterie an einer ortsfesten Stromquelle nachgeladen werden.

Gut geladene Batterie einsetzen, Motor auf etwa 2500 U/min bringen, volles Licht einschalten und dann Leitung vom Batterie-(—)Pol entfernen. Das Licht soll beim Entfernen des (—)Kabels etwas heller, beim Berühren des Minuspols mit dem Kabel wieder etwas dunkler werden.

Ist es umgekehrt, dann ist die Maschinenleistung ungenügend und es sollte eine genaue Kontrolle mittels Testgeräte, nach Möglichkeit bei einem Bosch-Dienst vorgenommen werden.

Défaut	Remède
h) Bobine défectueuse	La remplacer (elle ne peut être réparée).
i) Le régulateur automatique d'avance ne fonctionne pas.	Nettoyer et graisser très légèrement l'axe et l'alésage de la came avec graisse Bosch Ft 1 v 30. Contrôler et graisser les masselottes et les ressorts.
k) Si des ratés d'allumage ne se produisent qu'aux régimes élevés, il se peut que l'isolant de la bougie soit rendu inopérant par un dépôt de plomb.	L'emploi d'essence au plomb peut, à la longue, causer l'incrustation sur l'isolant d'un dépôt de plomb. Celui-ci n'est pas conducteur lorsque la bougie est froide, mais il le devient si elle s'échauffe (à plus de 500° C). Meilleur remède: remplacer la bougie.
ou bien: Le ressort du rupteur est légèrement oblique: le linguet porte donc, par sa douille, sur son appui ou sur sa rondelle d'arrêt; il est freiné.	Rétablir le parallélisme du ressort.

2. Défauts de fonctionnement de la dynamo:

Toute intervention sur l'écrou six-pans, scellé à la laque our sur les ressorts de contacts du régulateur entraînent l'annulation de la garantie. Il faut donc confier ces travaux à un atelier Bosch.

3. Essai provisoire de la dynamo:

Mettre en service l'éclairage à pleins feux, actionner le claxon.

La lumière ne doit baisser que de peu lors de l'emploi du claxon. Si non, il faut recharger la batterie par un chargeur indépendant.

Monter une batterie bien chargée, porter le moteur à un régime de 2500 t/min. environ, mettre l'éclairage à pleins feux, puis déconnecter le conducteur du pôle (—) de la batterie. La lumière doit être un peu plus claire lorsqu'on éloigne le câble de la borne (—) et un peu moins claire lorsque l'on touche la borne avec le câble.

Si l'inverse se produit, c'est que la dynamo ne produit pas assez de puissance et il faut effectuer, autant que possible, un contrôle exact, au moyen d'un appareil de test par un service Bosch.

Probable faults	Remedy
h) Defective ignition coil	Replace coil (cannot be repaired).
i) Centrifugal governor does not work.	Clean shaft and cam bore and grease slightly with Bosch grease Ft 1 v 30. Check centrifugal weights and springs, and grease them.
k) If the ignition fails to work at high speeds only, it may be due to lead deposits on sparking plug insulator.	Permanent using of leaded fuels will produce a lead deposit on the insulator of the sparking plug. On cold sparking plug this deposit is non-conducting. The plug heated up over 930° F deposit becomes conducting. Best remedy is to replace sparking plug.
or The contact spring of the breaker is slightly distorted. This causes the breaker arm to rub with the bushing on support or on washer. Breaker arm movement will be braked.	Redress contact breaker spring parallel to dynamo.

2. Dynamo Troubles

Adjustment work on lacquer sealed hex. nut and contact springs on the regulator will annul guarantee responsibility. Adjustments of this kind therefore should be carried out only by "Bosch" workshops.

3. Provisional Test of Dynamo:

Switch on full lighting, actuate horn.

With horn in action, lighting should only drop slightly. Otherwise battery must be recharged on a charging station.

Install fully charged battery, make engine run up to 2500 r.p.m. and switch on full lighting. Then disconnect lead from battery —pole. With cable removed lighting should become more intensive and redrop when cable is refitted to —pole of battery.

If lighting reacts contrarily, dynamo output is insufficient and the generator should then be thoroughly checked with a testing equipment, if possible at a BOSCH service station.

Defectos	Eliminación
h) Bobina defectuosa.	Sustituirla (no puede ser reparada).
i) El regulador centrífugo automático no funciona.	Limpiar y aceitar ligeramente el eje y la leva con grasa Bosch Ft 1 v 30. Verificar y engrasar los pesos centrífugos y los resortes.
k) Cuando el motor ratea o da explosiones en falso a altas revoluciones, entonces es posible que los aisladores de porcelana de las bujías tengan sedimentos de plomo	Usando combustibles con alto por centaje de tetraetilo de plomo, hay la tendencia de que con el tiempo se deposite el plomo en el aislador, el cual a bajas temperaturas es poco conductor, pero una vez caliente (arriba de 500 °C) se aumenta el grado de conductividad del mismo plomo. La mejor solución es cambiar la bujía.
o que la muelle de la palanquita del interruptor (platino) esté ligeramente ladeada, lo cual induce a un rozamiento entre el buje aislador y las arandelas de fijación, frenando por este motivo ésta última.	Corregir el paralelismo entre la muelle y la dínamo.

2. Fallas en la dínamo (generador)

En el momento de que el sello de la tuerca hexagonal sea violado o que las muelles de contacto del regulador hayan sufrido modificaciones, cesará toda garantía, siendo por lo tanto recomendable recurrir a un representante de la casa Bosch.

3. Comprobación provisoria de la dínamo:

Conectar todas las luces, y hacer funcionar el claxon.

La intensidad de las luces debe disminuir ligeramente al accionar el claxon. En caso contrario hay que volver a cargar la batería mediante un cargador fijo.

Montar una batería debidamente cargada, hacer girar el motor a 2500 r. p. m. aprox., y conectar todas las luces, entonces retirar el cable (—) de la batería. En estas condiciones deberá apreciarse un aumento en la intensidad del alumbrado, para disminuir nuevamente al volver a conectarlo.

En caso contrario, la potencia de la dínamo no es suficiente, y a ser posible, debería efectuarse un control exacto con aparatos estacionarios en un taller autorizado Bosch.

Störungsursachen an der Lichtmaschine und deren Beseitigung		Dérangements de la dynamo et leur élimination	
Fehler	Abhilfe	Défaut	Remède
a) Ladeanzeigelampe erlischt nicht.		a) La lampe de contrôle de charge ne s'allume pas.	
Kohlen liegen nicht auf dem Kollektor auf oder klemmen in den Haltern	Bürstenfedern richten, abgelaufene Kohlen ersetzen, festsitzende Kohlen gängig machen.	Les charbons ne s'appliquent par bien au collecteur ou collent dans leur guide	Redresser les ressorts de balais, remplacer les charbons usés, alibrer les charbons dans leur guide.
oder Kollektor ist verschmiert oder verölt	Kollektor mit einem in Benzin getränkten Lappen reinigen, Zwischenraum zwischen den Kollektorlamellen mit Holzspan auskratzen.	ou Le collecteur est encrassé ou gras	Nettoyer le collecteur avec un chiffon imbibé d'essence, nettoyer avec un râcloir en bois les intervalles entre les lames.
oder Reglerkontakte verschmutzt	Kontakte blank putzen durch Hin- und Herziehen eines dünnen sauberen Blechstreifens zwischen den Kontakten. Auf keinen Fall darf an diesen Kontakten gefeilt werden.	ou Les contacts du régulateur sont encrassés	Nettoyer les contacts par frottement d'une bandelette de tôle mince, propre, introduite entre eux. N'utiliser ici, en aucun cas, une lime.
oder Ankerwicklung defekt	Anker ersetzen.	ou Bobinage de l'induit défectueux.	Remplacer l'induit.
b) Ladeanzeigelampe glimmt etwas während der Fahrt (ganz leichtes Glimmen, besonders bei eingeschaltetem Licht ist bedeutungslos und verliert sich, wenn Batterie wieder gut aufgeladen ist).		b) La lampe de contrôle de charge s'éclaire faiblement en roulant. (Si la lueur est très faible et spécialement si les feux sont en service, le fait est sans importance et la lueur disparaît dès que la batterie est bien rechargée.)	
Andernfalls: Batterie entladen oder schadhaft	Batterie an ortsfester Stromquelle aufladen oder ersetzen.	Si non: Batterie déchargée ou endommagée.	Recharger ou remplacer la batterie.
oder Kabelverbindungen nicht einwandfrei	Kabelklemmschrauben an Maschine, Scheinwerfer und Batterie nachziehen, Masseanschluß Batterie reinigen.	ou Connections imparfaites	Resserrer toutes les vis de connections à la dynamo, au phare et à la batterie. Nettoyer la connection de la batterie à la masse.
oder Schalterkontakte des Reglerschalters sind nicht einwandfrei.	Batterie abklemmen und Kontakte blank putzen durch Hin- und Herziehen eines dünnen sauberen Blechstreifens zwischen den Kontakten. Unter keinen Umständen darf an diesen Kontakten gefeilt werden.	ou contacts de commande du régulateur en mauvais état.	Débrancher la batterie et nettoyer les contacts par frottement d'une bandelette de tôle mince, propre, introduite entre eux. N'utiliser ici, en aucun cas, une lime.

Troubles on the Dynamo and their Remedies

Probable faults	Remedy
a) Charge indicating lamp does not go out.	
Carbon brushes do not bear upon commutator or jam in their holders,	Adjust carbon brush springs, replace worn carbon brushes, care for easy sliding of brushes in their holders.
or commutator fouled or oily	Clean commutator with petrol imbibed cloth, scrape out slots between commutator segments with wooden chip.
or cut-out regulator contacts dirty,	Clean contacts by inserting and moving to and fro of a thin and proper tin strip. Under no circumstances file these contacts.
or Defective armature winding.	Replace armature.
b) Charge indicating lamp glows dimly during driving (very slight glowing, especially with lighting switched on is without significance and will disappear if battery is fully recharged).	
Otherwise: Battery empty or defective	Recharge battery at charging station or replace it.
or loose cable connections	Retighten terminal clamping screws on dynamo, headlamp and battery, clean earth connection of battery.
or contacts of cut-out regulator are not in oder.	Disconnect battery and clean contacts by moving a thin and clean tin between them. Under no circumstances file these contacts.

Causa de las fallas en la dínamo y su eliminación

Defectos	Eliminación
a) La luz de descarga no se apaga.	
Los carbones no hacen (buen) contacto con el colector o se atoran en sus guías	Ajustar las muelles de los carbones, sustituir los carbones desgastados y procurar el buen deslizamiento en las guías de éstos.
o el colector esté sucio o tiene aceite	Limpiar el colector con un trapo empapado en gasolina y raspar las ranuras del colector con un palillo.
o los contactos del regulador están sucios	Limpiar los contactos, haciendo deslizar entre ellos una tira de lámina delgada y limpia. De ninguna manera se debe limar.
o el embobinado del inducido defectuoso.	Sustituir el inducido.
b) La luz de descarga prende levemente durante la marcha (con una luz casi imperceptible, especialmente con la luz conectada, no tiene importancia y desaparece totalmente cuando la batería es cargada suficientemente por el generador).	
En caso contrario: La batería está descargada o defectuosa	Cargar la batería mediante un cargador fijo o sustituirla.
o las conexiones de los cables defectuosas	Apretar los tornillos de los bornes en la dínamo (generador), faro y batería. Limpiar la conexión de tierra a la batería.
o los contactos del conmutador del regulador no están en buenas condiciones.	Desconectar la batería y limpiar los contactos, haciendo deslizar entre ellos una tira de lámina delgada y limpia. Bajo ningún concepto limar los contactos.

Fehler	Abhilfe	Défaut	Remède
c) Ladeanzeigelampe brennt sehr hell auf und brennt durch oder Batterie kocht über. Damit verbunden häufiges Durchbrennen der Glühlampen.		c) La lampe de contrôle de charge s'éclaire très fortement ou brûle; ou la batterie bouillonne. Remplacement fréquent de la lampe de contrôle.	
Reglerschalter arbeitet nicht, weil Fremdkörper, insbesondere Eisenfeilspäne im Luftspalt zwischen Anker und Spule oder am Schalterkontakt.	Fremdkörper mit einem Stückchen steifen, glatten Karton entfernen.	Le régulateur ne fonctionne pas: corps étrangers, spécialement particules métalliques dans l'espace entre l'armature et la bobine ou dans le contact.	Eliminer les corps étrangers au moyen d'une bandelette de carton, lisse et rigide.
oder Reglerschalter arbeitet nicht, weil Masseanschluß des Reglerschalters nicht einwandfrei ist.	Reglersockel auf guten Masseschluß prüfen.	ou Le régulateur ne fonctionne pas parce que sa liaison à la masse (e) est imparfaite.	Vérifier si le socle du régulateur est bien mis à la masse.
oder Schalterkontakte des Reglers stark verschmort, Kontaktfeder lahm, Batterie falsch angeschlossen (Pluspol auf Masse, Maschine hat sich umgepolt).	Batterie richtig anschließen (Minuspol auf Masse). Regler ersetzen. Lichtmaschine polarisieren durch kurzzeitiges Verbinden der Klemmen 51 und 61 bei im Leerlauf laufender Maschine. Bei R 27 befinden sich diese Klemmen am Regler, bei R 26 sind sie am Klemmbrett der Zündlichtmaschine angebracht. Es ist zu beachten, daß keinesfalls auf F (DF) Strom kommt.	ou Contacts du régulateur brûlés, ressort de contact hors d'usage, fausses connections de la batterie (borne + à la masse); par suite: dynamo à polarisation inversée).	Coupler correctement la batterie (borne — à la masse). Remplacer le régulateur. Repolariser la dynamo par l'établissement de brefs contacts entre les bornes 51 et 61, la dynamo tournant au régime de ralenti. Pour la R 27, ces bornes se trouvent au régulateur; pour la R 26, à la dynamo. Veiller que le courant ne parvienne en aucun cas à la borne F (DF).
d) Ladekontrolleuchte leuchtet in unregelmäßigen Abständen auf, Kurzschluß in den elektrischen Leitungen wahrscheinlich.	Zunächst Licht ausschalten, d. h. Zündschlüssel in Mittelstellung eingedrückt. Wenn Fehler immer noch vorhanden, Leitungen, Lichtmaschine 51 nach Scheinwerfer 51, Scheinwerfer 15/54 nach Leerlauflicht und Horn auf Kurzschluß untersuchen. Trat Fehler dort nicht auf, dann Standlicht einschalten, Leitungen nach Schlußlicht und Seitenwagen, in zweiter Linie nach Standleuchte und Scheinwerfer untersuchen. War Fehler auch hier nicht zu finden, so ist der Scheinwerfer einzuschalten und Leitungen zur Bilux-Lampe oder diese selbst zu untersuchen.	d) La lampe de contrôle de charge s'éclaire à intervalles irréguliers: court-circuit probable d'un des conducteurs.	D'abord, mettre l'éclairage hors circuit, la clef de contact étant enfoncée dans sa position médiane. Si le défaut subsiste, contrôler les fils: dynamo 51 — phare 51, phare 15/54 — témoin de point mort et claxon. Si le défaut ne se révèle pas, enclencher les feux de parc et contrôler les conducteurs au feu arrière et au side-car, puis ceux qui mènent au feu de position et au phare. Si le défaut est encore introuvable mettre les grands feux et contrôler les fils allant à l'ampoule Bilux et l'ampoule elle-même.
e) Scheinwerfer flackert oder erlischt zeitweise. Kabel gebrochen oder in einer Klemme lose,	Durch Drücken oder leichtes Ziehen an den verschiedenen Kabeln Fehler feststellen. Schadhaftes Kabel ersetzen, lose Klemmen festziehen.	e) Le phare clignote ou s'éteint par moments. Câble cassé ou desserré dans une borne.	Localiser le défaut en poussant et en tirant légèrement les câbles. Remplacer le câble endommagé, resserrer les bornes desserrées.
oder Batterie schadhaft.	Durch leichtes Ziehen und Drücken an den Batteriepolen läßt sich Plattenbruch feststellen. Batterie erneuern.	ou Batterie défectueuse.	On peut constater une rupture de plaques en tirant et poussant légèrement les bornes de la batterie. Remplacer la batterie.

Die vorstehenden Störungshinweise für Zündanlage und Lichtmaschine sind als einfache Hilfe in Notfällen gedacht, wenn keine speziellen Prüf- und Testgeräte zur Verfügung stehen.

Les indications qui précèdent, concernant des dérangements de l'équipement d'allumage ou de la dynamo, sont données comme moyens simples de dépannage, quand on ne dispose pas des appareils de contrôle spéciaux.

Probable faults	Remedy
c) Charge indicating lamp glows very bright and burns out or battery boils over coinciding with frequent burning out of bulbs. Cut-out regulator does not work due to foreign bodies, particularly metal chips, between airgap of armature and winding or on regulator contact.	Remove foreign bodies with a stiff and smooth cardboard strip.
or Cut-out regulator does not work because of bad earth connection (e) of cut-out regulator.	Check regulator base for correct earth (ground) connection.
or Cut-out contact of regulator excessively charred, contact spring fatigued, battery incorrectly connected (+ pole to earth, dynamo poling therefore changed).	Connect battery properly (minus pole to ground). Replace regulator. Polarize the generator by connecting for short time the terminals 51 and 61, with engine idling. On R 27 these terminals are located on the regulator, on R 26 they are accomodated on the terminal plate of the generator. Caution should be used to avoid current flowing to F (DF).
d) Charge indicating lamp flashing at irregular intervals, short circuit in electric leads probable.	First switch off lighting i. e. ignition key in middle position. If trouble still exists check cables leading from dynamo 51 to headlamp 51, from headlamp 15/54 to neutral indication lamp and horn, which could be shorted. If no fault was found there, switch on parking light and inspect leads to tail lamp and sidecar, then leads to parking light and headlamp. If after this examination the fault has not yet been found, switch on headlamp and inspect cable to Bilux lamp and bulb itself.
e) Headlamp light flickering or extinguishing temporarily. Cable broken or loosened in terminal.	Locate defect by slight pulling and shaking on different cables. Replace defective cable and tighten loose terminals.
or defective battery	Breakage of plates can easily be ascertained by slightly pulling or pressing battery poles. Replace battery.

The above indicated trouble remedy hints for ignition system and generator are intended as a provisional help in emergency cases when no special testing equipment is available.

Defectos	Eliminación
c) La luz de descarga prende con mucha intensidad y se funde o el acido de la batería se derrama. En conexión con esta falla las bombillas se funden frecuentemente. El regulador de voltaje no funciona, porque se encuentran cuerpos extraños, especialmente partículas metálicas en el espacio entre el ángulo y el carrete (bobina) o en el contacto del conmutador.	Quitar los cuerpos extraños con un cartón tieso y liso.
o el regulador de voltaje no trabaja, porque la conexión a tierra (e) del regulador no se encuentra firme	Comprobar la base del regulador con respecto a la correcta conexión a tierra (masa).
o los contactos del regulador de voltaje están bién flameados, la muelle del contacto está sin brio, y la batería mal conectada (con el polo positivo a tierra, se invierte la polaridad de la dínamo).	Conectar correctamente la batería (polo negativo a tierra). Reemplazar el regulador. Polarizar la dínamo de alumbrado, empalmando brevemente los bornes 51 y 61, mientras el motor marche en régimen de ralenti. En los modelos R 27, estos bornes se hallan dispuestos en el regulador, en los modelos R 26 se encuentran en la regleta de bornes de la dínamo de alumbrado y encendido. Es imprescindible cuidar de que no pase corriente a F (DF).
d) La luz descarga se enciende en intervalos irregulares, es posible la existencia de un corto circuito en los cables electricos.	Desconectar las luces con la llave de contacto metida en su posición central. Si persiste la falla, examinar los cables que van de la dínamo 51 al faro 51, del faro 15/54 a la luz indicadora del neutro y al claxon, con respecto al corto circuito. Si la falla aún no se ha localizado en estos cables, entonces conectar la luz de estacionamiento y examinar la instalación de la luz piloto trasera y del side-car, en segundo lugar la instalación de la luz de estacionamiento y del faro. Si después de todo esto la falla aún existe, conectar el faro y examinar los cables que van a la bombilla Bilux o examinar ésta misma.
e) La luz faro es intermitente o se apaga periódicamente. Algún cable roto o flojo en alguno de sus bornes,	Halando y metiendo los cables moderadamente se puede determinar el defectuoso, sustituyéndolo completamente y al mismo tiempo apretar los bornes flojos.
o batería defectuosa.	Moviendo los bornes de la batería moderadamente se determina la placa dañada. Sustituir la batería.

Las indicaciones que acaban de ser expuestas son para arreglos urgentes de la instalación de encendido y de la dínamo de alumbrado, en caso de que no se disponga de aparatos de verificación y ensayo especiales.

Prüfungen der eingebauten Lichtmaschine

1. Regulierspannung im elektrischen Leerlauf

Motor anlassen und auf ca. 2000 U/min bringen. An der Batterie das Massekabel abklemmen. Zwischen Klemme D + 61 und Masse ein Voltmeter anschließen. (Bei R 27 befindet sich die Klemme D + 61 am Reglerschalter, bei R 26 am Klemmbrett der Zündlichtmaschine.) Motordrehzahl unter Beobachtung des Voltmeters so lange steigern, bis die Spannung nicht mehr ansteigt. Dieser Wert (7,2 bis 7,9 V) stellt die Regulierspannung ohne Belastung und den Anfang der Lichtmaschinenkennlinie dar.

Wenn der Zeiger des Voltmeters bei dieser Messung vibriert oder starke Ausschläge macht, ist auf folgende Fehler zu schließen: Kohlebürsten sind zu kurz, verschmutzt oder klemmen. Bürstenfederdruck zu gering, Kollektor läuft unrund, defekte Ankerwicklungen, schadhafter Regler. Auf gute Masseverbindungen sowie guten Kontakt jeweils an Klemme D + 61 achten, da andernfalls die Feldspulen verbrennen können.

Wird die vorgeschriebene Regulierspannung ohne Belastung nicht erreicht, bekommt die Batterie ungenügenden Ladestrom. Liegen die Meßwerte über dem Sollwert, wird die Batterie zu stark geladen.

2. Einschaltspannung

(Prüfung möglichst bei einem Bosch-Dienst durchführen.)

Der Reglerschalter hat einen elektromagnetisch betätigten Ein- und Ausschalter, der die Lichtmaschine bei Erreichen der vorgeschriebenen Spannung mit dem Netz verbindet. Die Prüfung der Einschaltspannung ist besonders wichtig und beginnt im Leerlauf des Motors.

Hierzu wieder das Massekabel an die Batterie anklemmen. Das Voltmeter ist, wie vorher beschrieben, an Klemme D + 61 und Masse zu legen. Hierauf Leitung bei R 27 an Klemme B+ des Reglers, bei R 26 Leitung an Klemme 30/51 des Zündlichtmaschinen-Klemmbrettes abklemmen und zwischen diese Klemme und der abgeklemmten Leitung ein Amperemeter anschließen.

Motordrehzahl vom Leerlauf aus langsam steigern und dabei beide Instrumente beobachten. Sobald der Zeiger des Amperemeters ausschlägt, Einschaltspannung am Voltmeter ablesen (6,4–7,1 V).

Ist die Einschaltspannung zu niedrig, so fließt vom Augenblick des Einschaltens bis zum Erreichen einer genügend hohen Lichtmaschinenspannung ein Rückstrom von der Batterie in das Netz, der die Batterie vorzeitig entlädt. Ist die Einschaltspannung zu hoch, können Kontakte des Reglers durch den dann sehr hohen Einschaltstromstoß beschädigt werden.

Essais de la dynamo montée

1. Tension de réglage à vide

Faire tourner le moteur à environ 2.000 t/min. Déconnecter le câble de masse de la batterie. Coupler un voltmètre entre la borne D + 61 et la masse. (Pour R 27, la borne D + 61 est au régulateur, pour R 26 à la dynamo.) Augmenter le régime du moteur, tout en observant le voltmètre, jusqu'à ce que le voltage cesse d'augmenter. La valeur observée (7,2–7,9 V) représente la tension de réglage sans charge (à vide) et le début de la caractéristique de la dynamo.

Si l'aiguille du voltmètre, lors de cette mesure, vibre ou oscille fortement, il faut conclure aux défauts suivants: les charbons sont trop courts, sales ou coincés. Les ressorts ne pressent pas assez sur les charbons, le collecteur est mal rond, défaut dans les spires du rotor, défaut du régulateur. Veiller à la bonne liaison à la masse et au bon contact à la borne D + 61, sans quoi les bobines de champ peuvent brûler.

Si la tension de réglage à vide, ci-dessus indiquée, n'est pas atteinte, la batterie reçoit un courant de charge insuffisant. Si elle est dépassée, le courant de charge est trop intense.

2. Tension de commutation

(Contrôle à faire effectuer autant que possible par un service Bosch.)

Le régulateur comporte un commutateur à commande électromagnétique qui met en circuit la dynamo quand elle a atteint la tension prescrite. Le contrôle de la tension de commutation est particulièrement important et commence au ralenti du moteur.

A cet effet, déconnecter le câble de masse de la batterie. Le voltmètre est, comme décrit précédemment, à coupler entre la borne D + 61 et la masse. Découpler ensuite le conducteur, pour R 27 à la borne B+ du régulateur, pour R 26 à la borne 30/51 de la dynamo et intercaler, entre cette borne et le conducteur découplé, un ampèremètre.

Elever lentement le régime du moteur, à partir du ralenti, en observant les instruments. Dès que l'aiguille de l'ampèremètre dévie, lire la tension sur le voltmètre (6,4–7,1 V).

Si la tension de commutation est trop basse, il en résulte, entre l'instant de la commutation et celui où la dynamo atteint une tension suffisante, un courant de retour de la batterie au circuit, qui décharge prématurément la batterie. Si elle est au contraire trop élevée, les contacts du régulateur peuvent être endommagés par le choc trop puissant du courant de commutation.

Performance Tests with Generator installed

1. No-Load Regulating Voltage

Start engine and speed up to approx. 2,000 r.p.m. Disconnect ground lead from the battery. Connect a voltmeter between terminal D+61 and ground. (On R 27 the terminal D+61 is located on the cutout relay, on R 26 upon the terminal plate of the generator.) Increase engine speed, noting voltage setting, until voltage remains constant. This value (7.2 to 7.9 V) represents the no-load regulating voltage and the start to the generator characteristic.

When the hand on the voltmeter vibrates during this test or performs heavy kicks, this can be due to the following faults: Generator brushes too short, dirty or sticking. Brush spring tension insufficient, commutator in out-of-round condition, defective armature windings, damaged voltage regulator. Be sure the ground leads are securely connected and the contact on terminal D+61 of the voltage regulator is in order, because otherwise the field coils are likely to burn.

If the specified no-load regulating voltage is not obtained, the battery receives insufficient charging current. If the test values exceed the specified value, the battery is overcharged.

2. Cut-in Voltage

(This test should best be left to a Bosch service shop.)

The current and voltage regulator assembly possesses an electromagnetically controlled circuit breaker (cut-out relay) which closes the charging circuit when the generator is charging. Testing the cut-in voltage is extremely important and starts with engine idling.

To do this, disconnect the ground lead from the battery, and connect voltmeter, as described above, to terminal D+61 and to ground. Thereafter disconnect the lead, for R 27, on terminal B+ of regulator, for R 26 on terminal 30/51 of terminal plate of generator, and connect an ammeter between this terminal and the disconnected lead.

Inscrease engine speed slowly from the idling rate, noting the settings of the two instruments. On the moment the hand on the ammeter performs a kick, take the reading of the cut-in voltage on the voltmeter (6.4 to 7.1 V).

If the cut-in voltage is too low, reverse current flows, from the cut-in moment on, from the battery back to the circuit until a satisfactory generator voltage is attained, so that the battery will too rapidly be discharged. If the cut-in voltage is too high, the regulator contacts may be damaged by the extremely violent rush of the cut-in current.

Controles de la dinamo instalada

1. Tensión de regulación sin carga eléctrica

Poner en marcha el motor y dejar que funcione a 2.000 r.p.m. Desconectar el cable de masa de la batería. Conectar un voltímetro entre el borne D+61 y masa. (En los modelos R 27, el borne D+61 se encuentra en el interruptor regulador, en los modelos R 26 en la regleta de bornes de la dínamo de encendido y alumbrado.) Incrementar el número de revoluciones del motor, observando simultáneamente el voltímetro, hasta que la tensión deje de subir. Este valor (7,2–7,9 V) representa la tensión de regulación sin carga eléctrica y el comienzo de la curva característica de la dínamo.

Si la aguja del voltímetro vibra u oscila fuertemente durante esta medición, cabrá pensar en las siguientes anomalías: las escobillas de carbón son demasiado cortas, están sucias o se atascan. La presión de los resortes de las escobillas es insuficiente, el colector describe un movimiento de rotación excéntrico, el devanado del inducido es deficiente, el regulador no funciona correctamente. Cuidar de que las conexiones a masa sean correctas y de que el contacto con el borne D+61 del regulador sea correcto también, ya que de lo contrario podrían quemarse las bobinas de excitación.

Si no resulta posible alcanzar la tensión de regulación prescrita sin carga, la batería no recibe la cantidad suficiente de corriente de carga. Si los valores de medida exceden al valor teórico exigido, la batería se halla sometida a una carga excesiva.

2. Tensión de conexión

(La verificación se efectúa, a ser posible, en un taller autorizado Bosch.)

El interruptor regulador posee un dispositivo de conexión y de desconexión accionado electromagnéticamente, mediante el cual se lleva a cabo la conexión de la dínamo a la red cuando se ha alcanzado la tensión prescrita. La verificación de la tensión de conexión es especialmente importante y comienza con el motor en el régimen de marcha en vacío.

Para ello vuelve a unirse el cable de masa a la batería. Según ha quedado descrito, el voltímetro se une al borne D+61 y a masa. Seguidamente separar el cable en los modelos R 27 al borne B+ del regulador, en los modelos R 26 al borne 30/51 de la regleta de bornes en la dínamo e intercalar entre este borne y el cable desconectado un amperímetro.

Incrementar despacio el número de revoluciones del motor, a partir de la marcha en vacío, poniendo atención en ambos instrumentos. Tan pronto comience a desviarse la aguja del amperímetro, se desprende del voltímetro la tensión de conexión (6,4–7,1 V).

Si la tensión de conexión es demasiado baja, fluirá una corriente de retorno de la batería a la red, desde el momento de la conexión hasta que se alcance una tensión suficientemente alta de la dínamo. Esta corriente de retorno descarga prematuramente la batería. Si la tensión de conexión es excesiva, puede ocurrir que se dañen los contactos del regulador debido al salto de corriente de conexión, muy intenso en este caso.

3. **Regulierspannung bei Belastung**

Diese Prüfung wird vorgenommen, weil die Spannung der Lichtmaschine bei Belastung nach einer geneigten Kennlinie geregelt wird. Hierzu ist bei R 27 an die Klemme B+ des Reglers, bei R 26 an die Klemme 30/51 des Klemmbrettes der Zündlichtmaschine ein Voltmeter und ein regelbarer Widerstand (im Bosch-Testgerät eingebaut) anzuschließen, die beide mit ihrer anderen Klemme mit Masse zu verbinden sind.

Motor dann auf mittlere Drehzahl bringen und den regelbaren Widerstand auf die der Lichtmaschine entsprechende Wattzahl einstellen (60 Watt). Die dann am Voltmeter angezeigte Spannung muß der vorgeschriebenen Regulierspannung bei Belastung (6,5–7,4 V) entsprechen, wenn Lichtmaschine und Regler einwandfrei arbeiten.

Ohne Testgerät können als Behelf gegebenenfalls so viele Verbraucher am Fahrzeug eingeschaltet werden, bis am Amperemeter der vorgeschriebene Belastungsstrom (11,5 A) abgelesen werden kann, wobei gleichzeitig das Voltmeter die richtige Regulierspannung anzeigen soll.

Ist die Regulierspannung bei Belastung zu hoch, wird die Lichtmaschine überlastet und kann verbrennen und die Kohlebürsten erreichen keine genügend lange Lebensdauer. Bei zu geringer Regulierspannung gibt die Lichtmaschine nicht ihre volle Leistung ab und die Batterie wird nicht ausreichend geladen.

4. **Rückstrom**

Meßinstrumente wie bei Prüfung der Einschaltspannung anschließen. Das Amperemeter soll jedoch den Nullpunkt in der Mitte der Skala haben, damit in beiden Stromrichtungen abgelesen werden kann. Der Reglerschalter, der die Maschine bei Einschaltspannung an das Netz anschließt, muß bei niedriger Drehzahl diese Verbindung wieder trennen, um eine Entladung der Batterie über die Lichtmaschine zu verhindern. Das Abschalten erfolgt, wenn ein bestimmter Rückstrom aus der Batterie über die Lichtmaschine an Masse fließt.

Zur Prüfung des Rückstromes wird — beginnend bei mittleren Motordrehzahlen — bei langsamer Verringerung der Motordrehzahl ein Rückgang des Ladestromes bis auf 0 am Amperemeter beobachtet. Darüber hinaus erfolgt bei weiterer Drehzahlverminderung (gegebenenfalls Leerlaufdrehzahl reduzieren) ein zunehmender Zeigerausschlag nach der anderen Skalenseite (Rückstrom). Bei einem Rückstrom von 2 bis 7,5 A muß der Schalter abschalten und der Zeiger des Amperemeters ruckartig auf 0 zurückgehen.

Es ist dabei zu berücksichtigen, daß die angegebenen Rückstromwerte bei einer halbvollen Batterie festgelegt sind. Eine volle Batterie ergibt etwas höhere, eine leere Batterie niedrigere Werte. Bei zu großem Rückstrom besteht die Gefahr, daß der Schalter hängenbleibt und die Lichtmaschine bei Stillstand des Motors durch den dann fließenden Rückstrom verbrennt bzw. sich die Batterie entlädt.

3. **Tension de réglage sous la charge**

Ce contrôle est nécessaire car la tension sous la charge de la dynamo doit être réglée selon une caractéristique favorable. Pour celá, connecter à la borne B+ du régulateur, pour R 27 et à la borne 30/51 de la magnétodynamo pour R 26, un voltmètre et une résistance réglable (incorporée dans l'appareil Bosch de contrôle), tous deux reliés à la masse par leur autre borne.

Faire tourner le moteur à demi-régime et régler la résistance réglable selon la puissance correspondante de la dynamo (60 W). La tension alors indiquée par le voltmètre doit correspondre à la tension prescrite de réglage sous la charge (6,5–7,4 V) si la dynamo et le régulateur sont en parfait état.

Sans appareil de contrôle, on peut enclencher autant de consommateurs de courant du véhicule qu'il faut pour obtenir le courant prescrit (11,5 A) à l'ampèremètre. On doit lire en même temps au voltmètre la tension de réglage correcte.

Si la tension de réglage est trop élevée, la dynamo est surchargée; elle peut brûler et les charbons, en tous cas, auront une durée réduite. Si cette tension est trop faible, la dynamo ne donne pas toute sa puissance et la batterie ne reçoit pas un courant de charge suffisant.

4. **Courant de décharge**

Coupler les instruments de mesure comme pour l'essai de la tension de commutation (2. ci-dessus). L'ampèremètre doit cependant avoir le point 0 au milieu de l'échelle pour être lisible dans les deux sens du courant. Le régulateur, qui met la dynamo en circuit à la tension de commutation, doit aussi la remettre hors circuit lorsque le régime et par conséquent la tension, baisse, pour éviter la décharge, de la batterie par la dynamo. Cette rupture doit s'opérer quand un courant de retour donné passe de la batterie, par la dynamo, à la masse.

Pour contrôle de ce courant on réduira progressivement le régime du moteur, en partant du demi-régime, en observant le recul de l'aiguille de l'ampèremètre, indiquant le courant de charge, jusqu'à 0. Si l'on réduit encore le régime (au besoin réduire le ralenti du moteur), l'aiguille va se déplacer dans l'autre sens (courant de retour). Lorsqu'elle indiquera de 2 à 7,5 A, le régulateur doit couper la liaison et l'aiguille retomber à 0.

Il faut observer que les chiffres indiqués pour le courant de retour correspondent à une batterie à demi chargée. Si la batterie est complètement chargée, les valeurs seront un peu plus élevées; inversement pour une batterie déchargée. Si le courant de retour est trop intense, il existe le danger que le régulateur reste collé et que, à l'arrêt, la dynamo brûle sous l'effet de ce courant ou en tous cas que la batterie se décharge.

3. Generator Load Regulating Voltage

This test is made because the load voltage of the generator is regulated pursuant to an inclined characteristic. For this purpose connect a voltmeter and a variable resistance (incorporated in Bosch testing equipment) on R 27 to terminal B+ of regulator cutout relay, on R 26 to terminal 30/51 of the terminal plate of generator.

Operate engine at medium speed and adjust the variable resistance to generator watt value (60 watts). The voltmeter setting must then correspond to the specified generator load regulating voltage (6.5 to 7.4), if generator and regulator function correctly.

If a testing equipment is not available, connect for an emergency check as many electrical accessories as required to obtain the specified amperage reading (11.5 Amps.), when the voltmeter must show the correct regulating voltage.

If generator load regulating voltage is too high, the generator is overcharged and may burn and the carbon brushes do not attain a satisfactory service life. If the regulating voltage is too low, the generator fails to deliver its maximum output and battery charge is insufficient.

4. Reverse Current

Connect testing instruments as when testing cut-in voltage. The ammeter, however, should be of the center zero type so as to allow readings in both current directions. The circuit breaker which on reaching the cut-in voltage connects the generator to the circuit, must at lower speeds open this circuit, so as to avoid current flowing from battery to generator. The breaker points open when a predetermined reverse current flows from battery via generator to ground.

To check the reverse current start with medium engine speeds and slowly reduce engine speed until a charging current decrease to zero is noted on the ammeter. When further reducing engine speed (if necessary reduce idling rate), the hand on the ammeter moves accordingly to the other scale side (reverse current). When the reverse current attains a value of from 2 to 7.5 amps. the circuit breaker must open the points and the hand on the ammeter rush back to zero.

When performing this test take in mind that the indicated reverse current values have been determined with the battery in half-discharged condition. A fully charged battery delivers slightly higher values, a discharged one lower values. When reverse current amperage is too high, the circuit breaker points tend to stick and the reverse current flow after engine stopping may burn the generator or the battery may be discharged.

3. Tensión de regulación bajo carga

Esta verificación se lleva a cabo, ya que bajo carga, la tensión de la dinamo se regula según una línea característica inclinada. En este caso, es preciso conectar en los modelos R 27 al borne B+ de regulador, en los modelos R 26 al borne 30/51 de la regleta de bornes en la dinamo, un voltímetro y un reostato (incluído en el aparato de ensayos Bosch). Con su segundo borne, el voltímetro y el reostato han de ser conectados a masa.

Seguidamente se deja girar el motor a un número de revoluciones mediano, ajustando el reostato al número de vatios correspondientes a la dinamo (60 W). La tensión que denota entonces el voltímetro ha de equivaler a la tensión de regulación bajo carga prescrita (6,5–7,4 V), dando por anticipado que la dinamo y el regulador funcionen correctamente.

Si no se dispone de aparato de ensayo, pueden conectarse, como medida auxiliar, tantos consumidores a la moto, que el amperímetro marque la corriente de carga prescrita (11,5 V), en cuyo caso el voltímetro deberá señalar la tensión de regulación exacta.

Si la tensión de regulación bajo carga es excesiva, la dinamo se halla sometida a una sobrecarga, pudiendo quemarse. Además, la duración de las escobillas de carbón es demasiado corta. Si la tensión de regulación es demasiado baja, la dinamo no trabaja con pleno rendimiento y la batería no se carga suficientemente.

4. Corriente de retorno

Conectar los instrumentos de medición según ha quedado descrito para la verificación de la tensión de conexión. Sin embargo, el amperímetro deberá tener el punto cero en el centro de la escala, para que es registro queda efectuarse en ambas direcciones de la corriente. El interruptor regulador, que conecta la dinamo a la red al ser alcanzada la tensión de conexión, deberá interrumpir de nuevo esta conexión a un régimen de revoluciones reducido, para evitar que la batería pueda descargarse a través de la dinamo. La desconexión se efectúa al fluir una determinada corriente de retorno de la batería por la dinamo a masa.

Para controlar la corriente de retorno se observa en el amperímetro un retroceso de la corriente de carga hasta 0, al reducir lentamente el número de revoluciones del motor, comenzando a un régimen de revoluciones mediano. Si se sigue reduciendo el número de revoluciones (si fuese preciso puede aminorarse para ello el número de revoluciones de marcha en vacío), podrá observarse que la aguja sigue desplazándose hacia el otro lado de la escala, de forma cada vez mayor (corriente de retorno). El interruptor deberá efectuar la desconexión cuando la corriente de retorno sea de 2–7,5 A. Al efectuarse la desconexión, la aguja del amperímetro deberá regresar repentinamente a la posición 0.

Conviene observar, que los valores de la corriente de retorno citados han sido determinados con la batería semicargada. Con una batería llena se obtienen valores algo mayores, con una batería vacía algo menores. Si la corriente de retorno es demasiado intensa, puede ocurrir que el interruptor se atasque, en cuyo caso podría quemarse la dinamo al quedar parado el motor o descargarse la batería debido al flujo de la corriente de retorno.

Prüfung des Ankers außerhalb der Lichtmaschine

1. Isolation gegen Masse

Mittels Prüfgerätes, z. B. Bosch EFAW 85, auf Masseschluß prüfen.
Eine Prüfspitze auf Kollektor, eine Prüfspitze auf Blechpaket. Isolation gegen Masse ist gut, wenn Glimmlampe n i c h t aufleuchtet.

2. Windungsschluß in der Wicklung

Nur mit sehr guten Meßinstrumenten oder mit Abhörgerät feststellbar. Anker hat keinen Windungsschluß, wenn Abhörgerät stumm bleibt.

3. Wicklungsunterbrechung

Kollektor zeigt an einzelnen Lamellen starke Brandstellen.

Prüfung des Feldes im ausgebauten Lichtmaschinengehäuse

Pluspol einer 6-Volt-Batterie über ein Amperemeter mit Klemme 61 des Gehäuses, Batterie-Minuspol mit Gehäusemasse verbinden. Feldspulen sind in Ordnung, wenn Amperemeter 2,7 Amp. anzeigt, und wenn ein Stück weiches Eisen (Schraubenzieher) beim Abtasten der Pole an allen vier Polschuhen gleichmäßig klebt.

1. Widerstand

ist in Ordnung, wenn Amperemeter beim Herabdrücken des Reglerankers etwas zurückgeht. Er ist defekt, wenn Amperemeter dann keinen Strom mehr anzeigt.

2. Masseschluß

Amperemeterausschlag ist wesentlich größer als 2,7 Amp. oder wird beim Niederdrücken des Reglerankers wesentlich größer.

3. Windungsschluß

Amperemeterausschlag ist etwas größer als 2,7 Amp.

4. Wicklungsunterbrechung in einer der Feldspulen

Amperemeter zeigt erst einen Ausschlag beim Herabdrücken des Reglerankers, sofern nicht Widerstandsspule auch defekt ist.
Lichtmaschine mit defekten Feldspulen bei einem Bosch-Dienst erneuern lassen.

Essai de l'induit hors de la dynamo

1. Isolation à la masse

au moyen de l'équipement de contrôle, p. ex. Bosch EFAW 85.
Appliquer une pointe au collecteur et une au paquet de tôles. L'isolation à la masse est bonne si la lampe de contrôle ne s'allume pas.

2. Court-circuit de spires dans le bobinage

Vérification possible seulement avec un équipement très perfectionné ou un contrôleur accoustique, lequel ne donne aucun son s'il n'existe pas de court-circuit de spires.

3. Rupture de bobinage

Le collecteur présente de fortes traces de brûlures sur certaines lamelles.

Contrôle du champ dans l'inducteur, induit déposée

Relier la borne positive d'une batterie 6 V, par l'intermédiaire d'un ampèremètre, à la borne 61 de l'inducteur et la borne négative de la batterie à la masse de l'inducteur. Les bobines sont en bon état si l'ampèremètre indique 2,7 Amp. et si un morceau de fer doux (tournevis) adhère à chacun des 4 pôles de façon égale.

1. Résistance

Est normale si l'aiguille de l'ampèremètre revient un peu en arrière quand on appuie sur l'armature du régulateur. Elle est défectueuse si l'ampèremètre, dans ce cas, n'indique plus aucun courant.

2. Fuite à la masse

L'indication de l'ampèremètre est alors nettement supérieure à 2,7 Amp. ou augmente de beaucoup lorsqu'on appuie sur l'armature du régulateur.

3. Court-circuit entre spires

L'ampèremètre indique un peu plus de 2,7 Amp

4. Rupture de bobinage dans une des bobines d'induction

L'ampèremètre n'accuse de déviation que lorsqu'on appuie sur l'armature du régulateur, pour autant que la bobine de résistance n'est pas défectueuse, elle aussi.
Une dynamo présentant des bobines défectueuses est à remettre, pour remplacement, à un service Bosch.

Testing Armature (Removed from Generator)

1. Test for Ground

Test for grounded armature with a tester, for instance Bosch EFAW 85.
Place one probe on the commutator, one probe on armature lamination. Insulation against ground is in order if test lamp does NOT light.

2. Test for Short in Winding

Can only be detected with precision testing instruments or with a sound detector. Armature winding is not shorted if the sound detector intercepts no noise.

3. Open Circuit in Winding

Commutator evidences badly burned sports on the various segments.

Testing Field Coils in Removed Generator Frame

Connect plus pole of a 6-volt battery via an ammeter to terminal 61 of the frame, connect battery minus pole to ground on frame. Field coils are in order if ammeter indicates 2.7 amps. and if a piece of soft iron (screwdriver) used for touching the poles is attracted to each of the four pole shoes with the same force.

1. Resistance

is in order if ammeter slightly recedes as regulator armature is depressed. It is defective if ammeter does not indicate any more current.

2. Grounded Coil

Ammeter setting is essentially more than 2.7 amps. or becomes essentially more by pressing down the regulator armature.

3. Short Circuit in Field Winding

Ammeter setting slightly more than 2.7 amps.

4. Open Circuit in one of the Field Coils

Ammeter indicates current only when regulator armature is pressed down, so far resistance coil is not defective, too. A generator with defective field coils should be left to a Bosch service station for replacement.

Verificación del inducido, sacado de la dinamo

1. Aislamiento contra cortocircuito

Comprobar con un aparato de ensayo, por ejemblo Bosch EFAW 85, si existe una puesta a masa.
Colocar un contacto de control sobre el colector, el otro sobre el paquete de chapas. El aislamiento contra masa es satisfactorio, cuando la lámpara de resplandor débil no se enciende.

2. Cortocircuito en el devanado

El cortocircuito sólo puede ser constatato mediante instrumentos muy sensibles o mediante un aparato acústico. El inducido no tiene un cortocircuito en el devanado, cuando el aparato acústico permanece silencioso.

3. Interrupción del bobinado

Algunas láminas del colector están muy quemadas.

Verificación del campo en la carcasa de la dinamo (desmontada)

Conectar el polo positivo de una batería de 6 V a través de un amperímetro con el borne 61 de la carcasa. El polo negativo de la batería queda unido a masa en la carcasa. Las bobinas de excitación se encuentran en perfectas condiciones, cuando el amperímetro marca 2,7 A y cuando un trozo de hierro dulce (desatornillador) se adhiere con igual fuerza a cada una de los 4 zapatas polares, al ser tocadas por él.

1. La resistencia

se encuentra en perfectas condiciones, si el amperímetro retrocede un poco al oprimir la armadura del regulador. Está defectuosa si el amperímetro no indica paso de corriente.

2. Conexión a masa

La oscilación del amperímetro es bastante mayor que 2,7 A o aumenta considerablemente al oprimir la armadura del regulador.

3. Cortocircuito en el devanado

La oscilación del amperímetro es algo mayor que 2,7 A.

4. Rotura en el devanado de una de las bobinas de excitación

El amperímetro no acusa ninguna desviación hasta que se oprime la armadura del regulador, a no ser que la bobina de resistencia también esté defectuosa.
Si la dinamo tiene bobinas de excitación defectuosas, ha de ser reparada en un taller autorizado Bosch.

Nachträgliches Anschließen des BMW-Standard-Seitenwagens

Der nachträgliche Umbau eines Solo-Motorrades für Seitenwagenbetrieb erfordert eine Anzahl technischer Änderungen, die in jedem Fall einer BMW Spezialwerkstatt vorbehalten bleiben sollen.

1. Auswechseln des Kegelradsatzes im Hinterradantrieb von Solobetrieb mit 25:6 Zähne auf Seitenwagenbetrieb 26:5 Zähne. Alte Zähnezahlangabe entfernen und neue auf das Antriebsgehäuse stempeln. **Bild 222**

2. Tachometer mit Wegdrehzahl 1,0 gegen solchen mit 1,25 Wegdrehzahl auswechseln.

3. Vorderradschwinge in die vordere Lagerung und die oberen Federbeinanschlüsse in die unteren Bohrungen der Gabel umsetzen. **Bild 223/224**

4. Hinterrad-Solotragfedern gegen Hinterrad-Seitenwagentragfedern auswechseln.

5. Bremshebel ohne Anschlagschraube am Hinterrad gegen Bremshebel mit Anschlagschraube auswechseln und diesen in gleicher Stellung auf Bremsschlüssel aufstecken.

   Die Anschlagschraube an diesem Bremshebel eindrehen bis sich eine fühlbare Bremswirkung zeigt, dann Anschlagschraube etwas zurückdrehen bis das Rad frei läuft, Gegenmutter kontern. **Bild 225**

6. Sololenker 650 mm breit ist zweckmäßig gegen Seitenwagenlenker 680 mm auszuwechseln.

7. Niedrigen Anschlaggummi für Kippständer gegen den mitgelieferten höheren Anschlaggummi auswechseln.

Accouplement, après coup, d'un side-car BMW «Standard»

La transformation d'une moto solo pour l'adapter à l'emploi avec side-car comporte un certain nombre d'opérations techniques qui doivent être confiées à un atelier spécialisé BMW.

1. Remplacement du couple arrière solo 25:6 dents, par un couple side-car 26:5 dents. Effacer du carter de couple l'ancienne indication des nombres de dents et la remplacer par la nouvelle. **Fig. 222**

2. Remplacer la compteur, rapport 1,0 par un de rapport 1,25.

3. Déplacer l'articulation du bras oscillant avant à l'oeillet situé plus en avant et la fixation supérieure des jambages à ressort avants à l'oeillet le plus bas sur la fourche. **Fig. 223, 224**

4. Remplacer les ressorts de suspension arrières solo par des ressorts pour side-car.

5. Remplacer le levier de frein du tambour arrière, sans vis de butée, par un levier avec vis de butée, que l'on monte dans la même position sur la clef de frein.

   Visser la vis de butée sur ce levier jusqu'à obtenir un freinage total, puis la redesserrer jusqu'à ce que la roue tourne librement et bloquer le contre-écrou. **Fig. 225**

5. Remplacer le guidon solo, largeur 650 mm, par un guidon side-car, largeur 680 mm.

7. Remplacer la butée de kick-starter, basse, par celle qui est livrée à cet effet, plus haute.

Attaching the BMW-"Standard" Side Car

The subsequent modification of a solo motorcycle to accomodate a sidecar involves a number of technical changes which in every case should be reserved for a special BMW garage.

1. Replace bevel gear set in rear wheel drive 25:6 teeth (solo) by set 26:5 teeth (sidecar). Hereby remove old indication of number of teeth on rear wheel drive housing and mark new one. **Fig. 222**

2. Replace speedometer, adjustment 1,6 by speedometer, adjustment 2,0.

3. Fasten front swing arms in front location and fit upper shockabsorber connection in lower holes of fork. **Fig. 223, 224**

4. Equip rear suspension with springs for sidecar work.

5. Replace brake lever without stop screw by a lever with stop screw and fit lever in the same position to brake cam.

   Screw in stop screw on lever until braking effect becomes sensible, then loosen stop screw somewhat until wheel rotates freely, tighten counter nut. **Fig. 225**

6. Solo handle bar of 25.6" should be replaced by handle bar for sidecar outfit of 26.8".

7. Replace low rubber buffer of central stand by the higher one delivered with attachment parts.

Forma de acoplar posteriormente el sidecar BMW «Standard»

La transformación posterior de una motocicleta prevista para el servicio sin sidecar en una motocicleta apropiada para sidecar, requiere una serie de modificaciones técnicas que deberían ser confiadas en todo caso a un taller de servicio BMW.

1. Cámbiense los engranes cónicos del cardán por otros de 26:5 dientes, especiales para sidecar. Bórrese en la caja del cardán la nomenclatura correspondiente a la demultiplicación anterior y grábese la utilizada después de realizar la modificación.

   Fig. 222

2. Cámbiese el velocímetro por otro de relación 1,25 para servicio con sidecar.

3. Pásese el balancín de la rueda delantera al alojamiento anterior y móntese la sujeción superior del montante elástico en los orificios inferiores de la horquilla.

   Fig. 223, 224

4. Cámbiense los resortes de la rueda trasera por los de sidecar.

5. Sustitúyase la palanca del freno sin tope en la rueda trasera por otra con tope y móntese en la misma posición en el excéntrico de las zapatas.

   Dese vuelta al tornillo de tope hasta que bloquee ligeramente la rueda, luego aflójese dicho tornillo hasta que la rueda gire libremente. Al último apriétese la contratuerca.

   Fig. 225

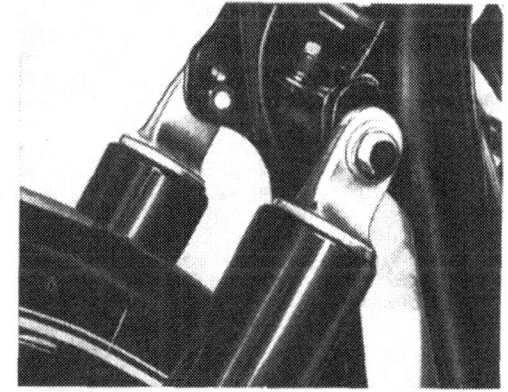

6. Cámbiese el manubrio por el de 680 mm, destinado al servicio con sidecar.

7. Cámbiese el tope de goma normal por otro más grande para el caballete central.

8. Beim Baumuster R 27 am rechten Rahmenrohr vorn unten die Blindschraube aus dem Anschweiß-Gewindebock entfernen.

Am Baumuster R 26 den vorderen Motor-Befestigungsbolzen durch die längere SW-Ausführung ersetzen.

Hierauf den entsprechenden Rohrträger mit den beiden unteren Kugelbolzen erst am Rahmen hinten anschellen, dann bei R 27 vorn am Gewindebock, bei R 26 am vorderen Motorbolzen festschrauben. **Bild 226/227**

Ferner ist der Kugelanschluß oben hinten am Verbindungsblech unter dem Sattel mit 3 Schrauben zu befestigen. **Bild 228**

Anbau des Kugelanschlusses mit Doppelschelle oben vorn: Nur beim Baumuster R 27 Kraftstofftank abheben und Boschhorn abschrauben (die dabei gelöste Zündspule wieder befestigen).

Hierauf Kugelanschluß am Rahmen anschellen und das Horn an der Verbindungslasche der Doppelschelle festschrauben.

Falls die Bohrung (8,3 mm ⌀) für die Boschhornbefestigung nicht vorhanden ist, diese vor dem Anbau des Kugelanschlusses anbringen. **Bild 229**

9. Für den Anschluß der Seitenwagenbeleuchtung ist die Steckdose, sofern nicht vorhanden, in die vorgesehene Bohrung im Sattelquerblech des Rahmens, mit guter Masseverbindung, einzubauen und an der oberen Klemme der fünfpoligen Klemmleiste im Batteriekasten anzuschließen.

10. An hydraulischen Zugzylinder hintere Bremsstange voll einschrauben. Solobremsstange abbauen und dafür S.W.-Bremsgestänge samt Rückholfeder und Rastenring vorn am Fußbremshebel mit vorhandenen Bolzen und hinten am Bremshebel mit abgeflachter Zugstange nach oben und neuem Hohlbolzen mit Kerbe oben anschließen. Flügelmutter soweit aufschrauben bis das Gestänge kein totes Spiel hat. Der Kolben im Zugzylinder darf dabei nicht aus seiner Ruhestellung weggezogen werden. Dann Gegenmuttern am Gestänge kontern. Achten, daß Bremsgestänge nicht streift. **Bild 230**

11. Zum Seitenwagenanschluß Motorrad auf Ständer stellen, Seitenwagen aufbocken und Seitenwagenschutzblech nach Lösen der vorderen Befestigungsmutter zurückklappen.

Wichtig! Vor Aufsetzen des Seitenwagenrades Achsstummel vollständig blank abziehen und leicht einfetten. Seitenwagenrad aufschieben, darauf achten, daß Radnabe nicht am Bremsschild anläuft. Eventuell Distanzscheibe einsetzen. Schnellverschluß anziehen und mit Kunststoffhammer festklopfen. | 8. Pour R 27, enlever la vis de la pièce soudée au tube de cadre droit, à l'avant, en bas.

Pour R 26, remplacer la vis avant de fixation du moteur par la vis plus longue, d'exécution spéciale pour side-car.

Monter ensuite les accouplements du bas, d'abord à l'arrière du cadre puis, pour R 27 à la pièce soudée à l'avant du cadre et pour R 26 à la fixation avant du moteur. **Fig. 226/227**

Après cela, monter le raccord sphérique, par 3 vis, à l'entretoise du cadre se trouvant sous la selle. **Fig. 228**

Montage du raccord sphérique avec collier double, à l'avant, en haut: Seulement pour R 27, enlever le réservoir d'essence et dévisser le claxon Bosch (remonter la bobine d'allumage ayant été desserrée à cette occasion).

Monter ensuite le raccord sphérique au cadre et visser le claxon à l'entretoise du collier double.

Dans le cas où le trou (8,3 mm ⌀) pour la fixation du claxon Bosch ne serait pas prévu, forer ce trou avant de monter le raccord sphérique. **Fig. 229**

9. Pour l'alimentation de l'éclairage du side-car, il faut, si elle ne s'y trouve pas déjà, monter la prise de courant dans le trou prévu à cet effet, dans la tôle d'entretoise, sous la selle, en assurant un bon contact de masse. Relier la prise à la borne supérieure de la réglette à 5 contacts, dans le coffre de batterie.

10. La tringle de frein solo est à remplacer par une tringle side-car, en deux pièces. Visser à fond la partie arrière dans le cylindre de frein. Fixer la partie avant, avec ressort de rappel et de butée, à la pédale de frein et l'arrière à la clef de frein, avec la fixation livrée à cet effet, le plat de la tige tourné en haut. Visser l'écrou à ailettes jusqu'à ce que la tringle n'ait plus de course morte. Ainsi, le piston du cylindre de frein ne doit pas avoir quitté sa position de repos. Bloquer les contre-écrous de tringles. Veiller à ce que les tringles ne frottent pas au cadre. **Fig. 230**

11. Pour accoupler le side-car, mettre la moto sur la béquille, caler le side-car et relever le garde-boue de side-car, après avoir libéré sa fixation avant.

Important! Avant de monter la roue du side-car, nettoyer très soigneusement son axe et le graisser légèrement. Monter la roue, en veillant que le moyeu ne porte pas contre le frein. Eventuellement, monter une rondelle de distance. Monter le serrage rapide et le bloquer au maillet. | 8. On model R 27 remove blind screw from threaded block welded to lower forward portion of right-hand frame tube.

On model R 26 replace front engine mounting bolt with the longer bolt for sidecar operation.

Thereafter fasten the proper tube brace with the two lower ball heads to frame at rear, then mount it at front on R 27 to threaded block, on R 26 to front engine mounting bolt. **Fig. 226/227**

Moreover fasten the upper rearward ball connection on the joint plate beneath the saddle by means of three screws. **Fig. 228**

Installation of the ball connection with double clip at front above: Only on model R 27 remove the fuel tank and unscrew the Bosch horn (refit the ignition coil having been loosened on this occasion).

Thereafter fasten the ball connection onto the frame and install the horn on the joint plate of the double clip.

In the event of the horn mounting hole (¹/₃" ⌀) not having been applied drill this hole before installing the ball connection. **Fig. 229**

9. If not existing, the connection socket for the side car lighting has to be fitted on the transversal saddle plate of the frame, which is already provided with a bore hole. It must be cared for a good earthing. The socket has to be connected to the 5-pole terminal in the battery housing.

10. Screw rear brake rod fully in draw cylinder. Remove solo-brake-rod and connect on its place sidecar brake rods with return spring and notched ring on foot brake lever using already existing pin. On rear brake-lever fit draw bar with flattened side upwards, the new holow pin connect with notch also in upwards direction. Unscrew wing nut so far that rods have no more backlash. Hereby the plunger must not be moved in the draw cylinder. Then tighten counter nuts on rods. Take care that brake rods de not touch frame. **Fig. 230**

11. For fitting side car place motor-cycle on central stand and jack up side car. After unscrewing front clamping nuts turn backwards side car mudguard.

Important! Before setting up wheel, grind journal with emery and grease it slightly. Set up wheel, take care that the wheel hub does not touch the brake plate. If necessary mount a distance washer. Screw on rapid lock and tighten by several blows with plastic mallet. |

8. Sacar en los modelos R 27 el tornillo ciego del soporte roscado soldado en el tubo derecho del cuadro.

Sustituir en los modelos SW 26 el perno de sujeción anterior del motor por la ejecución más larga para servicio con sidecar (SW).

Unir a continuación con abrazaderas el correspondiente soporte tubular, con los dos pernos esféricos inferiores, primero al extremo posterior del cuadro y después, en los modelos R 27, al soporte roscado anterior, en los modelos R 26 al perno anterior del motor.
Fig. 226/227

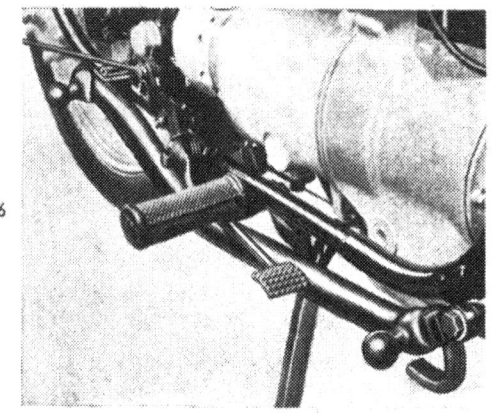

226

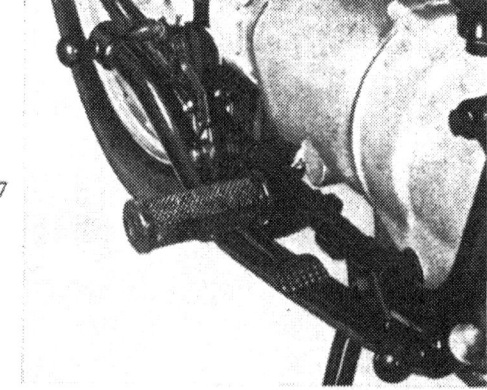

227

Además, la conexión de bola ha de ser fijada mediante 3 tornillos en la parte superior trasera, en la chapa de unión debajo del sillín.
Fig. 228

Montaje de la conexión de bola con abrazadera doble en la parte superior delantera: Solamente en los modelos R 27 quitar el depósito de la gasolina y desatornillar el claxon Bosch (fijar de nuevo la bobina de encendido habiendo sido aflojada en esta ocasión).

Seguidamente fijar la conexión de bola en el cuadro (bastidor) y atornillar el claxon a la platabanda de unión de las dos abrazaderas.

En caso de que el orificio (8,3 mm. ⌀) para la sujeción del claxon no haya sido aplicado, fórese este orificio antes de montar la conexión de bola.
Fig. 229

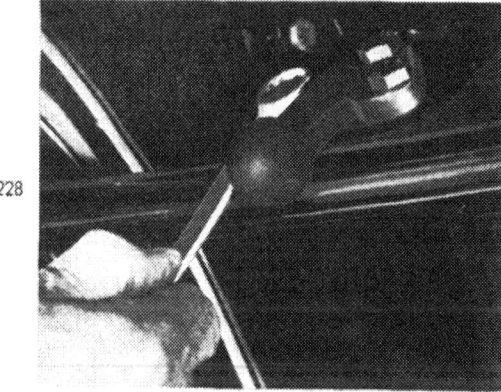

228

9. En caso que no exista un tomacorrientes (enchufe) para las luces del sidecar, deberá montarse uno en el agujero destinado para tal efecto en la citada placa de unión, procurando que tenga una buena conexión a tierra, y conectar dicho enchufe con el borne superior de la tira de conexiones de cinco polos que está en la caja de la batería.

10. Atornillar completamente la varilla del freno a la parte posterior del cilindro del freno hidráulico. Quitar la varilla del freno para solo, reemplazándola por otra para sidecar que se conecta adelante con todo y el resorte de retorno y el anillo de sujeción al pedal del freno y al perno existente y por la parte posterior a la palanca del freno, procurando que la parte plana de la varilla quede hacia arriba y colocar un nuevo perno hueco con la muesca hacia arriba. Atornillar la tuerca de mariposa hasta que la varilla no tenga juego muerto. Durante esta operación el pistón en el cilindro hidráulico no deberá sufrir desplazamiento alguno. Luego apretar la contratuerca. Poner cuidado de que la varilla del freno no roce.
Fig. 230

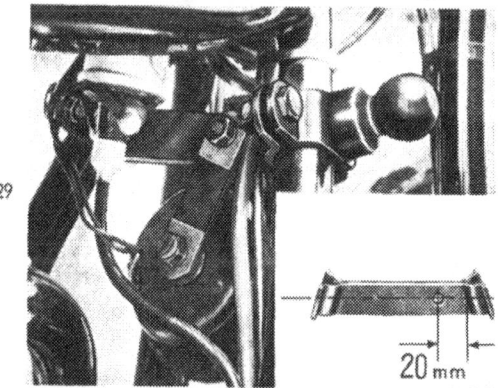

229

11. Para conectar el sidecar, póngase la motocicleta sobre el caballete central, sopórtese el sidecar sobre unos bloques de madera y voltéese todo el guardabarros hacia atrás después de haber aflojado la tuerca de sujeción.

¡**Importante**! Antes de montar la rueda del sidecar púlase el muñón del eje y engrásese ligeramente. Introducir dicha rueda y tener cuidado que el cubo (masa) no roce con el disco portafreno. En caso contrario colóquese una arandela distanciadora. Luego apretar la tuerca de mariposa que fija la rueda y golpear dicha tuerca con un martillo plástico.

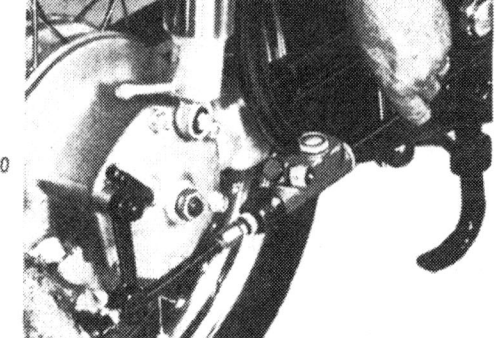

230

Nacheinander Einstellschrauben der S.W.-Bremse soweit anziehen, daß diese leicht schleift, danach Einstellschrauben etwas zurückdrehen, bis das Rad frei läuft. **Bild 231**

Seitenwagen unten anschließen. Durch mehrmaliges seitliches Kippen des Motorrades an Kugelgelenken, guten Sitz herstellen.

12. Vorspur einstellen: Motorrad genau senkrecht stellen. Eine Meßlatte längs des Seitenwagenrades außen am Rad anlegen. Zweite Meßlatte außen an dem Vorder- und Hinterrad des Motorrades anlegen. Abstand zwischen den beiden Meßlatten vorn am Vorderrad und hinten am Hinterrad messen. Hinterer Abstand muß 15–25 mm größer sein als vorn. Eventuelle Berichtigung durch Herein- oder Herausschieben des Anschlußarmes im hinteren Querrohr nach Lösen der Klemmschrauben. **Bild 232/233**

13. Obere hintere Verbindungsstrebe zum Motorrad ohne Radsturz zuerst an Kugelkopf oben befestigen, dann durch Verdrehen des Einstellbolzens die Strebenlänge so einstellen, daß die Schellenverbindung zum Rahmenrohr des Seitenwagens paßt. Vordere Verbindung spannungsfrei wie vorbeschrieben anschließen. An Bremsschlauch und Zugzylinder Anschlußschutzkappen abnehmen und Schlauch anschließen.

Achtung! Bei jedesmaligem Trennen der Leitung, Schutzkappen wieder aufschrauben. Durch Rückschlagventile an den Verbindungsstellen ist in der Regel ein Wiederentlüften nicht nötig.

14. Zum Auffüllen und Entlüften der Öldruckbremse Einfüllverschraubung am Zugzylinder abschrauben, Auffanggefäß unter den Zugzylinder stellen und Gummikappe abnehmen. Von einem Bremsflüssigkeits-Druckbehälter einen Schlauch am Entlüftungsventil anschließen, Entlüftungsventil eine Umdrehung lösen und so lange blaue Ate-Bremsflüssigkeit durchdrücken bis diese blasenfrei am Zugzylinder austritt. Flüssigkeitsstand muß dort stets 1 cm **über** Zylinderbüchse stehen. Entlüftungsventil wieder fest anziehen und Gummikappe aufstecken, sowie Zugzylinder-Einfüllschraube festziehen.

Bremshebel betätigen und Leitungen auf Dichtheit prüfen. **Bild 234**

15. Die Seitenwagenbremse soll grundsätzlich erst dann einsetzen, wenn die Hinterradbremse bereits leicht angezogen hat. Diese Verzögerungsfolge der Seitenwagenbremswirkung kann durch Einschrauben der Rändelstellschraube hinter dem Zugzylinder abgestimmt werden. Durch volles Eindrehen kann die Seitenwagenbremswirkung vollständig ausgeschaltet werden. **Bild 235**

Visser les vis de réglage du frein du side-car jusqu'à ce que le frein commence à toucher, puis les redesserrer légèrement jusqu'à ce que la roue tourne librement. **Fig. 231**

Monter les accouplement du bas. En faisant balancer plusieurs fois la moto de droite et de gauche, on assure un bon siège des rotules.

12. Réglage du pincement: Placer la moto verticalement et poser contre l'extérieur de la roue du side-car et contre l'éxtérieur des roues de la moto, deux lattes de mesure. La distance entre les deux lattes sera mesurée à l'avant de la roue avant et à l'arrière de la roue avant. La mesure arrière doit être de 15 à 25 mm plus grande que celle de l'avant. Régler éventuellement, en sortant ou rentrant le bras de fixation arrière, après desserrage de son collier. **Fig. 232/233**

13. Monter la liaison supérieure arrière, sans carrossage des roues. Puis en tournant le boulon de réglage ajuster la longueur du bras d'accouplement de manière que le collier de ce dernier s'engage au tube du cadre du side-car. Monter ensuite l'accouplement avant, sans tension. Retirer la protection du raccord cylindre de frein – tuyauterie et raccorder cette dernière.

Attention! A chaque découplage de la tuyauterie, il faut revisser cette protection. Grâce à une soupape à proximité du raccord, il ne serait, dans la règle, pas nécessaire de procéder à une nouvelle purge d'air.

14. Pour le remplissage et la purge de la commande hydraulique de frein, dévisser le bouchon de remplissage sur le cylindre de commande, placer un récipient sous ce dernier et retirer la fermeture caoutchouc de la soupape de purge, sur le cylindre de roue. Relier par un tuyau, à la soupape de purge, une seringue de liquide de frein Ate bleu, dévisser d'un tour la soupape de purge et injecter le liquide jusqu'à ce qu'il ressorte du cylindre de commande sans bulles d'air. Le niveau du liquide doit toujours se situer 1 cm **au-dessus** de la douille du cylindre. Rebloquer la soupape de purge, remettre la fermeture caoutchouc. Rebloquer le bouchon du cylindre de commande. Actionner la pédale de frein et contrôler l'étanchéïté de la tuyauterie. **Fig. 234**

15. Le frein du side-car doit entrer en action quand le frein de la roue arrière est déjà légèrement serré. On peut obtenir ce décalage en vissant la vis de réglage à tête moletée, derrière le cylindre de commande, de la quantité nécessaire. En la serrant à fond, on peut annuler totalement l'efficacité du frein du side-car. **Fig. 235**

Tighten adjusting screw of side car brake until linings touch drum slightly. Then loosen adjusting screws somewhat so that the wheel rotates freely. **Fig. 231**

Connect side car below. Care for perfect seat of ball joints by tilting the motorcycle several times to the side.

12. Adjusting toe-in: Place motorcycle vertically. Put a measuring staff along outside of side car wheel. Put a second measuring staff along outside of front and rear wheel of motorcycle. Measure distance between both measuring staffs on end of front and rear wheel. The distance in the rear must be greater by .6–1.0". If necessary correct adjustment by elongating or shortening the rear transverse connection after previous unscrewing of clamping screw. **Fig. 232/233**

13. Connect upper brace in the rear to motorcycle without taking notice of camber adjustment. Then adjust length of brace by turning adjuster bolt in a way that the coupling clamp of the latter engages on tube of sidecar frame. Connect front brace without any tension. Take off protection boots on flexible brake pipe and drawcylinder connections and join flexible pipe.

Caution! When disconnecting conduits always refit protection boot. Due to back pressure valves in connections it will normally not be necessary to bleed again.

14. For filling up or bleeding of hydraulic brake unscrew filler cap on master cylinder and place dish below, take off cap on bleeder valve of wheel cylinder. Connect bleeder valve with a pressure reservoir of brake fluid by means of a flexible tube, unscrew bleeder valve by one turn and pump brake fluid Ate blue through conduit until fluid penetrates cylinder free from air bubbles. Fluid level must reach .4" **over** cylinder bush. Retighten bleeder screw and refit protection boot. Screw filler plug on master cylinder. Actuate brake lever and check conduits for tightness. **Fig. 234**

15. On principle the sidecar brake should become effective only after the brake of the rear wheel has already begun to brake. By screwing in the adjusting nut behind the draw-cylinder (master cylinder) it is possible to modulate the delay succession of the side car braking effect. If the knurled adjusting screw is fully screwed in, the side car brake can be rendered completely ineffective. **Fig. 235**

Apretar sucesivamente los tornillos de ajuste del freno del sidecar hasta tal punto que los forros rocen ligeramente en el tambor. Luego aflojar dichos tornillos hasta que la rueda gire libremente.

Fig. 231

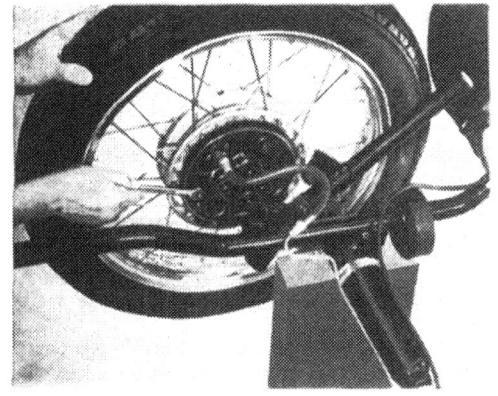

231

Conectar el sidecar por su parte inferior. Mover repetidas veces la motocicleta lateralmente hasta conseguir un buen ajuste de las uniones esféricas.

12. Para ajustar la **convergencia**, colocar verticalmente la Motocicleta. Apoyar una regla de madera en la parte exterior de la rueda del sidecar y otra en la misma forma pero en las dos ruedas de la motocicleta.
Medir la distancia adelante y atrás entre ambas reglas. La diferencia entre las dos medidas deberá ser de 15—25 mm más grande en la parte trasera. En caso necesario corregir el error metiendo o sacando el brazo de unión en el tubo transversal trasero, después de haber aflojado los tornillos prisioneros.

Fig. 232/233

232

13. Sujetar primero el tirante trasero superior, sin tener en cuenta la caída, al cabezal esférico correspondiente, luego ajustar la longitud del tirante haciendo girar el perno de regulación de manera que la abrazadera del extremo opuesto del tirante se acople al tubo del cuadro del sidecar. El tirante delantero se sujetará a continuación, sin ejercer tensión alguna, como lo descrito para el caso anterior. Quitar los capuchones guardapolvo de la manguera así como del cilindro hidráulico y luego conectar la manguera a éste último.

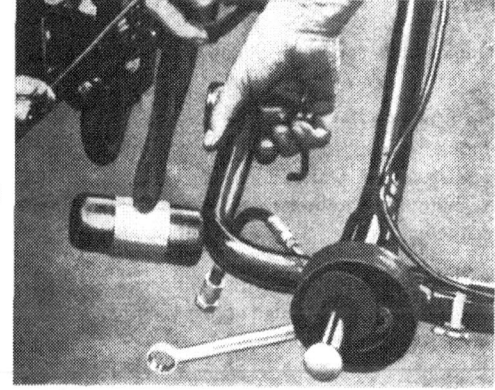

233

¡Atención! Cada vez que se quite la manguera hay que colocar los capuchones guardapolvo. Debido a las válvulas de retención (válvula check) colocadas en los lugares de acoplamiento, no es necesario por regla general purgar la instalación.

14. Para llenar y purgar la instalación hidráulica, quítese el tapón roscado del cilindro principal y póngase debajo de éste una vasija transparente. Quitar en seguida el capuchón guardapolvo de la válvula de purga en el cilindro hidráulico receptor de la rueda. Conectar desde un depósito con líquido de freno bajo presión una manguera a la válvula de purga y al mismo tiempo aflojar ésta una vuelta para dejar pasar el líquido azul Ate para freno hacia el cilindro principal, hasta que dicho líquido salga ya sin burbujas. El nivel del líquido en el cilindro principal deberá estar siempre a 1 cm **arriba** del casquillo del cilindro. En seguida apretar la válvula de purga y colocarle su capuchón guardapolvo, lo mismo que el tapón roscado del cilindro principal.
Para determinar posibles fugas accionése el pedal del freno.

Fig. 234

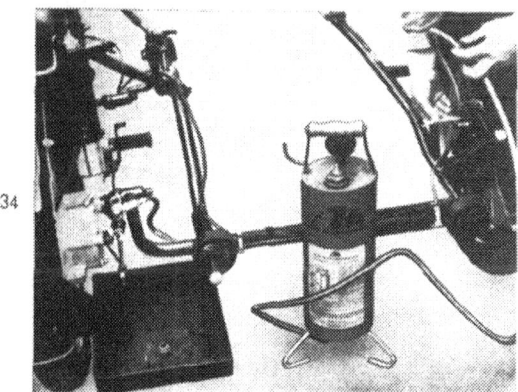

234

15. Por regla general el freno del sidecar deberá apenas entrar en acción cuando el freno de la rueda trasera haya presionado ligeramente su tambor.
Este retraso puede ser regulado mediante el tornillo moleteado colocado en la parte trasera del cilindro principal.
Es posible neutralizar completamente el freno del sidecar al introducir a fondo dicho tornillo moleteado.

Fig. 235

235

Infolge der verschiedenen Massenwirkungen bei leerem und vollbelastetem Seitenwagen, hat sich jene Stellung am besten bewährt, bei der das Gespann mit einer Person im Seitenwagen beim Bremsen ganz leicht nach links und mit leerem Seitenwagen ein wenig nach rechts zieht. Die Einhaltung dieser Einstellung ist für den Fahrbetrieb außerordentlich wichtig. Dabei wird allerdings die größtmögliche Bremswirkung nicht voll ausgenützt, aber es wird vermieden, daß beim Bremsen mit leerem Seitenwagen dieser zu stark abgebremst wird und damit die Maschine nach rechts zieht, was gefährlich werden könnte.

Nach öfterem Trennen des Bremsschlauchanschlusses vom Zugzylinder beim Abbau des Seitenwagens ist zu empfehlen, das Bremsflüssigkeitssystem neuerdings zu entlüften. Bei richtig eingestellten Bremsbacken und einwandfreier Entlüftung beträgt der Weg des Kolbens im Zugzylinder etwa 4—5 mm bis die Seitenwagenbremse fest wird.

Bei Ab- und Wiederanbau des Seitenwagens kann eine neue Spureinstellung entfallen, wenn die Anschlüsse nicht verstellt werden.

An der Pufferstange für die Ausschlagbegrenzung des Seitenwagenrades ist ein Auge vorgesehen, an dem am oberen Ende ein Stoßdämpfer angebaut werden kann, der mit seinem unteren Auge am Schwinghebel in Radachsmitte anzuschließen wäre.

Blinkleuchte rechts an Seitenwagen anschließen:

Im Scheinwerfer an zweipoliger Kabelverbindungsklemme blaue Leitung (zur Lenkerblinkleuchte rechts) abklemmen und isolieren. Dafür die blaue Anschlußleitung mit Steckverbindung zum Seitenwagen mit dem verzinnten Ende anschließen.

Leitung nach hinten in die Nähe der Steckdose verlegen und mit der vom Seitenwagen kommenden Blinkleuchtenleitung zusammenfügen.

En raison de la variation de la charge selon que le side-car est vide ou occupé, le réglage qui s'est avéré le meilleur est celui qui fait que l'attelage tire légèrement à gauche, lors du freinage, quand le side-car est chargé d'une personne et légèrement à droite, lors du freinage, quand le side-car est vide. Le maintien de ce réglage est extrêmement important pour la sécurité de conduite. D'autre part, on évitera de toute façon d'utiliser la pleine efficacité du frein et on veillera, le side-car étant vide, à ce que sa roue ne soit pas freinée trop brusquement, ce qui tirerait l'équipage à droite et pourrait être dangereux.

Si l'on a découplé souvent la tuyauterie du cylindre de commande de frein, lors de déposes du side-car, il est recommandable de renouveler l'opération de purge d'air. Pour un réglage correct des mâchoires et le système étant totalement purgé d'air, le chemin du piston dans le cylindre de commande est de 4 à 5 mm jusqu'au blocage de la roue du side-car.

Si l'on dépose et repose le side-car, un nouveau réglage du pincement peut être évité, si l'on n'a pas modifié le réglage des barres d'accouplement.

Sur la tige limitant le débattement de la roue du side-car, il a été prévu un oeillet qui peut recevoir la partie supérieur d'un amortisseur dont l'oeillet inférieur serait alors fixé au bras oscillant, au milieu de l'axe de la roue.

Clignotant droit: connection pour side-car:

Das le phare, à la borne 2 pôles, retirer le câble bleu (au clignotant droit) et l'isoler. Le remplacer par le câble bleu pour side-car, avec raccord à fiche.

Amener ce conducteur au voisinage de la prise de courant et le connecter avec le câble venant du clignotant du side-car.

On accout of different actions of the inertia force with empty and fully loaded side car, that brake adjustment has proved to be the best with which the side car draws slightly to the left side if occupied by one person, or to the right side when empty. The observation of this adjustment is extremely important for riding a side car outfit. Hereby the possible maximum brake effect is indeed not fully utilised, however it will be avoided that when braking with empty sidecar this latter is braked too much and the motorcycle draws to the right side, what could be dangerous.

When disconnecting the brake tube connections several times on taking off the side car, it is recommended to bleed the brake system again. If the brake shoes are correctly adjusted and further if the system is perfectly bled the stroke of the piston in the draw-cylinder amounts to .16" — .20" until the brake becomes effective.

When removing and refitting the side car camber adjusting may be superfluous if connections have not been altered.

The buffer bar of the limit stop for the side car wheel is provided with an eye in the upper end of which a shockabsorber can be fitted. The shockabsorber is to be connected with its lower eye on the swing arm in the centre of the wheel axle.

Connect **blinker light, right,** to sidecar:

On the two-pole jonction in the headlamp shell, disconnect the blue wire (to handlebar blinker light, right) and insulate it. Instead of this connect the tin-plated end of blue wire leading to socket for sidecir.

Run the wire rearward near to electric socket (jack), and join it to the blinker light lead coming from the sidecar.

En vista de que el efecto de la inercia es diferente para un sidecar vacío con respecto a uno ocupado, se ha probado que la posición más conveniente es aquella en qué el conjunto con una persona en el sidecar tire ligeramente hacia la izquierda y un poco hacia la derecha cuando se encuentra vacío. La observación de esta regulación es de suma importancia para el buen monejo del vihículo. Con ello se consigue además no aplicar toda la fuerza al freno, lo cual evita el tiro excesivo hacia la derecha con el sidecar desocupado, consiguiendo con esto una mayor estabilidad.

Después de haber desconectado algunas veces la manguera flexible junto con el sidecar, se aconseja purgar nuevamente el sistema hidráulico. Cuando las zapatas del freno están debidamente reguladas y el sistema hidráulico bien purgado, el pistón del cilindro principal deberá correr de 4 a 5 mm aproximadamente, hasta que el freno del sidecar se aplique solidamente.

Al desmontar y montar el sidecar se evitará un reajuste de la convergencia, si las conexiones permanecen inalteradas.

La varilla que porta el tope de hule para la limitación del recorrido de la suspensión, va provista de un orificio en su parte superior, en el cual se puede montar un amortiguador cuyo extremo inferior se sujetará al orificio despuesto en el centro del eje la rueda colocada en el brazo oscilante.

Instalar la lámpara de luz intermitente en la parte derecha del sidecar:

Desconectar y aislar dentro del faro el cable azul fijado al borne de conexión bipolar y destinado a la lámpara intermitente derecha del manillar. En su lugar se conecta el cable de conexión azul con unión de enchufe y extremo estañado, para la lámpara en el sidecar.

El extremo estañado se fija al borne en el faro. El cable se tiende hacia atrás, hasta las inmediaciones de la caja de enchufe. Seguidamente se efectúa la conexión entre el cable procedente del faro y el cable de luz intermitente procedente del sidecar.

OTHER CLASSIC MOTORCYCLE MANUALS CURRENTLY AVAILABLE IN THIS SERIES:

TRIUMPH 1935-1939 MAINTENANCE & REPAIR MANUAL

All Pre-War single & twin cylinder models: L2/1, 2/1, 2/5, 3/1, 3/2, 3/5, 5/1, 5/2, 5/3, 5/4, 5/5, 5/10, 6/1, Tiger 70, Tiger 80, Tiger 90, 2H, Tiger 70C, 3S, 3H, Tiger 80C, 5H, Tiger 90C, 6S, 2HC, 3SC, 5T Speed Twin, 5S and T100 Tiger 100.

Much of the data is applicable to earlier models that utilize the following engines: *Single Cylinder:* 250cc OHV, 350cc SV, 350cc OHV, 500cc SV, 500cc OHV, 550cc SV and 600cc SV. *Twin Cylinder:* 500cc OHV and 650cc OHV.

TRIUMPH 1937-1951 WORKSHOP MANUAL (A. St. J. Masters)

The most comprehensive Workshop Manual available for pre swing-arm Triumph motorcycles. Covers rigid frame and sprung hub single cylinder SV & OHV and twin cylinder OHV pre-war, military, and post-war models: 2H, Tiger 70, Tiger 70C, 3S, 3H, Tiger 80, Tiger 80C, 5H, Tiger 90, Tiger 90C, 6S, 2HC, 3SC, 5T Speed Twin, 5S, T100 Tiger 100, 3HW, 3SW, 5SW, 3T, Grand Prix, TR5 Trophy and 6T Thunderbird.

Much of the data is applicable to earlier models that utilize the following engines: *Single Cylinder:* 250cc OHV, 350cc SV, 350cc OHV, 500cc SV, 500cc OHV and 600cc SV. *Twin Cylinder:* 350cc OHV, 500cc OHV and 650cc OHV.

TRIUMPH 1945-1955 FACTORY WORKSHOP MANUAL NO.11

The most comprehensive Workshop Manual available for pre-unit, twin-cylinder Triumph motorcycles. Covers the full line of rigid frame, sprung hub, swing-arm and 350cc models: 5T Speed Twin, T100 Tiger 100, TR5 Trophy, 6T Thunderbird, T110 Tiger 110 and 3T De-Luxe.

Much of the data is applicable to later models that utilize the following engines: Twin Cylinder 350cc OHV, 500cc OHV and 650cc OHV.

BMW FACTORY WORKSHOP MANUAL R50, R50S, R60, R69S

A reproduction of the factory workshop manual for the R50, R50S, R60, R69S twin cylinder series of BMW's. Also included is a supplement for the USA models: R50US, R60US, R69US.

The text and illustration captions are printed in English, German, French and Spanish and while the translations may at times be a little quirky, the data is comprehensive and invaluable to the BMW enthusiast.

BMW FACTORY WORKSHOP MANUAL R27, R28

A reproduction of the factory workshop manual for the R27 and R28 single cylinder series of BMW's, while quite scarce in the USA these were very popular models in Europe.

The text and illustration captions are printed in English, German, French and Spanish and while the translations may at times be a little quirky, the data is comprehensive and invaluable to the BMW enthusiast.

NORTON FACTORY TWIN CYLINDER WORKSHOP MANUAL 1957-1970

A reproduction of the factory workshop manual for both the *Lightweight Twins:* 250cc Jubilee, 350cc Navigator and 400cc Electra and the *Heavyweight Twins:* Model 77, 88, 88SS, 99, 99SS, Sports Special, Manxman, Mercury, Atlas, G15, P11, N15, Ranger (P11A) which makes this manual appropriate for all Norton models that utilized this series of 500, 600, 650 and 750cc engines through the 1970 model year.

NORTON MAINTENANCE & REPAIR MANUAL 1932-1939

All Pre-War SV, OHV and OHC models: 16H, 16I, 18, 19, 20, 50, 55, ES2, CJ, CSI, International 30 & 40

PLEASE CHECK OUR WEBSITE OR CONTACT YOUR DEALER FOR AVAILABILITY
~ WWW.VELOCEPRESS.COM ~

OTHER CLASSIC MOTORCYCLE MANUALS COMING SOON IN THIS SAME SERIES:

ARIEL WORKSHOP MANUAL 1933-1951
All Single, Twin & 4 cylinder models

ARIEL MAINTENANCE & REPAIR MANUAL 1932-1939
LF3, LF4, LG, NF3, NF4, NG, OG, VA, VA3, VA4, VB, VF3, VF4, VG,
Red Hunter LH, NH, OH, VH & Square Four 4F, 4G, 4H

BRIDGESTONE FACTORY WORKSHOP MANUAL
50 Sport, 60 Sport, 90 De Luxe, 90 Trail, 90 Mountain, 90 Sport,
175 Dual Twin & Hurricane

DUCATI OHC FACTORY WORKSHOP MANUAL
160 Junior Monza, 250 Monza, 250 GT, 250 Mark 3,
250 Mach 1, 250 SCR & 350 Sebring

HONDA FACTORY WORKSHOP MANUAL
250 & 305cc C.72 C.77 CS.72, CS.77, CB.72, CB.77 [HAWK]

HONDA FACTORY WORKSHOP MANUAL
125 & 150cc C.92, CS.92, CB.92, C.95 & CA.95

HONDA FACTORY WORKSHOP MANUAL
50cc ~ 100, 110, C.100 & C.110

HONDA MAINTENANCE & REPAIR MANUAL 1960-1964
50cc ~ C.100, C.102, C.110 & C.114
125cc C.92 & CB.92 – 250cc C.72 & CB.72

NORTON MAINTENANCE & REPAIR MANUAL 1932-1939
16H, 16I, 18, 19, 20, 50, 55, ES2, CJ, CSI, International 30 & 40

SUZUKI FACTORY WORKSHOP MANUAL 250/200cc
T10, T20 [X-6 Hustler] T200 [X-5 Invader & Sting Ray]

VESPA MAINTENANCE & REPAIR MANUAL 1946-1959
All 125cc & 150cc models including 42/L2 & Gran Sport

VILLIERS ENGINE WORKSHOP MANUAL
All Villiers engines and ancillaries through 1947

VINCENT WORKSHOP MANUAL 1935-1955
All Series A, B & C Models

BRITISH MILITARY MAINTENANCE & REPAIR MANUAL
Service & Repair data for all British WD motorcycles

BRITISH MOTORCYCLE ENGINES
AJS, Ariel, BSA, Excelsior, JAP, Norton, Royal Enfield, Rudge, Scott, Sunbeam, Triumph, Velocette,
Villiers & Vincent ~ a compilation of 1950's articles from
The Motor Cycle dealing with engine design.

PLEASE CHECK OUR WEBSITE OR CONTACT YOUR DEALER FOR AVAILABILITY
~ WWW.VELOCEPRESS.COM ~

www.ingramcontent.com/pod-product-compliance
Lightning Source LLC
Chambersburg PA
CBHW080436230426
43662CB00015B/2285